LES MACHINES A VAPEUR

MARINES

ET

LES PROPULSEURS

À

L'EXPOSITION UNIVERSELLE DE 1867

Rapports adressés à Son Excellence M. le Ministre de la Marine

Par MM.

BONNEFOY, HUBAC, JOUBLIN, MOREL, MOUCHE, et POSTEC

Mécaniciens principaux de la marine.

COMBUSTIBLES DIVERS. — CHAUDIÈRES ET ACCESSOIRES.
RÉGULATEURS. — ALIMENTATION. — POMPES. — PRISES D'EAU.
TIROIRS. — FUMIVORES.
MACHINES A DEUX ET A TROIS CYLINDRES. — MACHINES POUR EMBARCATIONS.
DÉTAILS ET ACCESSOIRES DIVERS. — PROPULSEURS.

Accompagné de 36 grandes planches gravées.

PARIS

ARTHUS BERTRAND, ÉDITEUR,
LIBRAIRIE SCIENTIFIQUE ET MARITIME,
LIBRAIRE DE LA SOCIÉTÉ DE GÉOGRAPHIE
ET DE LA SOCIÉTÉ CENTRALE DE SAUVETAGE MARITIME
Rue Hautefeuille, 21.

ARTHUS BERTRAND

LIBRAIRIE MARITIME ET SCIENTIFIQUE

LIBRAIRE DE LA SOCIÉTÉ DE GÉOGRAPHIE
ET DE LA SOCIÉTÉ CENTRALE DE SAUVETAGE
MARITIME.

CONSTRUCTIONS NAVALES. — MACHINES MARINES.

ASTRONOMIE. — HYDROGRAPHIE.

MÉTÉOROLOGIE.

ARTILLERIE ET COMBAT. — TACTIQUE NAVALE.

SAUVETAGE.

HISTOIRE ET JURISPRUDENCE MARITIMES.

OUVRAGES SPÉCIAUX POUR LES CAPITAINES AU LONG COURS
ET ÉCOLES D'HYDROGRAPHIE.

PARIS
RUE HAUTEFEUILLE, 21, PRÈS L'ÉCOLE DE MÉDECINE.

MAI 1868.

J'ai l'honneur de rappeler à Messieurs les Propriétaires et Directeurs d'usines et de chantiers maritimes, ainsi qu'aux Bibliothèques, Établissements publics, etc., etc., qu'ils trouveront dans ma maison toutes facilités de payement.

De nombreuses et grandes publications faites sous les auspices du Gouvernement, un grand matériel et un personnel spécial formé à ce genre de travaux me permettent d'entreprendre la fabrication de tous les ouvrages scientifiques soit pour mon compte, soit pour le compte des auteurs ou des Compagnies industrielles.

Je me charge également de tous les ouvrages sur les sciences dont la vente me sera confiée.

N. B. *Toute demande ne sera expédiée que si elle est accompagnée du montant en un mandat sur la poste ou toute autre valeur payable à Paris.*

ARTHUS BERTRAND, ÉDITEUR

LIBRAIRIE MARITIME ET SCIENTIFIQUE

21, RUE HAUTEFEUILLE, A PARIS.

CATALOGUE.

ALONCLE, ancien élève de l'école polytechnique, capitaine d'artillerie de marine.—
ÉTUDES SUR L'ARTILLERIE NAVALE DE L'ANGLETERRE ET DES ÉTATS-UNIS. 1 très-fort volume de 800 pages, accompagné de 11 grandes planches et renfermant 190 figures.   12 fr.

> L'artillerie rayée en France et en Angleterre. — Opinions du commandant Robert Scott, du capitaine Fishbourne et de sir Williams Armstrong sur le meilleur canon pour la marine.—Dernières expériences de Shœburyness.— Résultats.—Conclusion. — Opinion des principaux officiers sur la valeur militaire des systèmes Armstrong. — Défense de sir W. Armstrong. — État présent de la question. — Construction des canons aux États-Unis.— Systèmes Rodmann, Treadwel, Parott et Ames.—Tables de tir des canons lisses et rayés. — Renseignements divers sur les différents systèmes Jeffry, Britten, Thomas, Lancaster, Haddam, Scott, Armstrong et Français. — Résultat final des expériences entreprises en Angleterre pour la comparaison des rayures des canons se chargeant par la bouche. — Adoption officielle sur tous les navires de la flotte du canon de marine français modifié.
>
> **Notes de l'auteur.** — Conditions indispensables au canon destiné au service de la Flotte. — Murailles cuirassées des navires. — Plaques d'armure.— Artillerie à grande puissance. — Projectiles perforants ou contondants. — Fabrique et rayure des canons et des projectiles. — Vitesse des projectiles. Dernières expériences en France, etc., etc.

— **PERFORATION DES CUIRASSES EN FER** par les projectiles massifs ou creux, en acier ou en fonte dure, épreuves de **DIVERS SYSTÈMES** de blindage pour les navires et les casemates. In-8 avec figures dans le texte et 3 grandes planches gravées.   4 fr.

ARNAULT, lieutenant de vaisseau.— **ÉLÉMENTS DE TRIGONOMÉTRIE** à l'usage de la marine, 1 vol. in-8 accompagné de nombreuses fig. dans le texte.   3 fr.

Ouvrage autorisé par S. Exc. M. le Ministre de la marine.

ARTILLERIE (LA GROSSE) DE MARINE ET LES NAVIRES A TOURELLE. — La nouvelle artillerie de marine en France. — Les canons Blakeley. — Fabrication et manœuvre des gros canons. — Les navires à tourelle en Angleterre et aux États-Unis. — Les affûts modernes pour les canons de gros calibre. Br. in-8 accompagnée de figures dans le texte et de 6 grandes planches.   4 fr. 50 c.

ERTHELOT, consul de France. — **NOUVEAU SYSTÈME DE PÊCHE,** réservoirs de dépôts, bâteaux-viviers et conservation du poisson. Broch. in-8, avec une grande planche. 1 fr. 25

ERRY- (A.), lieutenant de vaisseau. — **ÉTUDE SUR LA DÉTERMINA-TION RIGOUREUSE DE LA RÉSISTANGE DES CARÈNES.** Travaux résistants du vent et de la mer rencontrant des navires. Broch. in-8. 1 fr. 25 c.

BON (DE), commissaire général de la marine. — Voyez : **PORTS MILITAIRES DE LA FRANCE.**

BONNEFOUX (DE), capitaine de vaisseau. — **VIE DE CHRISTOPHE COLOMB,** 1 vol. in-8 orné d'une vignette. 6 fr.

— **DICTIONNAIRE DE MARINE A VOILES.** Seconde édition entière-ment refondue. 1 fort vol. grand in-8, papier jésus, accompagné de 7 planches gravées. 20 fr.

— **MANŒUVRIER COMPLET.** Traité des manœuvres de mer à bord des bâtiments à voiles et à vapeur. 1 vol. in-8 avec figures dans le texte et 2 grandes planches gravées. 7 fr.

BOUCHER. — **LE CONSULAT DE LA MER,** ou pandectes du droit com-mercial et maritime, des usages commerciaux et maritimes du moyen âge suivis encore en Espagne, en Italie, à Marseille et en Angleterre comme lois, et partout ailleurs comme raison écrite; précédé de l'historique des coutumes maritimes des temps anciens, suivi des pièces justificatives. 3 vol. in-8° avec des tableaux. 15 fr.

BOUCHET, inspecteur adjoint de la marine. — Voyez : **PORTS MILITAIRES DE LA FRANCE.**

BOUCLON (DE). **ÉTUDE HISTORIQUE SUR LA MARINE DE LOUIS XVI,** *Liberge de Granchain,* capitaine des vaisseaux du Roi, major d'escadre, directeur général des ports et arsenaux, etc., etc. 1 fort volume in-8. 7 fr.

BOURGOIS, contre-amiral. — **RAPPORT A SON EXCELLENCE M. LE MINISTRE DE LA MARINE SUR LA NAVIGATION COM-MERCIALE A VAPEUR DE L'ANGLETERRE,** suivi de con-sidérations théoriques et pratiques sur les appareils moteurs et les hélices, installation, arrimage et mâture. 1 vol. in-4 accompagné de 4 grandes planches gravées. 16 fr.

Historique et statistique de la navigation à vapeur et considérations tech-niques. Tableaux synoptiques des contrats passés avec le gouvernement pour le transport des malles et des recettes postales qui en dérivent, états du matériel des compagnies anglaises de navigation à vapeur de long cours, et documents divers sur les compagnies transatlantiques anglaises ainsi que sur le cabotage.

— **MÉMOIRE SUR LA RÉSISTANCE DE L'EAU** au mouvement des corps et particulièrement des **BATIMENTS DE MER,** notions théoriques et fondamentales sur la résistance et formules générales. 1 vol. in-4 vélin accompagné de plusieurs tableaux donnant le résultat de toutes les expériences, et de 3 grandes planches gravées.   12 fr.

Expériences de Beaufoy sur les corps plongés et les corps flottant à fleur d'eau. Expériences de Bossut, d'Alembert et Condorcet sur les corps flottants et sur l'influence des limites du milieu. Mesure de la résistance des carènes des navires par les expériences dynamométriques de remorque, — par les expériences de traction au point fixe, — par la comparaison des coefficients d'utilisation. Vérification des valeurs de la résistance par le calcul et l'observation des coefficients d'avance des bâtiments à hélice.

BOURGOIS, contre-amiral.—**RÉFUTATION DU SYSTÈME DES VENTS DE MAURY**, in-8 accompagné de 3 pl. gravées. .   4 fr. 50 c.

— **MÉTHODES DE NAVIGATION, D'EXPÉRIENCES ET D'ÉVOLUTIONS** pratiquées sur l'escadre de la Méditerranée sous le commandement de l'amiral Bouet-Willaumez. In-8.   1 fr. 50 c.

Conduite des machines et navigation en escadre. — La vitesse de l'escadre réglée par les nombres de tours des machines. — Observations du roulis.— Systèmes de transmission des ordres pendant le combat. — Expériences de gyration.— Évolution.— Nouvelle tactique.

— **NOTICE SUR LE PHÉNOMÈNE DE LA ROTATION DIURNE DES VENTS** et sur les mouvements généraux de l'atmosphère, br. in-8.   50 c.

— **NOTICE HYDROGRAPHIQUE ET PHYSIQUE SUR LA BAIE DU PEI-HO** dans le golfe de Pet-che-li, in-8 avec 6 grandes cartes. 3 fr. 25 c.

BOUTAKOFF (l'Amiral). — Voyez DE LA PLANCHE.

BRAVAIS, lieutenant de vaisseau, professeur à l'école polytechnique, membre de l'Institut.— **ASTRONOMIE, HYDROGRAPHIE ET PHYSIQUE** *des Voyages en Islande, Scandinavie, Laponie, au Spitzberg et aux Féroé.* 8 vol. grand in-8 avec un atlas de 31 planches grand in-folio. 170 fr.

On vend séparément :

Astronomie, hydrographie et marées. 1 vol. in-8 accompagné d'un atlas de 9 planches in-fol.   40 fr.

Longitudes et latitudes déterminées. — Marées observées. — Dépression de l'horizon et phénomène du mirage. — Sur les températures de la mer.— Sondages et courants dans les mers du Nord. — Phénomènes crépusculaires. — Étoiles filantes. — Densité d'eau de la mer.

Magnétisme terrestre. 3 vol. gr. in-8 avec un atlas de 8 planches in-folio.   60 fr.

Variations et mesure de la déclinaison magnétique, ainsi que l'intensité magnétique horizontale, etc.

Météorologie. 3 vol. grand in-8 avec un atlas de 6 planches in-folio.   55 fr.

Observations météorologiques faites à terre pendant les relâches et pendant l'hivernage. — Comparaisons barométriques faites dans le nord de l'Europe. — Variations et état moyen du baromètre. — Sur la température de l'air, ses variations et son état moyen. — Des températures par rayonnement.— Hygrométrie.— Nuages et vents dans le nord.— Mesure des hauteurs par le baromètre optique astronomique.

Aurores boréales. 1 vol. grand in-8 accompagné d'un atlas de 12 planches grand in-folio. 42 fr.

Description de toutes les observations avec leurs résultats.

Historique des hypothèses faites sur la nature et la cause des aurores boréales. In-8. 2 fr.

Sur les marées observées. In-8 avec 2 planches gravées. 6 fr.

Ouvrage publié par ordre du Gouvernement.

CALVÉ, commissaire général de la marine. — Voyez : **PORTS MILITAIRES DE LA FRANCE.**

CAVELIER DE CUVERVILLE, capitaine de frégate. — **ÉTUDES THÉORIQUES ET PRATIQUES SUR LES ARMES PORTATIVES, COURS DE TIR**, à l'usage des officiers qui n'ont pu suivre les cours de l'école normale du tir de Vincennes ; développements des leçons professées à l'école normale impériale ; étude pratique des armes à feu portatives, étude théorique et pratique du tir, étude des armes rayées et de leur projectilité, études complémentaires, etc. 1 vol. accompagné de grandes planches gravées. 15 fr.

COLLOMBEL, capitaine d'artillerie de marine. — **ESQUISSES DES CONNAISSANCES INDISPENSABLES AUX OFFICIERS** qui servent dans la marine militaire et dans l'artillerie de la marine, avec des considérations sur la spécialité de ces deux armes. 1 vol. in-8. 3 fr.

COLOMB, commandant. — **LA TACTIQUE NAVALE MODERNE.** Broch. in-8 avec deux grandes planches gravées. 1 fr. 50 c.

CONSEIL, capitaine de port à Dunkerque. — **GUIDE PRATIQUE DE SAUVETAGE** à l'usage des marins. 1 vol. grand in-8 accompagné de nombreuses figures dans le texte et de 2 planches gravées. 6 fr. 50 c.

    Livre premier. — Du naufrage en général. — Cas divers. — Moyens naturels de combattre le danger.

    Livre deuxième. — Engins de sauvetage à bord des navires et leur emploi. — Moyens d'y suppléer quand on n'en est pas pourvu.

    Livre troisième. — Engins de sauvetage dans tous les ports et sur le littoral. — Personnel obligé d'un poste de sauvetage. Nomenclature des objets qui doivent former le matériel d'un poste de sauvetage côtier. Moyens de se servir de ces différents engins. — Secours à donner aux naufragés et rappeler à la vie ceux qui sont dans un état de mort apparente.

    Livre quatrième. — Procédés employés pour sauver les navires et leurs cargaisons.

Ouvrage approuvé par toutes les chambres de commerce des ports.

CORDES, enseigne de vaisseau. — **THÉORIE DES RELÈVEMENTS POLAIRES** et leur application à diverses questions de **TACTIQUE NAVALE.** In-8 avec planches gravées. 2 fr. 50 c.

Définition d'un relèvement polaire et sa mesure. — Description du compas polaire. — Gouverner sur un relèvement polaire donné. — Description du cadran indicateur. — Emploi des routes curvilignes au point de vue de l'artillerie d'un navire. — Combat contre un point fixe. — Chasse d'un navire. — Combat. — Différents cas qui peuvent se produire. — Formation des ordres circulaires. — Passages des différents ordres aux ordres nouveaux. — Des ordres de front.— Conversions.— Ordres de relèvement.— Ordres de chasse et de retraite.— Chasse par une escadre.— Conclusion.

CRISENOYE (DE), lieutenant de vaisseau. — **L'ÉCOLE NAVALE ET LES OFFICIERS DE VAISSEAU.** Broch. in-8.   1 fr. 75 c.

— **LE PERSONNEL DE LA MARINE MILITAIRE** et les classes maritimes sous Colbert et Seignelay, d'après des documents inédits. Broch. in-8.   1 fr. 75 c.

— **LA LIBERTÉ DE L'INDUSTRIE MARITIME** et la puissance navale de la France. Broch. in-8.   1 fr. 50 c.

— **LA CAMPAGNE MARITIME DE 1692.** Broch. in-8.   1 fr. 75 c.

CUNNINGHAM, capitaine de vaisseau. — **MANŒUVRE MÉCANIQUE ET NOUVELLE DISPOSITION DES VOILES** à bord des cuirassés anglais. Broch. in-8 avec une planche gravée.   50 c.

DELACOUR, ingénieur de la marine et directeur des constructions navales des messageries impériales. — **ÉTUDE SUR LES MACHINES A VAPEUR MARINES ET LEURS PERFECTIÓNNEMENTS,** surchauffe de vapeur, grandes détentes, condensation par surfaces, haute pression, etc., brochure in-8 avec figures.   2 fr.

DELAMARCHE, ingénieur-hydrographe. — **OBSERVATIONS HYDRO-GRAPHIQUES, PHYSIQUES ET MAGNÉTIQUES** recueillies pendant la campagne dans les mers de l'Inde et de la Chine, à bord de la frégate *l'Érigone.* 4 vol. in-8.   64 fr.

Cet ouvrage, où se trouvent consignées toutes les observations faites pendant le cours de ces campagnes, comprend l'itinéraire de la frégate, la liste des instruments employés et les tableaux des observations météorologiques, barométriques, thermométriques, magnétiques, d'inclinaison, de variation diurne, de déclinaison, d'intensité, etc., etc.

Ouvrage publié par ordre du Gouvernement.

DENAYROUSE, lieutenant de vaisseau. — **MÉMOIRE SUR L'APPAREIL PLONGEUR ROUQUAYROL A AIR COMPRIMÉ** et instruction sur son emploi dans la marine, in-8 accompagné de plusieurs figures sur bois.   2 fr. 50 c.

Principes généraux du ferme-bouche. Des pompes. Description détaillée du régulateur et de la pompe. Accessoires. Expériences faites sur l'appareil plongeur. Comparaison de l'appareil à air comprimé avec le scaphandre. Appareils à moyenne et haute pression. Description détaillée du compresseur-compensateur et du régulateur. Calcul du compresseur-compensateur. Instructions générales sur l'appareil. Nettoyage des carènes des navires en cours de campagne. Durée du travail. Prix de revient. Économie de charbon : dispositions à prendre. Conclusions des rapports des commissions OFFICIELLES Françaises et Étrangères.

DISLERE, ingénieur de la marine. — **NOTE SUR LA MARINE DES ÉTATS-UNIS.** In-8 avec 3 grandes planches.   2 fr. 50 c.

Marine des États-Unis pendant la guerre de la sécession. — Des monitors au point de vue nautique et au point de vue des qualités de combat. — Cuirasses. — Résistance des murailles cuirassées. — Différents types de monitors. — Bâtiments à batteries. — Bâtiments non cuirassés. — Canonnières. — Double-tenders. — Bâtiments confédérés. — Marine actuelle des États-Unis. — Monitors du nouveau type. — Artillerie. — Affût Ericson. — Arsenaux.

DONEAUD, professeur à l'école navale impériale. — *Voyez* LEVOT. —
Voyez **PORTS MARITIMES DE LA FRANCE.**

DUBOIS, professeur à l'école navale impériale. — **COURS DE NAVIGATION
ET D'HYDROGRAPHIE.** 1 très-fort vol. grand in-8, renfermant plus
de 200 grandes figures intercalées dans le texte et 9 planches gravées. 15 fr.

De la boussole. Des connaissances des temps. Du cercle à réflexion. Du
sextant et de l'octant. Des erreurs d'observations. Des chronomètres. Les régler. Détermination de l'heure vraie ou moyenne d'un lieu à l'aide d'une hauteur du soleil ou d'un autre astre. Détermination de la latitude et de la longitude. Déterminer la variation du compas. Des courants. Des cartes marines.
Géodésie. Détermination des positions géographiques des sommets principaux du canevas géodésique. Du nivellement géodésique. Lever d'une carte
marine et d'un plan hydrographique. Détails topographiques.

— **COURS D'ASTRONOMIE, DE GÉOMÉTRIE ET DE MÉCANIQUE
CÉLESTES, ET NOTIONS SUR LES MARÉES,** à l'usage des officiers de marine, 2ᵉ *édition* revue et considérablement augmentée, 1 vol.
grand in-8, avec de nombreuses figures intercalées dans le texte et 4 grandes
planches gravées. 10 fr.

Description de l'univers astronomique. Définitions astronomiques. Étude
complète des phénomènes apparents. Mouvement général de la sphère céleste.
Coordonnées servant à déterminer la position d'un astre dans la voûte céleste.
Instruments propres à mesurer le temps, les instants et les angles. Étude des
étoiles. Étude du soleil. Étude de la lune. Différents modes d'observation.
Éclipses. Calculs des éclipses. Études des planètes et des satellites. Notions
sur les comètes. Méthode de Bessel pour les occultations décrites par la
lune. Formules de précession et de natation. Formules d'aberration. Éléments de mécanique céleste. Détermination des rapports des masses plané-
taires à la masse du soleil. Aberration de la lumière. Notions sur les marées.

— **DE LA DÉVIATION DES COMPAS A BORD DES NAVIRES** et du
moyen de l'obtenir à l'aide du **COMPAS DE DÉVIATIONS.** Broch. grand
in-8° avec de nombreuses figures. 3 fr.

Premières observations sur les déviations des aiguilles. — Comment les
fers de navires acquièrent le magnétisme. — Du plateau correcteur de Barlow.
— Des compensateurs de M. Airy. — Formules analytiques de Poisson. — Mo-
dification de ces formules par M. Archibald Smith. — Moyen proposé par
M. Faye. — Actions réciproques de deux aiguilles de masses très-différentes
placées l'une au-dessus de l'autre. — Description du Compas de déviations. —
Usage de l'instrument. — Discussion de la théorie du Compas de déviations.
— Expériences faites sur le vaisseau cuirassé *le Magenta.*

— **THÉORIE DU MOUVEMENT DES CORPS CÉLESTES** parcourant des
sections coniques autour du soleil, ouvrage traduit du *Theoria motus cor-
porum* de *Gauss;* suivie de notes du traducteur. Un beau volume grand
in-8, accompagné de tables et de trois planches gravées. 15 fr.

Relations concernant une seule position dans l'orbite et dans l'espace. —
Relations entre plusieurs positions dans l'orbite et dans l'espace. — Détermination de l'orbite d'après trois observations complètes. — Détermination d'une
orbite d'après quatre observations, dont deux seulement sont complètes. —
Détermination d'une orbite satisfaisant le plus près possible à un nombre
quelconque d'observations. — Détermination des orbites, en ayant égard aux
perturbations. — Tables. — Notes du traducteur. — Méthode d'Olbers pour
la détermination des éléments paraboliques d'une comète, au moyen de trois
observations complètes.

DUBOIS, professeur à l'école navale impériale. — **ÉTUDE HISTORIQUE SUR LES MOUVEMENTS DU GLOBE.** In-8. 2 fr.

— **L'ANNÉE ASTRONOMIQUE.** Revue annuelle des découvertes, des travaux, des instruments et appareils astronomiques récemment inventés. In-8. Année 1861. 2 fr. 50 c.

DUPERREY, capitaine de frégate, membre de l'Institut. — **OBSERVATIONS HYDROGRAPHIQUES ET PHYSIQUES** recueillies pendant son voyage autour du monde sur la corvette *la Coquille*. 3 vol. in-4 et atlas grand in-folio. 250 fr.

Hydrographie. 1 vol. gr. in-folio composé de 52 cartes et 12 feuilles de texte. 200 fr.

Physique. 1 vol. in-4 de 294 pages, 7 planches, dont 6 cartes. — **Hydrographie.** 1 vol. in-4 de 163 planches. — **Hydrographie et physique.** 1 vol. in-4 de 333 pages. 60 fr.

> *N. B.* Ces trois parties ne se vendent pas séparément.
> Tous les savants connaissent les travaux si justement estimés de M. *Duperrey* sur le pôle nord et l'intensité magnétique ; c'est le seul ouvrage où ils se trouvent consignés.
> *Ouvrage publié par ordre du Gouvernement.*

DU TEMPLE, capitaine de frégate, directeur de l'école des mécaniciens, à Brest.

— **COURS COMPLET DE MACHINES A VAPEUR,** *appareils employés pour la navigation,* ouvrage rédigé suivant le dernier programme officiel pour les différents grades des mécaniciens de la marine impériale. 2ᵉ *édition* refondue et considérablement augmentée. Un très-fort vol. in-8°, suivi d'une table alphabétique de toutes les matières, avec renvoi aux numéros où elles sont traitées, et accompagné d'un atlas renfermant 27 planches gravées sur acier, ayant chacune sa légende explicative. 17 fr.

> **Première partie.** — Introduction ou éléments de mécanique et de physique.
> **Seconde partie.** — Exposition générale des machines à vapeur marines, description de tous les types, montage, travail et régulation, entretien et réparation.
> *Ouvrage approuvé par S. Exc. M. le Ministre de la marine.*

— **INSTRUCTIONS SUR L'ENTRETIEN ET LES EXERCICES DE LA MACHINE** à bord des navires armés. Broch. 1 fr.

> Entretien des machines. — École de la machine. — Mise en marche. — Conduite de la machine. — Conduite des propulseurs. — Allumer et éteindre les feux. — Choix et embarquement du charbon. — Visites aux soutes.

— **DU SCAPHANDRE ET DE SON EMPLOI.** In-8° avec 2 pl. 2 fr.

> Circonstances dans lesquelles le scaphandre est d'un grand secours. — Description. — Usage. — Recouvrir le plongeur. — Conseils aux plongeurs. — Travaux sous-marins. — Signaux de convention. — Entretien du scaphandre.

— **RETOURS DES MANŒUVRES COURANTES SUR LE PONT D'UN NAVIRE DE GUERRE,** représentant le pont d'un navire avec toutes les manœuvres et le nom des cordages y aboutissant. Une grande feuille jésus in-plano. 1 fr. 25 c.

ÉCOLES DE LA MARINE. — Voyez *Ministère de la marine.*

EYMIN, commissaire de la marine. — Voyez **PORTS MILITAIRES DE LA FRANCE.**

FITZ-ROY (l'amiral). — **LE LIVRE DU TEMPS**, manuel pratique de météorologie à l'usage des marins, traduit par M. Mac Cleod, professeur au Borda. 1 vol. in-8 avec 2 grandes planches et de nombreux tableaux thermométriques et barométriques, tables de la force et de la vitesse du vent, etc., etc. 4 fr.

Ouvrage approuvé par son Exc. M. le Ministre de la marine.

FOLIN (DE), capitaine de port. — **GUIDE DU CAPITAINE ET DU PILOTE** dans les rapports qu'ils doivent avoir pour diriger un navire, recueil de toutes les communications qui peuvent être échangées entre un capitaine et un pilote dans les **PRINCIPALES LANGUES DE L'EUROPE**, disposé de telle sorte que tous deux puissent lire en même temps la même phrase; 1 fort vol. in-8. 10 fr.

La première partie traite les différentes phases de la navigation, depuis l'abordage du navire par le pilote jusqu'à l'arrivée au port, et depuis la sortie du port jusqu'au congé que reçoit le pilote. La seconde partie est un vocabulaire comprenant les mots usités dans la marine dans les principales langues européennes.

Ouvrage approuvé par LL. Exc. MM. les Ministres de la Marine de France et de la Marine d'Italie, rendu réglementaire à bord des navires de la flotte par le Ministre de la marine des États-Unis, et approuvé par les chambres de commerce des ports de Bordeaux, le Havre, Nantes, Marseille, etc., etc.

Leitfaden für Capitaine und Lootsen.

Gids voor Kapitein en Loods.

Wagledare for Kaptein och Lots.

Ledetraad for Captainer og Lodser.

Guide for Captains and Pilots.

Guia do Capitão e do Pratico.

Guia del Capitan y Practico de puerto o costa.

Guida del Capitano e del Piloto.

— **NOTIONS THÉORIQUES** des principes sur lesquels reposent les **MOUVEMENTS** et les **ÉVOLUTIONS DU NAVIRE.** Broch. in-8 avec une planche gravée. 1 fr.

FORTS DE MER CUIRASSÉS (les), in-8 avec une planche. 1 fr. 50 c.

FOUQUE. — **NOTICE SUR LE GOUVERNAIL FOUQUE,** adopté par le conseil des travaux de la marine française, ou gouvernail supplémentaire, remplaçant au besoin et instantanément le gouvernail véritable. Rôle et importance du gouvernail, Inconvénients du gouvernail ordinaire. Gouvernail de fortune. Gouvernail de rechange. Modifications et perfectionnements au système primitif. Résumé et conclusion. In-8 accompagné de trois planches gravées. 2 fr.

FRÉMINVILLE (DE), ingénieur de la marine, professeur à l'école du génie maritime. — **COURS PRATIQUE DE MACHINES A VAPEUR MARINES,** professé à l'école d'application du génie maritime. 1 très-fort vol. grand in-8°, avec figures dans le texte, accompagné d'un atlas renfermant 100 planches. 55 fr.

L'atlas se compose de 90 planches gravées, grand in-folio, représentant l'ensemble des machines et tous leurs détails, avec les cotes exactes à chaque pièce, et 8 grands tableaux numériques de comparaison, donnant la dimension juste et précise de chaque pièce. Pour chacune d'elles, l'auteur a établi la charge par centimètre carré qu'elle supporte d'un fonctionnement régulier. Ce travail, de la plus grande utilité, n'avait jamais été publié jusqu'à présent.

Ouvrage autorisé par S. Exc. M. le Ministre de la marine.

FRÉMINVILLE (DE), ingénieur de la marine, professeur à l'école du génie maritime. — **TRAITÉ PRATIQUE DE CONSTRUCTION NAVALE**, 1 fort vol. in-8 accompagné de nombreuses figures dans le texte et d'un atlas grand in-folio renfermant 14 planches gravées. 23 fr.

>   **Première partie.** — Tracé des plans de navire et calculs qui s'y rapportent.
>   **Seconde partie.** — Construction en bois.
>   **Troisième partie.** — Constructions en fer.
> Donnant chacune la description très-détaillée des derniers types et des derniers modèles adoptés dans la construction navale, avec tous leurs accessoires.

Ouvrage autorisé par S. Exc. M. le Ministre de la marine.

GARRAUD, capitaine de frégate. — **ÉTUDES SUR LES BOIS DE CONSTRUCTION**, 1 beau vol. in-18 accompagné de figures dans le texte. 3 fr. 50 c.

>   Formation de végétaux. — Vie des arbres. — Terrains. — Coupe. — Dessiccation. — Écorcement. — Vices des bois. — Qualités des bois. — Monographie des bois durs, résineux, bois blancs et bois fins. — Cubage des bois en grume, équarris, courbes. — Dendromètre. — Résistance des bois. — Conservation des bois. — Extraction des forêts. — Règles générales de recette des bois de mâture. — Tableau de l'âge moyen des arbres au moment de la coupe la plus avantageuse. — Tableau de la hauteur des arbres, de leur croissance annuelle et des terrains qui leur conviennent. — Tableau représentant les indices qui signalent les défectuosités des bois et l'influence des vices sur l'emploi ou le rejet d'une pièce. — Modèles de marchés avec le ministère de la marine.

Ouvrage autorisé par son Exc. M. le Ministre de la Marine.

GAUSS, astronome. — Voyez DUBOIS.

GERMAIN, ingénieur-hydrographe de la marine. — **TRAITÉ DES PROJECTIONS DES CARTES GÉOGRAPHIQUES**, représentation plane de la sphère et du sphéroïde, études théoriques, construction et application. 1 vol. grand in-8 accompagné de 14 grandes planches gravées. 15 fr.

Ouvrage approuvé par S. Exc. M. le Ministre de la marine.

GIQUEL, professeur d'hydrographie. — **NOTES D'ASTRONOMIE ET DE NAVIGATION**, augmentées d'une nouvelle méthode de latitude et d'observations relatives aux chronomètres et au grossissement des lunettes. 1 vol. in-8 avec 2 planches gravées. 5 fr.

GLOTIN, lieutenant de vaisseau. — **ESSAI SUR LES NAVIRES A RANGS DE RAMES DES ANCIENS**, in-8 avec une grande pl. gravée. 1 fr. 50 c.

GUILLOUD, professeur de mathématiques. — **THÉORIE GÉNÉRALE DES CALCULS PAR APPROXIMATION**, contenant une formule générale qui exprime l'approximation du résultat d'un calcul quelconque, dont les données ne sont connues que par approximation; diverses formules approximatives, c'est-à-dire substituant un calcul plus simple à un autre, et don nant à peu près le même résultat; avec de nombreux exemples numériques et l'application à la recherche des racines approchées des équations algébriques ou transcendantes, soit par la formule de fausse position, soit par la formule de Newton rectifiée. 1 vol. in-8. 1 fr. 50 c.

GUILLOUD, professeur de mathématiques. — **CALCULS DES DÉRIVÉES,** contenant l'introduction au calcul différentiel et au calcul intégral, la décomposition des fractions rationnelles, les quadratures, le calcul des différences, les méthodes d'interpolation, les séries, etc. 1 vol. in-8. 3 fr.

— **COURS DE COSMOGRAPHIE.** 1 vol. in-8 avec planches. 3 fr.

HÉBERT, commissaire de la marine. — Voyez **PORTS MARITIMES DE LA FRANCE.**

JAL, historiographe de la marine et membre du comité historique des chartres. — **ARCHÉOLOGIE NAVALE.** 2 vol. grand in-8 jésus vélin ornés de 70 vignettes gravées sur bois, **au lieu de 40 fr.** 25 fr.

KELLEY, ingénieur, à New-York. — **PROJET D'UN CANAL MARITIME** sans écluse, entre l'océan Atlantique et l'océan Pacifique, à l'aide des rivières Atrato et Truando, précédé d'une introduction sur les différents projets de communication interocéanique proposés jusqu'à ce jour, par M. *V. A. Malte-Brun*, et suivi d'une lettre de M. le baron *A. de Humboldt.* In-8 avec carte. 3 fr. 50 c.

KRANTZ, capitaine de vaisseau. — **CONSIDÉRATIONS SUR LE ROULIS DES BATIMENTS.** Brochure in-8, avec figures. 60 c.

LABROSSE, ancien officier de marine. — **TABLE DES AZIMUTS, OU RELÈVEMENTS VRAIS DU SOLEIL, CORRESPONDANT A L'HEURE VRAIE DU BORD, POUR CHAQUE PARALLÈLE DE LATITUDE ENTRE 55° SUD ET 55° NORD.** 1 vol. grand in-4, accompagné d'une traduction *anglaise, allemande* et *espagnole.* 8 fr. 50 c.

Ces tables permettent de corriger la route d'un navire à tout instant de la journée, et dispensent non-seulement de l'exécution du calcul de l'azimut, mais encore de l'observation de la hauteur du soleil.

Les quantités connues, ou arguments avec lesquels il faut entrer dans ces tables, sont : la latitude estimée du navire, la distance polaire du soleil et l'heure vraie du bord, donnée par la montre d'habitacle ou par une montre ordinaire (réglée chaque jour à midi en tenant compte du changement en longitude à raison de 4 minutes par degré). Avec ces données, on trouve immédiatement, dans les tables, le relèvement vrai du soleil correspondant.

Ainsi, pour obtenir la correction de la route du navire à un instant quelconque, il suffit de charger un matelot timonier de relever le soleil au compas, en notant en même temps l'heure de la montre. La table donne l'azimut vrai correspondant; et une simple différence entre cet azimut et le relèvement au compas représente, comme on le sait, la correction de la route (*variation et déviation combinées*) pour le cap auquel on gouvernait, à l'instant considéré.

Ouvrage autorisé par S. Exc. M. le Ministre de la marine.

— **TRAITÉ PRATIQUE DE NAVIGATION ET DE MÉTÉOROLOGIE NAUTIQUE.** 1 fort vol. in-8 accompagné de 4 grandes planches gravées, de 2 cartes en couleur et de tables nautiques, table donnant la distance du navire à un point remarquable à l'aide de deux relèvements et de la route faite de l'un à l'autre, table de correction des hauteurs du soleil, table pour trouver l'heure de la pleine mer, table alphabétique des principaux lieux géographiques (1600 points maritimes) donnant les établissements du port et la montée de l'eau aux syzygies. 12 fr. 50 c.

Étude du ciel. — Notions sur les étoiles, la lune et les planètes. — Mesure du temps. — Eclipses. — Description et usage des instruments à réflexion. — Chronomètres. — Théorie et pratique des calculs nautiques. — Construction et usage des cartes marines. — Notions sur le magnétisme. — Variation et déviations des compas. — Marées. — Courants de marées de la Manche. Alizés. — Moussons. — Cyclones. — Typhons. — Vents périodiques ou généraux et courants principaux de la mer pour les océans Indien, Pacifique et Atlantique. — Orages. — Paratonnerres. — Déplacement et jaugeage des navires. — Prévision du temps à l'aide du baromètre et du thermomètre. — Grandes routes maritimes du globe, d'après les documents récents. — Instruction pour entrer en Manche. — Navigation dans le détroit de Gibraltar.

Ouvrage adopté par S. Exc. M. le Ministre de la marine.

LABROSSE, ancien officier de marine. — **PRÉVISION DU TEMPS**; moyens de prévenir la direction et la force du vent, à l'aide du baromètre, du thermomètre et du psychromètre; avertissements généraux sur le temps; *manuel à l'usage des marins*, précédé de notions sur les vents réguliers, vents variables et cyclones. In-8. 1 fr. 50 c.

Ouvrage approuvé par S. Exc. M. le Ministre de la marine.

— **DÉSAIMANTATION DES NAVIRES EN FER** et réduction des déviations des compas d'après la méthode de **EVAN HOPKINS**, résultats des expériences à bord du *Northumberland* et de la *Charente*. Broch. in-8 avec grandes planches. 3 fr.

Magnétisme terrestre étudié relativement aux compas des navires en fer. — Déviations et ses remèdes. — Navires en fer et compas. — Exposé des méthodes actuellement usitées pour corriger les erreurs des compas à bord des navires en fer. — Cause apparente de l'attraction et de la répulsion des pôles, des aimants. — Magnétisme terrestre. — Déviation des compas. — Position des compas de route à bord des navires en fer. — Oscillation des aiguilles. — Compas avec barreaux recourbés. — Désaimantation des navires en fer et de leurs baux, pour réduire les déviations des compas. — Tableaux des déviations à bord du *Northumberland* et de la *Charente*, avant et après la méthode de *Hopkins*. — Discussion. — Résultats. — Conclusions.

LABROUSSE, vice-amiral. — **OBSERVATIONS SUR LES MACHINES A VAPEUR** récemment introduites dans la marine impériale. In-8 avec une grande planche. 1 fr. 25 c.

LAMBERT, professeur d'hydrographie, ancien élève de l'école polytechnique. — **DE LA LOCOMOTION MÉCANIQUE DANS L'AIR ET DANS L'EAU**, in-8 compacte. 5 fr.

LA PLANCHE (DE), capitaine de frégate. — **NOUVELLES BASES DE TACTIQUE NAVALE DES NAVIRES A VAPEUR,** ouvrage traduit du russe de l'amiral *Boutakoff*, 1 vol. in-8, avec de nombreuses figures dans le texte, et accompagné de 26 planches gravées, dont une grande partie en couleurs. 15 fr.

Ouvrage publié par les ordres de S. Exc. M. le Ministre de la marine.

— **LES NAVIRES BLINDÉS DE LA RUSSIE,** d'après les derniers documents officiels. Broch. in-8 accompagnée de 6 grandes planches donnant le plan et les lignes d'eau, les dispositions intérieures, les dispositions de la cale, le pont intérieur, les section, coupe et plan d'une tour, etc.   2 fr.

LAPPARENT (DE), directeur des constructions navales et du service général des bois de la marine. — **DU DÉPÉRISSEMENT DES COQUES DES NAVIRES EN BOIS,** et des moyens de le prévenir, in-8 avec figures dans le texte.   2 fr.

Choix et emploi des bois. — Conservation des bois d'approvisionnement et desséchement artificiel préalable de ceux mis en œuvre. — Précautions à prendre dans le cours de la construction et préparations à appliquer au bois, soit pour neutraliser les agents de destruction, soit pour mettre les bois en état d'y mieux résister.

Ouvrage autorisé par S. Exc. M. le Ministre de la marine.

— **ASSAINISSEMENT ET DÉSINFECTION DES CALES DE NAVIRE** par la carbonisation, au moyen du gaz forcé; addition au mémoire précédent. Broch. in-8.   50 c.

— **INSTRUCTION SUR LES BOIS DE MARINE ET LEUR APPLICATION AUX CONSTRUCTIONS NAVALES,** suivie du **TARIF OFFICIEL POUR LA RECETTE ET LE CLASSEMENT DES BOIS DE CONSTRUCTION,** 1 vol. in-4 avec fig. sur bois, accompagné : 20 fr.

1° D'un tarif donnant l'équarrissage au milieu et le cube, *au cinquième déduit*, des arbres dont la hauteur et le tour, au pied et sur écorce, sont connus;

2° De 42 planches gravées représentant : le *dendromètre* (instrument pour mesurer la hauteur des arbres sur pied); des *coupes* de navire, où l'on voit la fonction, dans la charpente d'un vaisseau, de chacune des pièces qui figurent au tarif officiel; enfin de *découpes* d'arbres indiquant le meilleur parti à tirer des arbres, d'après leurs formes et leurs dimensions, avec l'extrait du tarif officiel;

3° De 16 planches lithographiées *en couleur*, montrant les qualités et les vices principaux des bois de chêne.

Ouvrage publié d'après les ordres de S. Exc. M. le Ministre de la marine.

— **TARIFS ET TABLEAUX DIVERS POUR LE CUBAGE ET LE CLASSEMENT DES BOIS DE MARINE.** 1 vol. in-12.   3 fr.

Tarif de recette et de classement des bois de chêne.
Tableau des équarrissages théoriques, correspondant aux divers diamètres sur franc-bois.
Tableau pour servir au classement approximatif des arbres sur pied jugés propres au service de la marine.
Tableaux régulateurs des équarrissages bruts à donner aux arbres en grume.
Tarif pour le cubage estimatif, au 1/5 déduit, des arbres sur pied.
Tarif pour le cubage, au 1/5 déduit, des bois en grume ou équarris.
Tarif de cubage pour les bois équarris, comprenant toutes les longueurs de 20 en 20 cent. et tous les équarrissages de 2 en 2 cent.
Chaque tarif est précédé d'une explication détaillée.

Ouvrage approuvé par S. Exc. M. le Ministre de la marine.

— **TARIF OFFICIEL POUR LA RECETTE ET LE CLASSEMENT DES BOIS DE MARINE,** in-4 accompagné de figures dans le texte. 1 fr. 50 c.

— **CONSERVATION DES BOIS DE LA MARINE** par la carbonisation de leurs surfaces. Brochure in-8, avec une planche.   1 fr.

LARTIGUE, capitaine de vaisseau. — **ÉTUDES SUR LES MOUVEMENTS DE L'AIR** à la surface terrestre et dans les régions supérieures de l'atmosphère, suivies du résumé des **LOIS QUI RÉGISSENT LES TEMPÊTES** et les ouragans. Broch. in-8.   1 fr. 25 c.

LAUNAY, chirurgien de la marine, médecin des prisons et du commissariat de l'émigration. — **LE MÉDECIN DU BORD**, à l'usage des capitaines et des officiers de la marine marchande. Un vol. in-12.   2 fr. 50 c.

> Règles générales pour l'examen et le traitement des malades. — Médicaments contenus dans le coffre, comprenant un numéro d'ordre, le nom du médicament, les quantités exigées suivant le nombre d'hommes d'équipage, la dose et la manière d'administrer. — Médicaments contenus dans le coffre, leurs doses, leur mode d'administration, leurs usages. — Formulaire, ou recettes diverses que l'on peut préparer avec les médicaments contenus dans le coffre.—De quelques ressources pour les malades, que l'on trouve en cours de voyage en dehors du coffre. —Observations sur les quantités de certains médicaments et sur les divisions de quelques autres.

LETOURNEUR, lieutenant de vaisseau. — **NOUVEAU GOUVERNAIL DE FORTUNE.** Broch. in-8 accompagnée d'une planche lithographiée. 1 fr. 25 c.

LEVOT, bibliothécaire du port de Brest, et DONEAUD, professeur à l'école navale impériale. — **LES GLOIRES MARITIMES DE LA FRANCE,** biographie des marins, découvreurs, ingénieurs, médecins, hydrographes, etc., les plus célèbres de la marine française, 1 fort vol. in-12.   4 fr.

LEWAL, capitaine de frégate. — **TRAITÉ PRATIQUE D'ARTILLERIE NAVALE,** 3 vol. grand in-8 avec figures dans le texte et accompagnés de dix-sept grandes planches gravées.

> **Tome 1.** — Sabords. — Champ de tir. — Appareil de pointage. — Écouvillons. — Gargousses. — Inflammations accidentelles. — Culots et crasses. — Dégradation des lumières. — Valets. — Étoupilles à friction. — Installation des vaisseaux anglais. — Données d'expérience sur le tir. — Mesure des distances. — Déviations des projectiles dues à la vitesse du navire. — Passages des poudres et des projectiles.
> Accompagné de 8 grandes planches gravées et de figures dans le texte. 20 fr.
> **Tome 2.** — Pointage et chargement des pièces de mer. — Manœuvres, exercices et tirs des batteries, des gaillards des vaisseaux. — Instruction d'une deuxième batterie de vaisseau. — Instruction d'une première batterie de vaisseau armée de canons rayés.
> Manœuvres des pièces d'embarcations et des batteries de canons rayés de 4 employées à terre. — Manœuvres de force à bord et à terre. — Données d'expérience sur la manœuvre et le tir des bouches à feu marines.
> Accompagné d'une planche.   8 fr.
> **Tome 3.** — Tir convergent. — Tir précipité. — Tir à ricochet.
> Historique des travaux relatifs au tir convergent en France et en Angleterre. — Exposition du système du tir convergent. — Discussion du système et des résultats obtenus. — Adoption réglementaire de la méthode. — Principes d'exécution du tir précipité.—Discussion.—Application.— Installation. — Examen des principes et des règles du tir à ricochet. — Justesse du tir : données d'expérience sur les déviations. — Données d'expérience sur le ricochet du projectile sphérique. — Angles de chute, angles de réflexion, perte de vitesse. — Données d'expérience sur le tir ricoché.
> Accompagné de nombreuses figures intercalées dans le texte et d'un atlas renfermant 8 planches.   20 fr.

Ouvrage autorisé par S. Exc. M. le Ministre de la marine.

LEWAL, capitaine de frégate.— **TACTIQUE DES COMBATS DE MER.**
1 très-fort vol. grand in-8 accompagné de nombreuses figures dans le texte.
Introduction. — Bâtiments isolés. — Bâtiments réunis en escadres. — Méthode d'attaque et de défense.— Évolutions, manœuvres, emploi de l'artillerie et de la mousqueterie. — Principe d'évolution des navires à hélice. — Principes de combat.

Ouvrage autorisé par S. Exc. M. le Ministre de la marine.

LISSIGNOL, ingénieur de l'École impériale des mines, ancien ingénieur en second de la Compagnie générale transatlantique, etc. — **CONSTRUCTION ET EXPLOITATION DES NAVIRES EN FER A VOILES.** In-8 accompagné de nombreux tableaux de comparaison et de 2 grandes planches gravées.

6 fr. 50 c.

Abrégé historique. — Les navires en fer peuvent être plus longs que les navires en bois.— A dimensions égales, les navires en fer ont une capacité et un port plus grands que les navires en bois. — Avantages des navires en fer pour les visites, l'entretien et les réparations.— Durée des navires en bois et en fer.— Sécurité des navires en fer. — Mâture et gréement en fer.— Objections aux navires en fer.— Types de navires comparés. — Dépenses d'exploitation, dépenses à l'année, au voyage, au tonneau embarqué.— Comparaison des divers prix de revient de l'unité de transport. — Conclusion. — Frais d'exploitation et prix de revient du fret pour types de navires en bois et en fer de 500 et de 790 tonneaux.—Règles du Lloyd anglais pour la construction des navires en fer.

— **LES ACCIDENTS DE MER,** moyens de les prévenir et nécessité d'une réforme dans la police maritime, 1 vol. in-8.

3 fr. 50 c.

MACHINES MARINES A L'EXPOSITION UNIVERSELLE DE 1867 (les), recueil des rapports adressés à S. Exc. Monsieur le Ministre de la marine, par les mécaniciens principaux de la marine impériale. In-8 avec 40 grandes planches.

Ouvrage publié par les ordres de S. Exc. M. le Ministre de la marine.

MAC CLEOD. — *Voyez* FITZ-ROY.

MERLIN, maître voilier, chargé de la voilerie à Toulon. — **TRAITÉ PRATIQUE DE VOILURE,** ou exposé des méthodes simples et faciles pour calculer et couper toutes espèces de voiles, 1 vol. in-8, avec figures dans le texte, et accompagné de nombreux tableaux, des qualités de toile, des grosseurs de ralingues, de coupes de laizes, de toiles, etc., etc., et de 7 grandes planches gravées.

5 fr.

Première partie.—Du plan de voilure et de ce qui est relatif aux dimensions des voiles.

Deuxième partie. — Du tracé et de la coupe des voiles.

Troisième partie.—Confections, réparations et modifications des voiles.

MEUNIER-JOANNET, professeur à l'école navale impériale. — **COURS ÉLÉMENTAIRE D'ANALYSE** à l'usage de la marine, contenant un très-grand nombre d'applications. 1 vol. grand in-8°, avec de nombreuses figures dans le texte.

10 fr.

Tableau des formules de trigonométrie. Complément de géométrie et d'algèbre. Notions de géométrie analytique. Éléments de calcul différentiel et intégral. Équations diverses et applications. Géométrie à trois dimensions. *Ouvrage approuvé par S. Exc. M. le Ministre de la marine.*

MEUNIER-JOANNET, professeur à l'école navale impériale. — **COURS D'ALGÈBRE ET DE TRIGONOMÉTRIE** à l'usage des écoles d'hydrographie pour les aspirants au long cours, rédigé d'après le dernier programme. 1 vol. in-8, fig. dans le texte. 5 fr. 50 c.
Ouvrage approuvé par S. Exc. M. le Ministre de la marine.

MINISTÈRE DE LA MARINE. — **LES ÉCOLES D'ENSEIGNEMENT PRI-MAIRES ET PROFESSIONNELLES DE LA MARINE,** écoles des pupilles, — des mousses, — des divisions des équipages de la flotte, — des apprentis des ports, — de maistrance, — des mécaniciens de la flotte, — d'infanterie et d'artillerie de marine, — du vaisseau-école des apprentis canonniers et timoniers, — d'hydrographie. Broch. in-8. 2 fr. 50 c.

NOTICE SUR LES MÉCANICIENS ET OUVRIERS CHAUFFEURS DE LA FLOTTE, résumé des conditions d'admission, d'avancement, de solde et de retraite attribuées aux divers grades, brochure in-8. 40 c.
Publiée par le Ministère de la marine.

NOTIONS SUR LA CHALEUR, à l'usage des mécaniciens de la flotte, contenant les principes dont ils peuvent avoir besoin dans leur service journalier; explications, phénomènes, calorimétrie, combustion, tables diverses, etc., in-8. 3 fr.

MOTTEZ, capitaine de vaisseau. — **ÉTUDE SUR LE ROULIS.** Broch. in-8. 50 c.

MOUCHEZ, capitaine de frégate.— **RECHERCHES SUR LA LONGITUDE** de la côte orientale de l'Amérique du Sud. In-8 avec figures et tableaux. 5 fr.

— **HYDROGRAPHIE DES COTES DU BRÉSIL.** Broch. in-8. 50 c.

NORMAND (J. A.), constructeur de navires. — **MÉMOIRE SUR L'APPLI-CATION DE L'ALGÈBRE AUX CALCULS DE CONSTRUCTION DES BATIMENTS DE MER,** in-8, avec planches gravées. 1 fr. 75 c.
Exposé d'une méthode nouvelle pour déterminer à priori les éléments principaux des bâtiments de mer.
Formules approximatives, pouvant servir à calculer : l'acuité longitudinale de la carène, — la distance du centre de déplacement en arrière du centre de longueur, — la distance du même centre à la flottaison, la hauteur du métacentre latitudinal au-dessus du centre de déplacement, — la hauteur du métacentre longitudinal au-dessus du même centre, — la surface de flottaison, — la surface de la coque, la surface de la carène.
Applications de la méthode. Résolutions de quelques-uns des problèmes qui peuvent se présenter à l'étude des constructeurs.

OWEN (le commandant), professeur d'artillerie à l'Académie royale de Woolwich.
— **EXAMEN COMPARATIF DU CANON A AME LISSE ET DU CANON RAYÉ** dans leurs applications à l'artillerie navale. — Armement des navires de guerre. — État actuel de la question de l'artillerie. — Conclusion. Brochure in-8, avec une planche gravée. 1 fr. 25 c.

PAGEL, capitaine de frégate. — **TACTIQUE NAVALE POUR LES NA-VIRES A VAPEUR,** définitions, évolutions par contre-marche, par conversion; règles générales à suivre, comparaison des deux genres d'évolution, changement de route, etc., etc. Broch. in-8, avec une planche gravée. 1 fr.

PARIS, vice-amiral, directeur général du dépôt des cartes et plans de la marine, membre de l'Institut (Académie des sciences). — **DICTIONNAIRE DE MARINE A VOILES ET A VAPEUR,** *seconde édition* augmentée et complétement refondue; 2 vol. grand in-8, papier jésus, accompagnés de 24 planches gravées. 40 fr.

VOLUME DE LA MARINE A VOILES.	VOLUME DE LA MARINE A VAPEUR.
Organisation militaire et administrative;	Propriétés physiques de la chaleur et de la vapeur, tables;
Législation et pénalité;	Nature et propriété des métaux, tables;
Droit international et maritime;	Combustibles, leur qualité, leur emploi;
Arsenaux et ateliers;	Description des machines à vapeur;
Personnel et matériel;	Détail de toutes leurs pièces;
Construction et lancement;	Chaudières, foyers, cheminées, chauffage;
Arrimage, chargement et installation;	Outils divers pour les machines;
Gréement, mâture et voilure;	Fonderies, forges, tour, ajustage;
Armement et équipement;	Confection et montage des machines;
Amarrage à l'ancre;	Conduite, dressage et entretien des machines,
Manœuvres et circonstances de mer;	Propulseurs, hélices, roues à aubes;
Artillerie, canonnage et armes de combat;	Navires à vapeur, mixte et en fer;
Bâtiments européens et extra-européens;	Navigation par la vapeur;
Tactique navale et ordres divers;	Machines à vapeur combinées;
Notions astronomiques et météorologiques;	Machines à air chaud;
Hydrographie, géodésie, cartes et instruments nautiques;	Notices historiques sur les principaux inventeurs;
Hygiène, police et discipline;	Vocabulaire anglais-français des termes principaux de la marine à vapeur.
Expressions familières et figurées;	
Détails particuliers et généraux relatifs à la marine à voiles de l'Etat et du commerce;	
Vocabulaire anglais-français des termes principaux de la marine à voiles.	

Les deux volumes ensemble, 40 francs.

Le *Dictionnaire de marine à voiles,* accompagné de 7 planches gravées. 20 fr.	Le *Dictionnaire de marine à vapeur,* accompagné de 17 planches gravées. 22 fr.

Ouvrage publié sous les auspices de S. Exc. M. le Ministre de la marine.

— **L'ART NAVAL, EN 1867, A L'EXPOSITION UNIVERSELLE DE PARIS,** état actuel de la marine, description et inventions maritimes des derniers perfectionnements, 1 très-fort vol. grand in-8 suivi d'une grande table alphabétique de tous les articles avec renvoi aux numéros où ils sont traités et accompagné d'un bel atlas renfermant 50 planches in-folio grav.

Navires cuirassés. — Navires à tourelles. — Blindages. — Construction. — Tactique de combat. — Paquebots. — Canots à vapeur. — Embarcations. — Bateaux plongeurs. — Bateaux de sauvetage. — Différents systèmes de construction composite en bois et en fer. — Appareils plongeurs. — Lampes sous-marines. — Ceintures de sauvetage. — Procédés les plus nouveaux pour la conservation et le nettoyage des carènes. — Mâtures en fer. — Machines marines. Chaudières. — Détails divers. — Propulseurs. — Voilures. — Cabestans. — Chaînes. — Ancres. — Trace-vagues et trace-roulis. — Oscillomètres. — Maréographes. — Locks. — Bouées. — Détails divers, et procédés les plus nouveaux, etc., etc. — Artillerie nouvelle.

— **L'ART NAVAL, EN 1862, A L'EXPOSITION UNIVERSELLE DE LONDRES,** description et discussion de tout ce que l'exposition présentait de plus remarquable dans la marine. 1 vol. in-4 suivi d'une grande table alphabétique de tous les articles et de toutes les figures avec renvoi aux numéros où

ils sont traités, et accompagné d'un bel atlas renfermant 21 planches in-folio
gravées.   20 fr.

PARIS, vice-amiral, directeur général du dépôt des cartes et plans de la marine,
membre de l'Institut (Académie des sciences). — **SUPPLÉMENT A
L'ART NAVAL, OU DERNIÈRES INVENTIONS MARITIMES,**
d'après des documents récents. In-8 accompagné d'une table alphabétique
des matières avec renvoi aux numéros, et de onze grandes planches gra-
vées.   4 fr. 50 c.

> Navires à tourelle du capitaine Coles. — Navires à tourelle américains. —
> Navires partiellement cuirassés de M. Reed. — Navires à réduit central du
> capitaine Symonds. — Manœuvre mécanique des canons, par le capitaine
> Cunningham. — Canon sous-marin du capitaine Coles. — Le Royal-Sovereign.
> — L'Entreprise. — Dernières constructions.— Dernières expériences, etc., etc.

— **NOTE SUR LES NAVIRES CUIRASSÉS.** Broch. in-8 accompagnée
d'une lithographie et de 2 planches gravées.   3 fr.

— **DESCRIPTION ET USAGE DU TRACE-VAGUE ET DU TRACE-
ROULIS.** Broch. in-8 avec 2 grandes planches.   2 fr. 50 c.

— **CATÉCHISME DU MARIN ET DU MÉCANICIEN A VAPEUR,**
ou traité des machines à vapeur marines, de leur montage, de leur conduite, de la
réparation de leurs avaries; 2ᵉ édition augmentée de la manœuvre des navires à roues à aubes ou à hélice, et d'une grande table alphabétique de tous
les articles, avec renvoi aux numéros où ils sont traités. In-8 grand raisin
avec de nombreuses figures dans le texte.   16 fr.

Ouvrage publié sous les auspices de S. Exc. M. le Ministre de la marine.

— **APPENDICE AU CATÉCHISME DU MARIN ET DU MÉCANI-
CIEN A VAPEUR,** ou guide théorique du candidat au long cours, rédigé
conformément au dernier programme, et description de divers appareils à
vapeur marins avec toutes leurs pièces. In-8 accompagné de 10 planches
gravées, avec plusieurs figures sur bois.   3 fr. 50 c.

— **TRAITÉ DE L'HÉLICE PROPULSIVE.** 1 vol. in-8 jésus de 580 pages,
avec 9 grands tableaux et figures dans le texte, suivi d'une table alphabétique de tous les articles, avec renvoi aux numéros où ils sont traités, accompagné de seize grandes planches gravées.   22 fr.

Ouvrage publié sous les auspices de S. Exc. M. le Ministre de la marine.

— **UTILISATION ÉCONOMIQUE DES NAVIRES A VAPEUR,**
moyens d'apprécier les services rendus par le combustible suivant la vitesse
et la dimension des navires. 1 vol. grand in-8 accompagné de 25 tableaux et
12 grandes planches gravées, exposant les résultats des expériences et du
service à la mer des navires.   8 fr.

— **MANŒUVRIER COMPLET** ou traité des manœuvres de mer et du
gréement, à bord des bâtiments à voiles et à vapeur; par MM. le baron
de Bonnefoux et *E. Páris.* 1 vol. in-8 avec figures dans le texte et
accompagné de deux grandes planches gravées.   7 fr.

— **ESSAI SUR LA CONSTRUCTION NAVALE DES PEUPLES EX-
TRA-EUROPÉENS,** ou collection des navires et pirogues construits par

les habitants de l'Asie, de la Malaisie, du grand Océan et de l'Amérique, mesurés et dessinés par M. *Páris*, pendant ses voyages autour du monde, à bord des bâtiments de l'État *l'Astrolabe, la Favorite* et *l'Artémise*. 1 fort vol. in-folio jésus vélin, de 160 pages de texte et 130 planches.   • 200 fr.

Ouvrage publié par ordre de S. Exc. M. le Ministre de la marine.

PARIS, vice-amiral, directeur général du dépôt des cartes et plans de la marine, membre de l'Institut (Académie des sciences). — **INSTRUCTIONS SUR LA MANŒUVRE DES CANOTS** naviguant avec grosse mer dans les brisants, accompagnées de renseignements pratiques à l'usage des marins des navires marchands ou des patrons de canots et suivies des moyens de faire revenir les noyés.

50 c.

— **VOCABULAIRES DES TERMES DE LA MARINE A VAPEUR :**

Allemand-français,	Italien-français,
Danois-français,	Russe-français,
Espagnol-français,	Suédois-français,
Hollandais-français,	

publiés sous la direction de M. *Páris*, vice-amiral, par des officiers et des commissions nommées à cet effet d'après les ordres du ministre de la marine de ces différents pays.

Chaque vocabulaire forme une brochure grand in-8 jésus.   1 fr. 25 c.

POTHIER, capitaine d'artillerie. — **ÉTUDE SUR LES CANONS ET LES FUSILS PORTE-AMARRES**, comme engins de sauvetage pour les naufragés ; rapport adressé par le jury à Son Exc. M. le Ministre d'État, broch. in-8.

1 fr. 50 c.

PORTS MILITAIRES DE LA FRANCE (les) : Notices historiques, accompagnées chacune d'un grand plan de la ville, du port, des côtes circonvoisines et de plusieurs grandes planches gravées :

BREST, par MM. *Eymin*, commissaire de la marine, et *Doneaud*, professeur d'histoire à l'école navale.

3 fr. 75

CHERBOURG, par M. *De Bon*, commissaire général de la marine.

3 fr. 75 c.

LORIENT, par *J. Hébert*, commissaire de la marine.

3 fr. 75

ROCHEFORT, par M. *Bouchet*, inspecteur adjoint de la marine.

3 fr. 75

TOULON, par M. *Calvé*, commissaire général de la marine.   3 fr. 75

Ouvrage publié par les ordres de S. Exc. M. le Ministre de la marine.

POUGET, capitaine de frégate. — **PRÉCIS HISTORIQUE SUR LA VIE ET LES CAMPAGNES DU VICE-AMIRAL COMTE MARTIN** pendant les années 1764 à 1797. In-8 orné de plusieurs planches.   6 fr.

PROMPT, lieutenant de vaisseau. — **TACTIQUE DES ABORDAGES EN MER**, théorie de la libre circulation des mers, éclairage permanent des navires, examen historique et critique de la question des abordages, moyens de les prévenir. In-8 avec 2 grandes planches, renfermant 25 figures.   3 fr.

REECH, directeur de l'école du génie maritime. — **MÉMOIRE SUR LES MACHINES A VAPEUR** et leur application à la navigation. Un vol. in-4 accompagné d'un grand atlas in-folio.

30 fr.

Faits d'expérience. — Théorie ordinaire. — Des machines à haute pression. — Des explosions et des dépôts salins ou terreux dans les chaudières. — De l'emploi des roues à aubes. — De la forme des bateaux à vapeur et de leurs dimensions absolues. — Des perfectionnements généraux à apporter dans le mécanisme.

REECH, directeur de l'école du génie maritime. — **MACHINES DU BRAN-DON.** Rapport à l'appui du projet des machines du Brandon, dressé en exécution d'une dépêche ministérielle. 1 vol. in-4. 15 fr.

RÈGLEMENTS ET RENSEIGNEMENTS UTILES AUX CAPI-TAINES et aux officiers de la marine marchande, contenant : obligations à remplir, signaux et entrées des bassins, objets d'armement, règlement d'arrimage, feux et signaux, composition du tonneau, rations des équipages, pensions de retraite, etc., etc., in-12. 1 fr. 50 c.

REYNEVAL. — **DE LA LIBERTÉ DES MERS.** 2 vol. in-8 avec une table alphabétique. 10 fr.

ROUX, capitaine de frégate. — **CONSERVATION DES PLAQUES DES NAVIRES CUIRASSÉS ET DES COQUES EN FER,** contre l'oxydation et les végétations sous-marines, par l'application directe d'un doublage en cuivre. 1 vol. in-8 accompagné de deux grandes planches. 2 fr. 50 c.
Ouvrage autorisé par S. Exc. M. le Ministre de la marine.

— **FABRICATION ET POSE DES CABLES ÉLECTRIQUES SOUS-MARINS.** Brochure in-8. 1 fr. 50 c.

SASIAS, professeur à l'École navale impériale. — **COURS DE MÉCANIQUE APPLIQUÉ AUX MACHINES** à l'usage des officiers de marine. 1 vol. in-8 avec 5 gr. planches gravées renfermant plus de 200 figures. 5 fr. 50 c.
Ouvrage approuvé par S. Exc. M. le Ministre de la marine.

SÉBILLOT, ingénieur civil. — **DES CONDENSEURS PAR SURFACES** et de l'application des hautes pressions à la navigation à vapeur, in-8 accompagné de 3 planches gravées. 3 fr. 50 c.

Nécessité des hautes pressions pour la navigation à vapeur. — Condenseurs tubulaires de divers systèmes. — Des moyens de rendre pratique la condensation par surfaces. — Des machines marines à haute pression. — Des chaudières marines à haute pression. — Étude comparative des principaux éléments des machines à haute pression et des machines actuelles. — Conséquences générales de l'emploi des hautes pressions sur mer. — Résumé et conclusions.

SOCIÉTÉ CENTRALE DE SAUVETAGE. — **DESCRIPTION DES CANOTS DE SAUVETAGE** employés par la Société centrale de sauvetage : aspect général et construction, déplacement et stabilité, devis d'armement, engins divers, accessoires et objets d'armement, description du chariot, manœuvres pour le lancement du canot, ainsi que pour son halage à terre, maison abri. In-8 accompagné de figures dans le texte et de 4 grandes planches gravées avec cartes et légendes explicatives. 2 fr. 50 c.

— **STATISTIQUE DES NAUFRAGES ET ACCIDENTS DE MER,** survenus sur les côtes de France pendant les années 1862 à 1865, 1 vol. in-4 accompagné de nombreux tableaux numériques et de comparaison, de la nomenclature de tous les postes de sauvetage de France avec leur matérie et engins, etc., etc., et de 4 grandes cartes avec signes conventionnels et légende explicative, donnant le lieu et la nature du sinistre, la nationalité, le nombre d'hommes sauvés et noyés, etc., etc.

SOCIÉTÉ CENTRALE DE SAUVETAGE. — **LES NAUFRAGEURS SUR LES COTES DE L'ANGLETERRE.** Broch. in-8. 1 fr.

TAPIÉ, professeur de mathématiques, ancien officier de marine. — **GUIDE PRATIQUE DU NAVIGATEUR,** contenant 1° les modèles de tous les calculs astronomiques usités à la mer, avec notes dans le texte, expliquant la manière d'opérer dans tous les cas particuliers; 2° la carte du ciel; 5° une notice donnant la description et la position des principales constellations; 4° des tables pour faciliter les calculs les plus usuels, des tables pour faire le point, etc., etc. In-4 avec planches. 5 fr.

> Opérations sur les nombres sexagésimaux. — De l'estime. — Du point. — Connaissance des temps. — Correction des hauteurs. — Passage au méridien. — Levers et couchers des astres. — Aurore et crépuscule. — Passage au premier vertical. — Cas où l'angle de position est droit. — Variation du compas. — Problèmes sur les chronomètres. — Des longitudes et des latitudes. — Connaissance du ciel.

THOMASSIN, lieutenant de vaisseau. — **AIDE-MÉMOIRE PORTATIF A L'USAGE DES MARINS;** recueil de tous les commandements, d'infanterie, d'artillerie, de manœuvre et du branle-bas de combat, accompagné de notes explicatives. In-12, figures dans le texte.

— **QUESTIONNAIRE SUR LES AMARRAGES;** mouvements des pièces dans les batteries, exercices des pièces de côte, de l'obusier, du canon rayé; note sur le pointage, exercice du revolver. In-12.

— **MANUEL DE MANŒUVRE** à l'usage des seconds maîtres et quartiers-maîtres canonniers, amarrages, nœuds, mâts, vergues, voiles, manœuvres courantes, cabestan, chaînes, manœuvres des voiles de mauvais temps, manœuvres générales de vergues et de voiles, des embarcations, manière de gouverner, etc. In-12, avec plus de 120 figures et précédé d'un dictionnaire des termes les plus usités dans la marine.

— **EXERCICES DES ARMES EN USAGE DANS LA MARINE,** petites armes, pièces de mer, pièces de terre, arts d'utilité. 1 vol. in-12 compacte de plus de 400 pages, avec de nombreuses figures.

— **MANŒUVRES ET GRÉEMENT DES NAVIRES DE COMMERCE,** mâts, vergues, voiles, ancres, etc., etc., des différents systèmes. In-18 compacte de 450 pages, avec 40 figures.

— **NOUVEAU MANUEL DE MANŒUVRES ET EXERCICES DES PIÈCES DE COTE,** avec planches coloriées, termes les plus usités dans la marine, manœuvres diverses, manœuvres des embarcations, extrait du code des signaux, organisation des gardiens de batterie, questionnaire sur les amarrages, service des pièces de côte, exercices du revolver, tir du canon et de la carabine pour les candidats au long cours, éléments de fortification, etc., in-12 avec 30 planches renfermant 500 figures.

Ouvrages approuvés par S. Exc. le Ministre de la marine.

TOUSSAINT, avocat au Havre. — **CODE MANUEL DES CAPITAINES ET ARMATEURS DE LA MARINE MARCHANDE,** ou résumé de leurs droits et de leurs devoirs à terre et en cours de voyage dans leurs rapports avec le commerce et les administrations de la marine, des douanes et des contributions indirectes, suivi d'un répertoire alphabétique de toutes les matières avec renvoi aux numéros où elles sont expliquées. 1 très-fort vol. grand in-8 (2ᵉ édition, complétement refondue et mise au courant des nouvelles lois) (*sous presse*). 1 fr.

TORPILLES (LES) SOUS-MARINES comme moyens de défense de guerre, systèmes divers. In-8, avec planche gravée. 1 fr. 25 c.

VÉRITAS UNIVERSEL. — *Règlement pour la classification et l'insertion des navires en bois et en fer.* In-8 accompagné de 24 pl. grav. 3 fr.

VIEL, dessinateur au ministère de la marine. — **CONSTRUCTION DES BATIMENTS DE MER;** tracé, calculs de déplacement, stabilité hydrostatique, description et tracé d'une hélice à deux ailes doubles, surface de voilure, dimensions, nombre de bouches à feu et effectif de l'équipage de tous les types des bâtiments à vapeur, des canonnières et des batteries cuirassées. In-8 grand raisin accompagné de 34 planches gravées. *Seconde édition revue et augmentée de texte et de planches.* 15 fr.

Construction de l'échelle métrique. — Tracé d'un bâtiment et exécution des pièces les plus difficiles qui entrent dans sa construction. — Tracé intérieur de la membrure. — Arcasse. — Couples dévoyés. — Encolures des barres. — Pièce de tour. — Estains. — Cornière et barre de hourdi représentées en perspective. — Établissement de plusieurs ponts les uns au-dessus des autres.

Tableaux de déplacement d'une frégate à vapeur. — Application des formules de déplacement à des corps réguliers. — Exposant de charge. — Métacentres. — Expériences de stabilité. — Règlements de mâture. — Calculs du point vélique. — Formules de jaugeage. — Poids déterminé par suspension sur couteaux. — Réduction des mesures anciennes en parties décimales du mètre.

Tracé et boisage de la partie arrière des bâtiments poupes rondes. — Tracé et exécution des couples cylindriques. — Coupe transversale au maître-couple d'un vaisseau de premier rang, à vapeur, et nomenclature des pièces figurées dans cette description.

Tableau général donnant les dimensions, calculs de déplacement et stabilité, surfaces de voilure, nombres de bouches à feu et effectifs de tous les types des bâtiments à vapeur, des canonnières et des batteries cuirassées.

Ouvrage publié avec l'autorisation de S. Exc. M. le Ministre de la marine.

Paris. — Imp. de madame Vᵉ Bouchard-Huzard, rue de l'Éperon 5.

ANNALES
DU
SAUVETAGE MARITIME

REVUE MENSUELLE ILLUSTRÉE
FONDÉE EN 1866

Publiée sous les auspices de la Société centrale, et sous la direction d'une commission composée de :

MM. REYNAUD, Inspecteur général des Ponts et Chaussées, Directeur des Phares ;
DUMOUSTIER, chef de division au Ministère de l'agriculture, du commerce et des travaux publics ;
HENNEQUIN, Trésorier général des Invalides de la Marine ;
JULES DE CRISENOY, Secrétaire de la rédaction.

De nombreuses sympathies ont accueilli la fondation de la Société centrale de sauvetage des naufrages tant en France qu'à l'étranger. Placée sous le haut patronage de l'IMPÉRATRICE, cette institution compte déjà plusieurs milliers d'adhérents, associés dans une pensée commune d'humanité, et dont il importe de resserrer les liens par des communications régulières.

Tel est le principal but de cette revue, qui s'adresse aussi au public, surtout aux marins et aux navigateurs.

Chaque numéro renferme :

UNE CHRONIQUE, contenant le résumé des faits intéressant le sauvetage des hommes et des navires, la navigation en général, les inventions de procédés ou d'appareils de nature à augmenter la sécurité des marins ;

UN BULLETIN MÉTÉOROLOGIQUE, rédigé par MARIÉ-DAVY, dans lequel se trouvent résumés les phénomènes météorologiques remarquables du mois ;

DES DOCUMENTS INÉDITS, Articles, Mémoires, Rapports ayant trait aux naufragés, à la navigation, à l'éclairage et au balisage des côtes de France, aux progrès des Sociétés de sauvetage à l'étranger, aux Sociétés de prévoyance pour les marins, aux Sociétés coopératives et de secours mutuels entre les marins ou pêcheurs, etc.

Les *Annales du Sauvetage maritime* paraissent régulièrement tous les mois, et forment, chaque année, un beau volume de 400 pages, orné de planches et de cartes quand les sujets l'exigent.

On ne peut souscrire pour moins d'une année, et toute souscription est comptée à partir du mois de janvier de l'année dans laquelle elle est faite.

PRIX DE L'ABONNEMENT :

Pour Paris . . . . 6 fr.

Pour les départements . . 7 fr. 20 | Pour les colonies . . . . . 10 fr. 20
Pour l'étranger . . . . 8 50 | Pour l'Amérique . . . . . 12 »

LES
MACHINES A VAPEUR
MARINES
ET
LES PROPULSEURS

A

L'EXPOSITION UNIVERSELLE DE 1867

Rapports adressés à Son Excellence M. le Ministre de la Marine

PAR MM.

BONNEFOY, HUBAC, JOUBLIN, MOREL, MOUCHE, et POSTEC
Mécaniciens principaux de la marine.

COMBUSTIBLES DIVERS.— CHAUDIÈRES ET ACCESSOIRES.
RÉGULATEURS. — ALIMENTATION. — POMPES. — PRISES D'EAU.
TIROIRS. — FUMIVORES.
MACHINES A DEUX ET A TROIS CYLINDRES. — MACHINES POUR EMBARCATIONS.
DÉTAILS ET ACCESSOIRES DIVERS. — PROPULSEURS.

Accompagné de 36 grandes planches gravées.

PARIS

ARTHUS BERTRAND, ÉDITEUR

LIBRAIRIE SCIENTIFIQUE ET MARITIME
LIBRAIRE DE LA SOCIÉTÉ DE GÉOGRAPHIE
ET DE LA SOCIÉTÉ CENTRALE DE SAUVETAGE MARITIME
Rue Hautefeuille, 21.

ANNALES

DU

SAUVETAGE MARITIME

REVUE MENSUELLE ILLUSTRÉE

FONDÉE EN 1866

Publiée sous les auspices de la Société centrale, et sous la direction d'une commission composée de :

MM. REYNAUD, Inspecteur général des Ponts et Chaussées, Directeur des Phares;

DUMOUSTIER, Chef de division au Ministère de l'agriculture, du commerce et des travaux publics;

HENNEQUIN, Trésorier général des Invalides de la Marine;

JULES DE CRISENOY, Secrétaire de la rédaction.

Chaque numéro renferme :

UNE CHRONIQUE, contenant le résumé des faits intéressant le sauvetage des hommes et des navires, la navigation en général, les inventions de procédés ou d'appareils de nature à augmenter la sécurité des marins;

UN BULLETIN MÉTÉOROLOGIQUE, rédigé par MARIÉ-DAVY, dans lequel se trouvent résumés les phénomènes météorologiques remarquables du mois;

DES DOCUMENTS INÉDITS, Articles, Mémoires, Rapports ayant trait aux naufragés, à la navigation, à l'éclairage et au balisage des côtes de France, aux progrès des Sociétés de sauvetage à l'étranger, aux Sociétés de prévoyance pour les marins, aux Sociétés coopératives et de secours mutuels entre les marins ou pêcheurs, etc.

PRIX DE L'ABONNEMENT :

Pour Paris.	6 fr.		
Pour les départements. .	7 fr. 20	**Pour les colonies.** . . .	10 fr. 20
Pour l'étranger.	7 fr. 50	**Pour l'Amérique.**	12 fr. »

Paris. — Imprimerie de CUSSET et Cⁱᵉ, 26, rue Racine.

TABLE DES MATIÈRES

Combustibles destinés au chauffage des chaudières à vapeur.

                                   Pages.

Europe 1
Tableaux officiels indiquant les valeurs de tous les charbons brûlés dans
    les différents services de la marine 16
Tableau de classification des charbons français. 18
Tableau de classification des charbons anglais. 26
Asie 28
Afrique 28
Amérique 29
Tableau de classification des charbons américains 20
Océanie 32
Combustibles liquides, tableaux des essais 33

Chaudières marines et fixes.

Historique de la chaudière à vapeur 38
Chaudières types de la marine 44
Chaudières de M. Claparède 46
Chaudières anglaises à surfaces de chauffe ondulées et à tirage inférieur . . 47
Chaudières Fields à bouilleurs verticaux garnis d'un plongeur 48
Chaudières autrichiennes 48
Chaudières de M. Carville aîné 49
Chaudières inexplosibles, de M. Belleville 50
Chaudières pyrotechniques, pour steamers sous-marins du doct. Payerne . 51
Tubes amovibles pour chaudières marines 53
Chaudières tubulaires à foyer intérieur de M. Chevalier 56
Générateur tubulaire mixte de M. J. Lecherf 57
Système fumivore, foyer à creuset, de MM. Sauret et Cie 58
Foyer fumivore de M. Chodzko. 60
Générateur tubulaire à foyer et faisceau tubulaire mobile pour le nettoie-
    ment, de MM. Farcot 60
Chaudières inexplosibles à vapeur instantanée et surchauffée de MM. Hé-
    diard et Joly 61
Chaudière anglaise en fonte de fer de M. Green 62
Chaudière de M. Thomson 62
Machines à vapeur verticales; chaudières à bouilleurs et à foyer intérieur
    de MM. Hermann-Lachapelle et Ch. Glover 63
Moteur à chaudière inexplosible non tubulaire de MM. Maulde et Wibard . . 64
Machine à ammoniaque de M. Frot 64
Enveloppes destinées à empêcher le rayonnement des parois des chaudières
    de M. Pimont. 67
Appareils de surchauffe 68
Surchauffeur de M. Delafond 69
Surchauffeur à lames 70
Appareils fumivores 71
Conclusions 72

Alimentateurs, pompes de cale et prises d'eau.

Injecteur Giffard, perfectionné par M. Turck. 77
Robinet sans frottement de M. Mazeline 84
Prise d'eau d'injection de machine à vapeur marine, munie d'une crépine
    pouvant être nettoyée à l'aide d'un outil manœuvré à l'intérieur du navire . 85

	Pages
Palier graisseur avec coussinet formant réservoir d'huile de M. Avisse	86
Pompes à vapeur pour l'alimentation des chaudières, de M. Mazeline	87
Machine à vapeur de M. Juhel	90
Machine à vapeur à grande vitesse et à condensation de M. Allen	92
Machine rotative de M. Behrens	95
Machine à vapeur de Hicks	99

Tiroirs, pompes et appareils fumivores.

Tiroirs de la machine à trois cylindres de M. Maudsley	124
Tiroirs des machines à deux cylindres et à bielle renversée de MM. Rawenhill et Hogdson	124
Tiroirs de la machine à grande vitesse de M. Allen	126
Tiroir de la machine horizontale à bielle directe de M. Ansaldi	128
Tiroir de la machine horizontale de M. Bourdon	129
Machine à foyer clos de M. Sawh	131
Machine de M. Frot	133
Pompe aérohydraulique	134
Pompe Nilus	136
Pompe Fourneyron	137
Pompe noria de M. Bostier (Londres)	139
Pompes rotatives de divers systèmes	139
Détails et installations des tubes mobiles	141
Description des fumivores	143
Description des grilles fumivores	145

Machines à vapeur à deux et à trois cylindres pour navires et embarcations.

Machines à vapeur verticales	63
Machine à ammoniaque	64
Machine à vapeur de M. Juhel	90
Machine à vapeur à grande vitesse et à condensation de M. Allen	92
Machine rotative de M. Behrens	95
Machine à vapeur de M. Hicks	99
Machine à foyer clos de M. Sawh	131
Machine de M. Frot	133
Machines à vapeur à trois cylindres, système Woolf	148
Distribution de vapeur aux cylindres extrêmes	152
Suppression des réservoirs intermédiaires	153
Calage des manivelles	154
Chocs des pièces en mouvement	159
Consommation de combustible	159
Tableau des expériences	161
Machine à trois cylindres, du Creusot	162
Machines à deux cylindres système Wolff	164
Machine à deux hélices	170
Machine à fourreau de M. Penn	172
Machine de M. Rennil	175
Machine de MM. Maudsley et Field	177

Propulseurs.

Roues à aubes	105
Roues à pales verticales, système américain	108
Propulseurs hélicoïdes	108
Roue à hélice produisant des effets différents dans son mouvement de rotation, de M. Perreaux	113
Hélice-gouvernail de M. Montagu	114
Palmipède-gouvernail du colonel Evelyn	117
Propulseur hydraulique	119

FIN DE LA TABLE DES MATIÈRES.

LES

MACHINES MARINES

ET LES

PROPULSEURS

A L'EXPOSITION UNIVERSELLE DE 1867.

———

CHAPITRE PREMIER.

—

COMBUSTIBLES

DESTINÉS AU CHAUFFAGE

DES CHAUDIÈRES A VAPEUR

Par D. MOREL

Mécanicien principal de première classe.

———

EUROPE.

Empire français.

Depuis qu'en France l'approvisionnement de la marine militaire, en combustibles minéraux, est fourni exclusivement par les houillères du pays, les commissions de recettes fonctionnent dans les ports et procèdent à des essais continus sur toutes les espèces de charbon qui arrivent dans les parcs. Aussi le ministère de la marine possède-t-il des renseignements exacts sur les bassins houillers de l'empire, et sur les produits des différents puits de ces bassins.

Membre de la commission de recette permanente au port de Toulon, depuis plus de trois ans, il nous sera peut-être possible de pouvoir apprécier par leur seul aspect les qualités générales des houilles exposées.

Avant d'entrer dans le détail de nos observations sur les divers échantillons de charbons étrangers admis au Champ-de-Mars, il nous paraît utile de jeter un coup d'œil rapide sur l'état actuel des exploitations houillères en France et sur les produits des nombreux bassins qui alimentent la consommation des chaudières marines et des innombrables machines à feu employées dans l'industrie.

HOUILLÈRES DU NORD.

Anzin. — Houilles sèches et brillantes.

Leur structure est analogue à celles de Cardiff, dont elles possèdent au moins les qualités calorifiques. Elles sont peu sulfureuses, mais elles sont plus friables que celles de Cardiff. En roches, elles sont rarement employées pour la navigation, car elles se collent sur les grilles, la combustion en est un peu lente; elles perdent beaucoup quand elles sont en poussière.

Les agglomérés de cette provenance ont des qualités telles qu'ils servent de terme de comparaison dans tous les essais des charbons.

Les briquettes d'Anzin doivent cette supériorité :

1° Au menu bien lavé, qui, après cette opération, est presque pur ;

2° A leur fabrication par une machine hydraulique d'une grande puissance, qui leur donne une bonne cohésion.

Denain. — Ces charbons sont très-estimés pour la grille ; ils sont plus flambants que ceux d'Anzin, moins collants, et leur cohésion est plus grande.

Bruay. — Charbon d'une qualité à peu près identique au charbon d'Anzin, mais moins friable.

Fiennes et Hardingem. — Ce charbon a l'aspect moins brillant que celui d'Anzin, sa structure est compacte et pâteuse ;

il renferme des traces de pyrites, et dans beaucoup de morceaux on voit des couches mates et ternes d'apparence terreuse.

Quoique ce charbon ait une bonne cohésion, il est peu recommandé pour la navigation, car il est signalé comme se détériorant promptement quand on le conserve à l'air.

Nœux. — Houilles bitumineuses homogènes, à cassures alternées de parties brillantes et de parties brunes ; elles peuvent remplacer avantageusement le mélange de Cardiff et de Newcastle.

Le Nœux est le meilleur de tous les charbons français pour la navigation ; il a une bonne cohésion, il fait une flamme longue et la poussière même est employée avec avantage sans nécessiter un travail pénible pour les chauffeurs.

Carvin. — Houilles pouvant être classées comme aspect et qualité après celles d'Anzin et de Cardiff ; leur friabilité est plus grande, leur poussière brûle difficilement, leur flamme est courte et elles exigent de grands soins pour la chauffe ; mais elles ont une grande qualité, celle de ne produire que très-peu de fumée.

Valenciennes. — *Mines, Vieux-Condé, Fesnes, Vicoigne.* — Charbons maigres, anthraciteux, brillants, très-difficiles à allumer.

Ces charbons ne pourraient être employés dans la navigation qu'à feu retenu, dans nos chaudières-types ; encore faudrait-il faire l'allumage avec du charbon gras ou demi-gras à longue flamme.

Ils donnent peu de flamme ; l'épaisseur de la couche, sur les grilles, doit être de 15 à 18 centimètres. Ils ne brûlent bien qu'en masse et en aidant le tirage par tous les moyens possibles. En les mélangeant avec un tiers de charbon bitumineux, le Nœux par exemple, on obtiendrait un assez bon résultat ; car, d'une part, ce dernier charbon demi-gras fournirait la flamme en enveloppant les charbons maigres de manière à les faire brûler plus vite, tout en les empêchant de décrépiter sur la grille ; d'autre part, les charbons maigres donneraient plus de tenue au feu. En somme, le pouvoir calorifique du mélange serait plus élevé que celui de chacun des charbons qui le composeraient.

Aniche. — Charbons gras et demi-gras qui donnent à très-peu près les mêmes résultats que ceux d'Anzin, quoiqu'un peu moins économiques, car ils sont encore plus friables.

En roches, ces houilles sont peu employées pour la navigation. Les briquettes qui en proviennent sont très-bonnes, et peuvent être comparées aux briquettes d'Anzin.

Dans le territoire d'Aniche, il existe plusieurs mines de houilles sèches à grande flamme, produisant peu de fumée ; elles seraient probablement d'un bon usage pour les chaudières marines.

HOUILLÈRES DE L'OUEST.

Les couches d'anthracite de la Sarthe et de la Mayenne sont exploitées sur une assez grande échelle. Ce combustible a un assez bel aspect, il est presque entièrement employé pour la cuisson de la chaux et des briques.

Bassin de la basse Loire. — Ces charbons doivent être classés dans les anthraciteux, surtout ceux provenant des mines de Chalonnes.

A Montrelain, toutes les veines du Sud sont en charbon maigre, assez brillant, et qui doit bien brûler sur les grilles ; tandis que dans les concessions de Touchon et de Sanguin, le charbon est tout à fait gras. Dans cette dernière mine surtout, les charbons sont trop gras pour la forge, et ne peuvent servir à presque aucun usage.

Les puits de la basse Loire sont peu exploités.

Bassin de la Vendée. — Houilles maigres. Les gisements sont peu exploités, excepté près de Laval et de Bayeux, où les puits donnent en petite quantité du charbon assez bon.

HOUILLÈRES DE L'EST.

Bonchamps (Haute-Saône). — Le charbon provenant de ce bassin est très-sulfureux, et doit être classé dans les espèces dites très-grasses, peu employées à la fabrication du coke ; l'exploitation en est peu importante, car le coke qu'il donne a peu de valeur dans le commerce.

Les quelques spécimens des houillères de la Moselle qui étaient exposés font supposer que les recherches de la continuation des mines de la Sarre (Prusse) réussiront, et qu'avant peu de temps, nous aurons un nouveau marché de bonnes houilles demi-grasses, pouvant être employées avec avantage pour le chauffage des chaudières marines.

HOUILLÈRES DU CENTRE.

Bassin d'Autun. Épinac. — Cette mine est la plus importante de ce bassin. Les charbons sont gras et sales, très-difficiles à épurer, même par le lavage ; aussi le coke qui reste toujours chargé de matières étrangères est-il d'un emploi difficultueux dans les hauts-fourneaux., et ne peut-il être utilisé dans les locomotives des chemins de fer.

Blanzy. — Cette mine est une des plus importantes de la France. Les couches exploitées sont très-puissantes. Le charbon n'est pas parfaitement homogène ; les morceaux les plus purs sont d'un noir brillant, mais la plus grande partie renferme des pyrites à éclat métallique, jaune d'or et blanc argentin ; il doit être classé dans les charbons maigres à longue flamme ; il est très-oxygéné et d'un emploi facile ; mais, par comparaison, on en dépense une plus grande quantité à cause de sa faible cohésion. Il serait employé avec grand avantage pour l'allumage et la chauffe forcée, si le prix de revient, qui en est très-élevé, n'était pas un obstacle, car il brûle facilement avec peu de tirage, ne se coagule pas, et se gonfle très-peu sur les grilles. La couche, pour le brûler doit être faible, de 10 à 12 centimètres, mais il faut charger souvent le fourneau. Il produit une fumée compacte, presque aussi intense que celle du lignite.

Les échantillons des charbons en roches et en briquettes que les mines de Blanzy ont exposés sont très-beaux, surtout les agglomérés, dont la compression est effectuée par les presses hydrauliques du système Revollier. Ceux-ci ont une forte cohésion et un bel aspect.

La marine marchande et les chemins de fer emploient une grande quantité de ces agglomérés : il serait peut-être utile de les expérimenter pour le service de la marine impériale.

Monchanain. — Le charbon de cette provenance est menu et impur ; les couches sont fortement relevées et assez puissantes. Un bon lavage est indispensable pour pouvoir faire avec cette houille du coke approprié à l'usage des hauts-fourneaux.

Creuzot. — Les puits ne produisent plus que des charbons anthraciteux, et en très-petite quantité ; aussi l'usine tire-t-elle la plus grande partie de son approvisionnement pour la consommation, des mines de Monchanain, de Blanzy et de la Loire. Le petit bassin du Creuzot n'offre de ressources, ni pour la marine, ni pour le commerce.

Bassin de l'Allier, mines de Doyer. — Le charbon de cette mine, qui était exposé, a une apparence terreuse ; il est assez homogène et doit s'allumer facilement : c'est un charbon à longue flamme, qui ne doit pas se coaguler sur les grilles, mais qui doit produire beaucoup de mâchefer.

Il paraît très-sulfureux et doit se détériorer à l'air. Sa cohésion est bonne, mais il ne serait pas avantageux de l'employer pour la navigation, à cause de sa nature très-sulfureuse qui expose aux dangers de combustion spontanée.

Fins et Commentry. — Ces mines fournissent un très-bon charbon de forge, et très-propre à la fabrication du coke.

Bassin du Puy-de-Dôme, Brassac. — Cette houille se rapproche beaucoup de celle des mines de Doyer ; mais elle est plus pure que cette dernière, et la crasse qu'elle produit en brûlant est moins adhérente sur les grilles.

Elle doit s'allumer facilement, produire une flamme longue et vive, et, par suite, elle pourrait être employée assez avantageusement pour la navigation, bien qu'elle demande beaucoup de travail de la part des chauffeurs.

Bassin de la Loire (Saint-Etienne). — La société anonyme de ces mines a exposé une grande quantité de charbons en roches et en briquettes.

Les charbons en roches sont employés par les chemins de fer, pour la navigation du Rhône et de la Saône, et principalement pour le chauffage domestique. Les charbons en roches de la Loire sont généralement très-collants, friables, ils donnent beaucoup de déchets ; aussi les menus bien lavés font-ils de très-bon coke et sont-ils avantageusement employés pour la fabrication du gaz.

Les agglomérés donnent d'assez bons résultats.

La navigation du commerce et les locomotives consomment la plus grande partie de ces produits fabriqués.

La marine militaire a fait souvent des essais sur les briquettes de la Loire ; mais leur friabilité et leur prix assez élevé les ont fait rejeter quand il s'agissait de marchés importants. Ces briquettes ont une bonne puissance de vaporisation, mais elles sont peu ardentes et exigent un travail continu, car elles doivent toujours être brûlées à feu poussé.

Dans le mois d'août et de septembre 1866, la société anonyme de Saint-Etienne a fourni à la marine impériale, à titre d'essai, deux espèces d'agglomérés, les uns rectangulaires, les autres cylindriques. Les essais furent faits devant la commission supérieure du port de Toulon.

Comme pour la majorité des charbons du bassin de la Loire, ces agglomérés sont dans d'excellentes conditions de puissance de vaporisation et de pureté. Leurs résidus sont peu abondants, et la consommation est moyenne ; mais ces qualités, qui les feraient placer au premier rang pour le service de la marine, sont neutralisées par un défaut de cohésion assez sensible, et surtout par une odeur de coltar très-prononcée : à bord des navires, les chauffeurs ne pourraient être impunément exposés à des exhalaisons aussi malsaines ; ces deux raisons réunies ont fait rejeter les agglomérés de la Loire, pour le service des chaudières marines.

Les défauts signalés pour la navigation n'existent pas pour les chemins de fer. Il est certain que la compagnie, instruite par les résultats des nombreux essais faits par la marine, modifiera ses produits et demandera avant peu à recommencer de nouvelles expériences.

Méons et Chazotte. — La commission a également constaté que les agglomérés de cette provenance avaient une faible cohésion et une odeur dangereuse dans une chambre de chauffe.

Les compagnies de ces mines travaillent en ce moment à la modification de leurs machines à comprimer, du système Ewrard ; il est possible que dans peu de temps elles puissent envoyer de nouveaux produits à expérimenter.

Les sociétés des mines de houille de *Beaubrun, de Saint-Chamond, de Rive-de-Gier, de la Loire, de Montrabert, de Vite-Bœuf, de Roche-la-Molière, du Moncel* ont exposé de très-beaux spécimens de charbons en roches, qui sont presque tous employés à la fabrication du gaz et du coke.

La marine apprécie le charbon de Roche-la-Molière. Ce combustible est employé avantageusement, surtout pour les forges, en concurrence ou mélangé avec le charbon de Saint-Étienne.

Des essais nombreux ont été faits avec les belles roches de ce charbon et on a constaté que sa cohésion est forte, qu'il s'allume facilement et produit la vapeur dans un temps relativement court. Mais, comme sa puissance calorifique est très-faible, la consommation est très-grande, et par suite le prix de revient est élevé. Si, au lieu d'être employé tout venant, le charbon de Roche-la-Molière était en morceaux d'un décimètre cube environ, il pourrait entrer avec avantage dans les mélanges, et à la condition que le prix de revient ne serait pas aussi élevé qu'il l'est actuellement. On lui reproche, il est vrai, de se coaguler sensiblement sur les grilles, défaut particulièrement nuisible au chauffage à bord des navires, mais qui lui donne un grand avantage quand il est employé comme charbon de forge.

HOUILLÈRES DU MIDI.

Ces houillères approvisionnent le port de Toulon, à l'exclusion de tous les autres marchés, en exceptant les briquettes d'Anzin, qui servent de type pour toutes les conditions à remplir par un bon charbon de grille et qui sont spécialement réservées pour les essais des chaudières et des machines en expériences de recette.

Depuis près de cinq ans, des expériences sérieuses et continues sont faites sur presque tous les charbons des houillères du Midi. Un résumé succinct des résultats obtenus, tant à terre qu'à la mer, fixera mieux l'opinion sur les différentes qualités que possèdent ces charbons que ne le ferait une appréciation basée seulement sur leur aspect. (Voir le tableau page 16.)

Bassin de l'Aveyron (Decazeville). — Ce charbon se présente, en général, en belles roches bien compactes ; le travail du chauffeur qui l'emploie est facile ; il ne donne que peu de résidus, mais sa puissance calorique étant faible, la consommation en est très-grande. Il donne une fumée très-épaisse qui engorge promptement les tubes, ce qui oblige à des nettoyages fréquents. Brûlé seul, il donne des résultats médiocres. Ce charbon a été mélangé avec le Portes-et-Sénéchas et le Graissessac, agglomérés par tiers. La fumée du mélange a toujours été très-forte et les résultats de vaporisation ont été inférieurs à la moyenne de ceux de chacun des combustibles entrant dans le mélange. Il ne peut pas être employé avantageusement pour la navigation.

Toutes les houilles de Decazeville et d'Aubin sont très-bonnes pour les usines métallurgiques ; aussi sont-elles presque toutes consommées sur place.

Rulle. — Les exploitations de cette localité fournissent les mêmes qualités de charbon que les mines d'Aubin et de Decazeville, mais d'une cohésion encore plus faible.

Bassin du Gard. — Depuis plus de vingt années, une grande partie de l'approvisionnement du port de Toulon provient de ce bassin.

Grand'Combe. — Charbon friable, terreux, à flamme courte, il se coagule sur les grilles et exige un travail continu des chauffeurs pendant sa combustion.

Dans les derniers essais, le charbon en roches Grand'Combe a été mélangé d'un cinquième de Rocher-Bleu; on espérait un assez bon résultat, mais il n'en a pas été ainsi : quoique le travail de chauffe fût plus facile, les résidus étaient considérables, et le mâchefer très-difficile à détacher des grilles.

Ce charbon ne compte plus dans les fournitures de la marine impériale.

Le manque de cohésion se fait également remarquer dans les agglomérés de Grand'Combe. Des essais faits, tant à bord qu'à terre, à la fin de 1864, ont démontré que les briquettes étaient très-friables, qu'elles donnaient beaucoup de poussier dans les soutes, qu'elles demandaient un grand travail de la part des chauffeurs; qu'elles avaient une forte odeur de coltar et qu'elles encrassaient les grilles. Les nouveaux essais, faits dans le mois d'août 1866, ont prouvé que ce produit avait été amélioré : les mâchefers étaient moins adhérents, l'odeur du coltar moins forte, mais la puissance de vaporisation était peu élevée et la combustion lente. La cohésion surtout était très-faible, 38 p. 0/0.

Les commandants des bâtiments auxquels il a été délivré des agglomérés de Grand'Combe se sont plaints vivement d'un énorme déchet en poussier qui n'a pas pu être utilisé à bord.

Pour utiliser les agglomérés qui avaient une trop faible cohésion et qui étaient trop lents pour être brûlés seuls, on les a mélangés avec 1/5 de Rocher-Bleu, et 2/5 de briquettes Portes-et-Sénéchas, dont la cohésion est tout à fait supérieure; il y a eu également une grande amélioration dans le rendement particulier des agglomérés.

Portes-et-Sénéchas. — Houilles grasses et demi-grasses.

Ce charbon a un bel aspect, sa puissance de vaporisation est assez forte; il produit peu de fumée, mais il brûle lentement. Il n'est pas avantageux de le brûler seul, il faut absolument le mélanger avec un autre charbon qui l'entraîne, le Rocher-Bleu par exemple. Sa cohésion n'est pas très-grande; malgré ce défaut, sa puissance de vaporisation pourrait le faire utiliser avec avantage dans les mélanges qui servent à l'approvisionnement de la marine impériale. Les agglomérés de Portes-et-Sénéchas ont toutes les qualités de cohésion des agglomérés d'Anzin. Depuis près de trois ans, c'est certainement le meilleur combustible pour la consommation des bâtiments de la flotte. Les briquettes ont un bel aspect et une bonne adhérence ; la cassure est bien nette, ce qui permet de les utiliser dans toutes les circonstances, sans déchets.

Comme tous les charbons du bassin du Gard, le Portes-et-Sénéchas est un peu lent, mais le travail des feux est facile, le mâchefer qu'il produit ne détériore pas les grilles et se détache sans difficulté.

Il est certain que les agglomérés de Portes-et-Sénéchas sont préférables pour le service des chaudières marines à ceux de Graissessac, fournis dans les conditions précitées. Ils ont une égale capacité calorifique, et leur sont de beaucoup supérieurs sous le rapport de la cohésion ; il faut ajouter que le prix de revient est moins élevé.

Il serait à désirer que ce combustible entrât pour une part égale, sinon supérieure, à celle du Graissessac, dans l'approvisionnement en combustible de la flotte.

Lors du rapatriement des troupes du Mexique, il a été délivré à tous les bâtiments des briquettes Portes-et-Sénéchas, en parties égales avec des briquettes Graissessac : vingt-trois rapports des commandants signalent les avantages des Portes-et-Sénéchas, et se plaignent des Graissessac.

A leur rentrée au port, presque tous les bâtiments de l'expédition ont été mis en réserve ou désarmés ; le charbon restant à bord a été débarqué, et on a remarqué que les briquettes Portes-et-Sénéchas étaient restées presque entières, malgré les nombreux transbordements qu'elles avaient subis ; tandis que les briquettes de Graissessac, dans des conditions identiques, étaient tout-à-fait en poussière. On n'a pu utiliser ces dernières que pour le chauffage des machines à terre ; les premières ont été de nouveau délivrées aux bâtiments de la flotte.

Bességes. — Ces charbons sont gras et demi-gras ; ils ont une assez faible cohésion, s'allument facilement, mais ils brûlent lentement avec une flamme courte, et se boursouflent sur les grilles. Ils demandent à être travaillés avec de grandes précautions, car, étant friables, le menu passe facilement à travers les grilles. Les mâchefers qu'ils laissent, quoique peu abondants, sont lourds et adhérents.

Le mélange de ce charbon avec des briquettes d'Anzin ou de Portes-et-Sénéchas donne un très-bon chauffage.

La cohésion des briquettes de Bességes est très-faible ; cette mine a besoin, sous ce rapport, de perfectionner ses moyens de fabrication.

Tresly. — Charbons gras et demi-gras, ayant une grande analogie avec céux de Bességes.

Ils ont à peu près la même puissance de vaporisation que ces derniers, mais ils sont moins purs ; aussi leur cohésion est-elle plus forte. Les roches renferment des pyrites et se délitent peu. Pour les brûler seuls, le travail de la chauffe est pénible, car ils produisent des mâchefers très-collants.

La meilleure couche est celle de Saint-Émile, les produits en sont même supérieurs : mélangés par tiers avec les briquettes Portes-et-Sénéchas et le Rocher-Bleu, les résultats sont assez bons ; mais ce mélange donne des scories molles, qui détériorent les grilles et gênent beaucoup la chauffe.

Lalle. — Ce charbon, qui est assez pur, brûle bien, mais sa cohésion est faible ; aussi ne doit-il servir que comme appoint à l'approvisionnement.

Les agglomérés, s'ils étaient bien fabriqués, donneraient un bon conbustible ; ils s'allument facilement, brûlent avec une flamme longue, laissent peu de résidus et qui n'adhèrent que faiblement sur la grille, la chaleur développée est assez grande ; l'emploi du ringard est assez nécessaire parce qu'ils se coagulent en brûlant. Avec toutes les qualités finales d'un bon combustible, ces briquettes ont un défaut capital qui les empêchera bien longtemps encore d'être acceptées par la marine impériale ; elles sont poussièreuses, mal comprimées, leur cohésion est très-faible, 25 p. 0/0 environ, ce qui prouve que les moyens de fabrication laissent à désirer.

Graissessac. — Ces mines sont les plus riches du bassin du Midi ; elles produisent du charbon gras et demi-gras, qui possède une cohésion assez forte, et qui peut être brûlé sans mélange. Il flambe bien, donne une certaine quantité de mâchefers, mais qui sont peu lourds et peu adhérents sur les grilles.

Comme charbon en roches, celui du puits Garella est le meilleur de tous les charbons de l'approvisionnement du port de Toulon ; sa puissance de vaporisation est bonne.

La proportion de matière bitumineuse qu'il contient et la manière dont elle est répartie dans le charbon même semblent être très-favorables au chauffage des chaudières marines.

Des filons schisteux de très-faibles dimensions se trouvent dans tous les charbons de Graissessac ; il en est qui n'ont pas plus d'un millimètre d'épaisseur. C'est un signe distinctif des charbons de cette provenance. Les charbons en roches de Graissessac, qui, dans ce moment, font partie de l'approvisionnement du parc de Toulon, ne sont plus d'une qualité supérieure à cause de leur mélange, à la mine, avec des houilles de divers puits dont les qualités sont inférieures, avec celles du puits Saint-Joseph et du cap Nègre, par exemple, dont les charbons renferment beaucoup de schistes et de pierres carbonatées.

Malheureusement, les charbons des puits Garella n'entrent que pour une petite quantité dans le mélange dont la densité très-élevée est un indice de son impureté.

Les briquettes de Graissessac qui étaient à l'Exposition avaient une assez belle apparence et une forme avantageuse.

Depuis bien longtemps, des reproches mérités sont adressés à cette mine pour le manque de cohésion de ses agglomérés.

Les premières briquettes qui avaient été envoyées à Toulon pour essai se faisaient remarquer par leur pureté et leur cohésion assez bonne ; aussi, les rapports sur leur emploi, tant à terre qu'à la mer, concluaient tous en faveur de ce produit fabriqué. Mais il y a eu un grand changement depuis trois ans.

Les briquettes, du petit ou du grand modèle, ont une cohésion très-faible et une grande porosité. Ces défauts ont été signalés à la mine, et depuis quelque mois il y a amélioration dans la cohésion, mais l'ensemble de la fabrication laisse toujours à désirer.

Il est certain qu'il y a un défaut réel dans la machine à comprimer, qu'on a peu modifiée si même elle l'a été. Le broyeur à brai pulvérise mal ce liant gras ; car, en cassant une briquette, on en trouve des morceaux assez gros qui peuvent être détachés avec le doigt.

Pour corriger ces imperfections, on a augmenté la quantité de matières agglomérantes et on est arrivé, il est vrai, à obtenir la cohésion exigée, 45 p. 0/0 ; mais dans les derniers envois il a été trouvé, dans presque tous les wagons, beaucoup de blocs de briquettes collées ensemble, et qu'on ne pouvait pas toujours séparer même avec une masse.

Pendant les mois de juin et de juillet dernier, les briquettes nouvellement arrivées laissaient couler sur le sol une partie du brai qui avait servi à leur fabrication. La température était pourtant loin d'atteindre 60°, chaleur réglementaire qu'elles doivent supporter sans se ramollir.

Ces dernières briquettes ont une odeur assez forte, car, pour leur donner un plus bel aspect, on ajoute dans le malaxeur 1 p. 0/0 de brai gras fondu. Sans cette addition et à cause du manque presque complet de cohésion, elles ressembleraient plutôt à des éponges qu'à des agglomérés de charbon même.

Les briquettes de Graissessac bien fabriquées constitueraient un excellent combustible; car, certainement, les charbons de Graissessac lavés sont les meilleurs de tous ceux des houillères du Midi. C'est donc de la fabrication seule que provient la mauvaise qualité des produits.

Les commandants des bâtiments de la flotte ont souvent adressé des plaintes, au sujet de la grande quantité de charbon perdu, par suite du manque de cohésion des briquettes dont il s'agit.

Dans le premier trimestre de 1867, les expériences faites sur les agglomérés expédiés par convois n'ont donné que 32 p. 0/0 de cohésion; aussi un certain nombre de tonneaux de ce combustible, de qualité très-médiocre, ont dû être délivrés aux bâtiments de servitude du port.

Rocher-Bleu. — Lignite qui a l'inconvénient, pour la navigation, de ne donner qu'une faible production de vapeur par rapport à son volume; mais le Rocher-Bleu est néanmoins une ressource précieuse, à cause de son faible prix de revient.

Ce combustible est employé très-avantageusement pour les chaudières d'ateliers et les bâtiments de servitude.

Le Rocher-Bleu a le défaut de se désagréger promptement à l'air et à la pluie; aussi l'approvisionnement du port de Toulon ne dépasse-t-il jamais 200 à 400 tonneaux de ce combustible.

On a trouvé avantageux de le faire entrer pour 1/5 dans le mélange donné à l'escadre et aux autres bâtiments de la flotte. Quand il est mélangé avec des charbons gras à courte flamme, il facilite l'allumage et active la combustion ordinaire. En principe, le Rocher-Bleu est très-médiocre, sa puissance calorifique absolue est la plus faible de celle de tous les charbons entrant actuellement dans l'approvisionuement du port de Toulon. Sa cohésion, très-bonne pendant les deux premiers mois de son séjour à bord, diminue beaucoup dans le courant du troisième mois, et son faible pouvoir calorifique diminuant encore, la consommation à l'emploi devient considérable.

Ces résultats devraient faire exclure ce lignite de l'approvisionnement en combustible des bâtiments qui ont de longues traversées à faire ; mais il possède une qualité précieuse : sa combustion se faisant très-rapidement, il active le tirage des charbons lents, en entrant pour une petite partie dans le mélange qu'il améliore ; en outre, son prix de revient est de beaucoup inférieur à celui de tous les autres charbons admis en recette au port de Toulon. Cette dernière considération doit le faire préférer toutes les fois qu'il sera possible d'en faire une grande consommation sans inconvénient ; mais il doit être radicalement exclu de l'approvisionnement des navires qui doivent faire de longues traversées.

Bassin du Var. — Les lignites provenant de ce bassin sont très-inférieurs au Rocher-Bleu ; les mines sont peu exploitées. On affirme que, d'après les derniers sondages, on est à peu près certain de trouver des charbons maigres et demi-gras qui pourraient être utilisés dans la navigation. Cet espoir nous paraît être peu fondé, car on sait que les terrains qui contiennent la houille et ceux qui contiennent les lignites appartiennent à des époques géologiques très-anciennes ; rarement ils sont superposés. La présence des lignites dans une contrée laisse peu de certitude d'y trouver de la houille.

ANTHRACITE.

Ainsi que nous l'avons dit au commencement de ce travail, les mines d'anthracite sont très-nombreuses en France. Le Dauphiné en renferme beaucoup qui ne sont pas exploitées ou qui le sont à peine.

Il est certain que les anthracites français, qui ne sont employés maintenant dans l'industrie que pour la cuisson de la chaux, la fabrication des briques et le chauffage de quelques machines fixes, le seront probablement dans peu de temps, comme ils le sont actuellement en Amérique, pour la grande navigation.

Dans notre station des mers du Sud, la houille anthraciteuse, dont le prix de revient est très-peu élevé, est employée avec avantage sur nos navires. La *Victoire* a presque toujours usé de ce combustible, bien que les chaudières de ce navire soient du type réglementaire et à tirage ordinaire ; aussi il n'a jamais été possible de marcher à feu poussé, c'est-à-dire au maximum du nombre de tours de la machine.

Le meilleur moyen à employer pour brûler l'anthracite dans les foyers des chaudières réglementaires serait d'avoir une soute renfermant une certaine quantité de bon charbon gras ou demi-gras à longue flamme, qui servirait pour charger les fourneaux et pour pousser les feux; quand les feux seraient bien ardents, on les entretiendrait avec de l'anthracite, en conservant une couche épaisse d'environ 3 décimètres et en aidant le tirage par tous les moyens.

Tourbes françaises. — Les tourbes qui étaient exposées provenaient en grande partie du nord de la France : les départements du Pas-de-Calais, de la Somme, de l'Oise et de l'Aisne renfermant des bancs de tourbe plus ou moins puissants. Il existe aussi des tourbières dans le département des Bouches-du-Rhône.

La tourbe noire, concentrée et bien sèche, est un assez bon combustible; sa densité est d'environ 0,650. On la coupe en morceaux de diverses dimensions, et les briquettes ainsi formées brûlent sans fumée; le travail de chauffe est facile et les grilles ne sont jamais attaquées.

Des essais avec les tourbes de même qualité que celles qui sont exposées ont été faits, en 1866, à l'arsenal de Brest : 164 kilogrammes de tourbe concentrée vaporisaient autant d'eau que 100 kilogrammes de charbon Cardiff.

Il est certain que l'encombrement empêchera toujours l'emploi de la tourbe à bord des navires de la marine impériale.

Ce combustible, qui est d'un usage assez général dans le Nord pour le chauffage des chaudières fixes et des locomobiles, serait peut-être employé avec avantage sur les bâtiments de servitude des ports et pour la navigation des rivières.

Le prix de 10 francs les 1,000 kilogrammes, pris à Marseille, présenterait une certaine compensation aux inconvénients de l'encombrement.

En terminant ce résumé de nos observations sur les produits des houillères de la France, il nous paraît utile d'y joindre, comme conclusion, deux tableaux des dernières expériences faites au port de Toulon. Ces tableaux, dont les chiffres sont officiels, indiquent les valeurs de tous les charbons brûlés dans les différents services de la marine.

ÉPREUVE DE VAPORISATION.

NOMS DES HOUILLÈRES. — PROVENANCE et État des Charbons.	Poids d'un hectolitre ras rempli de morceaux de charbon de 500 gr. environ. (kil.)	Cohésion mesurée au moyen de morceaux de 500 gr. environ. (kil.)	Quantité de charbon chargé sur la grille pour la mise en train de la chaudière avant le début de l'épreuve de vaporisation. (kil.)	Temps employé à monter la pression correspondant à la charge des soupapes. (heures.)	ÉPREUVE DE VAPORISATION — Quantité de charbon soumis à l'épreuve de vaporisation. (kil.)	Durée de l'épreuve. (heures.)	Quantité d'eau vaporisée pendant l'épreuve. (litres.)	Charbon brûlé par heure et par mètre carré de grille pendant l'épreuve. (kil.)	Quantité d'eau vaporisée par kilogramme de charbon. (litres.)	Quantité d'eau vaporisée par heure et par mètre carré de grille. (litres.)	Quantité d'eau vaporisée par heure et par mètre carré de surface de chauffe. (kil.)	Cendres et escarbilles pour cent. (kil.)	Mâchefers pour cent. (kil.)	Quantité de suie produite pendant l'épreuve. (kil.)	Direction et intensité du vent.	État hygrométrique de l'atmosphère.	Température de l'air ambiant. (degrés)	OBSERVATIONS.
Agglomérés d'Anzin......	60.0	0.50	115	31	500	3.50	4710	96.200	9.42	936.204	35.28	2.6	3.09	2.6	Vent S.E. faible brise.	humide.	24	Toujours excellent combustible.
— de Portes-et-Sénéchas	68.0	0.46	115	50	500	3.44	4400	98.814	8.6	809.596	33.836	4.0	5.74	»	Petite brise du S. E.	id.	27	Très-bons résultats constatés de nouveau.
— de Graissessac.....	»	0.20	120	53	500	4.0	4500	92.182	9.0	829.646	31.580	3.87	4.438	2.8	Jolie brise d'Est.	id.	23	
— de la Grand'Combe..	»	0.36	115	48	500	3.47	4440	97.482	8.88	865.547	33.292	3.738	5.365	»	Jolie brise de S. E.	id. /	21	
Rocher-Bleu (en roches)..	63.0	0.09	140	51	500	2.32	2770	145.55	5.54	806.404	31.730	3.437	4.218	3.5	Faible brise de S. E.	id.	25	Brûle très-rapidement sans exiger grand travail.
Trélys (en roches)......	70.0	0.50	130	56	500	3.52	4100	93.419	8.2	703.35	30.440	5.238	5.714	2.7	Petite brise d'Est.	id.	23	S'allume lentement, fumée abondante, flamme assez longue, mâchefer qui colle fortement aux grilles.
Agglomérés d'Anzin......	60.5	0.56	115	45	500	3.6	4450	118.955	8.9	1050.52	41.21	2.76	2.845	2.3	Jolie brise de N. E.	un peu humide.	26	
— de Portes-et-Sénéchas	68.0	0.46	123	53	500	3.20	4270	110.619	8.54	944.69	36.784	4.237	5.97	2.3	Jolie brise d'Est.	humide.	25	Épreuve d'incinération { Carbone..... 74.00 / Partie volatile 16.65 / Cendres..... 9.36 } 100
— de Graissessac.....	»	0.21	120	46	500	3.28	4240	100.382	8.48	»	»	»	»	»	Jolie brise d'Est.	id.	23	Les résultats des deux expériences de cohésion des Graissessac ont varié de 0.22 à 0.37. Elles n'ont pas dépassé ce chiffre à Toulon pour les envois correspondant au dernier marché.
— de Graissessac.....	»	0.36	115	43	500	3.18	4280	111.856	8.50	936.457	37.286	3.09	5.203	2.5	Jolie brise d'Est.	id.	24	
— de Grand'Combe....	»	»	120	45	500	3.26	4200	107.413	8.52	915.145	35.093	3.235	5.483	2.3	Jolie brise de N. E.	sec.	23	
Rocher-Bleu (en roches)..	62.0	0.09	150	40	500	2.12	2700	167.940	5.4	903.07	35.235	3.769	3.384	4.5	Jolie brise de S. E.	humide.	27	Épreuve d'incinération { Carbone..... 48.925 / Partie volatile 47.650 / Cendres..... 6.425 } 100

Tableau de classification des Charbons.

COHÉSION.	DENSITÉS.	RÉSIDUS.	À FEU RETENU — Puissance calorifique Absolue.	À FEU RETENU — Puissance calorifique Au temps.	À FEU RETENU — Consommation.	À FEU POUSSÉ — Puissance calorifique Absolue.	À FEU POUSSÉ — Puissance calorifique Au temps.	À FEU POUSSÉ — Consommation.	OBSERVATIONS.
1 Rocher-Bleu... 67	1 Méons (DM)... 112	1 Anzin (ch)... 6.07	1 Anzin... 103	1 Anzin... 100	1 Garella mélangés... 96	1 Méons... 92	1 Anzin... 115	1 Lalle... 109	
2 Anzin agglomérés... 55	2 Lalle (DM)... 113	(I)... 6.23	2 Méons... 96	2 Rocher-Bleu... 97	2 Graissessac, petit modèle... 87	2 Lalle... 92	2 Méons... 112	1 Grand'Combe... 108	
3 Portes-et-Sénéchas agglomér. 50	3 Graissessac petit mod. (DM) 117	2 Lalle (ch)... 6.74	3 Grand'Combe... 94	3 Graissessac, gr. modèle... 96	3 Trélys, Graissessac... 98	3 Anzin... 52	3 Lalle... 104	2 Graissessac, gr. modèle... 110	
3 Trélys... 50	(Dp)... 117	3 Rocher-Bl.(ch) 6.78	3 Graissessac petit modèle... 94	3 Grand'Combe... 96	4 Portes-et-Sénéchas... 99	3 Portes-et-Sénéchas... 91	4 Portes-et-Sénéchas... 103	3 Graissessac, petit modèle... 114	
4 Garella... 49	4 Anzin (DM)... 120	4 Méons (ch)... 6.96	3 Lalle... 94	3 Grand'Combe, Portes-et-Sénéchas... 96	4 Trélys... 99	4 Graissessac, gr. modèle... 90	4 Graissessac, petit modèle... 103	4 Portes-et-Sénéchas... 116	
5 Grand'Combe, Trélys, R.-B. 48	4 Grand'Combe (DM)... 121	(I)... 6.63	4 Portes-et-Sénéchas... 92	4 Méons... 95	4 Méons... 99	4 Graissessac, petit modèle... 90	5 Trélys, Graissessac... 102	4 Trélys, Graissessac... 116	
6 Loire, Méons agglomérés... 45	6 Portes-et-Sénéchas (DM)... 123	5 Grand'Combe (ch)... 9.01	5 Graissessac, gr. modèle... 91	4 Lalle... 95	4 Lalle... 99	4 Grand'Combe... 90	6 Grand'Combe... 101	5 Méons... 121	
7 Grand'Combe, Portes-et-Sénéchas... 31	7 Graissessac, g^d modèle (DM)... 125	(I)... 8.67	5 Garella mélangés... 91	4 Grand'Combe, Trélys, Rocher-Bleu... 95	5 Grand'Combe... 101	5 Trélys, Graissessac... 87	7 Graissessac, gr. modèle... 100	6 Anzin... 121	
8 Grand'Combe, Trélys, Graissessac... 41	(Dp)... 122	6 Grand'Combe, Portes-et-Sénéchas (ch). 9.60	5 Grand'Combe, Portes et Sénéchas... 91	5 Graissessac, petit modèle... 93	6 Anzin... 103	6 Rocher-Bleu... 57	8 Rocher-Bleu... 93	7 Rocher-Bleu... 180	
9 Grand'Combe... 39	8 Rocher-Bl.(DM) 127	7 Graissessac, pet.mod.(ch) 9.89	6 Grand'Combe, Trélys, Graissessac... 89	5 Grand'Combe, Trélys, Graissessac... 93	7 Grand'Combe, Trélys, Graissessac... 104				
9 Graissessac petit modèle... 39	(Dp)... 129	(I)... 10.48	7 Trélys... 87	6 Trélys, Graissessac... 87	7 Grand'Combe, Portes-et-Sénéchas... 104				
10 Graissessac petit modèle... 31	9 Trélys (DM)... 135	8 Portes-et-Sénéchas (ch). 10.33	7 Trélys, Graissessac... 87	7 Garella mélangés... 83	8 Graissessac, gr. modèle... 107				
11 Lalle... 32	(Dp)... 131	(I)... 9.87	8 Grand'Combe, Trélys, Rocher-Bleu... 86	7 Trélys... 85	9 Trélys, Grand'-Combe, Rocher-Bleu... 109				
	10 Garella mélangés (DM)... 142	9 Graissessac, Trélys (ch) 10.41	9 Rocher-Bleu... 67		10 Rocher-Bleu... 150				
	(Dp)... 122	10 Graissessac, gr. mod.(ch) 10.68							
		(I)... 10.48							
		11 Grand'Combe, Trélys, Graissessac (ch) 10.70							
		12 Trélys (ch)... 10.94							
		13 Grand'Combe, Trélys, Rocher-Bl. (ch) 15.24							
		13 Garella mélangés (ch)... 14.24							

(DM) signifient densités de masses. — (Dp) sign. Densités pures. — (ch) sign. chaudière. — (I) sign. Incinération.
NOTA. Les densités sont prises par rapport à celles de l'eau = 100. — Elles se subdivisent en densités de masses et densités pures.

Les résidus se subdivisent en résidus de chaudières et résidus d'incinération.
Les puissances calorifiques et les consommations sont prises par rapport à la puissance calorifique = 100 et à la consommation = 100 de l'Anzin éprouvé dans le feu retenu.

Autriche.

Cet empire possède de vastes bassins houillers en Bohème, en Moravie et en Hongrie, dont la production annuelle est d'environ 2,500,000 tonnes de houilles grasses et à coke, et 2 millions de tonnes de lignites qui sont employés pour la navigation de l'Adriatique.

Le lignite, qui est presque pur, brûle bien, mais on ne peut pas l'employer seul sans en faire une grande consommation, relativement à la houille.

La marine impériale d'Autriche et les paquebots de la compagnie du Lloyd mélangent ce combustible avec moitié de charbon Cardiff, et obtiennent ainsi un bon chauffage.

Nous avons eu occasion de brûler de ce mélange, et c'est sur les très-bons résultats que nous en avons obtenus que nous basons notre appréciation.

Grand-duché de Bade.

On y trouve quelques mines d'anthracite, très-dur et de belle apparence. L'exploitation est d'environ 6000 tonnes par an.

Bavière.

Ce royaume ne possède que des lignites ; quelques-uns sont d'un assez beau noir brillant, mais le plus grand nombre ont une couleur grise et sont à peine carbonisés.

Belgique.

La Belgique renferme des bassins houillers très-importants ; les produits exposés sont en grand nombre, et presque tous d'une qualité supérieure.

Bassin de Mons. — Dans ce bassin on exploite 114 couches dont les principales sont :

Grand-Hornu. — Ce charbon est gras, il brûle avec une longue flamme, produit beaucoup de gaz ; mais le coke qui en provient est poreux et léger.

Levant du Flénu. — Charbon gras, qui est très-flambant et possède à peu près les mêmes qualités que le précédent.

Midi du Flénu. — Charbon maigre, qui donne beaucoup de gaz et un coke assez bien formé quoique léger.

Boussu. — Charbon gras à longue flamme, qui a une bonne cohésion ; il est employé avantageusement pour la navigation, ainsi que celui de *Ruisson*, qui est de même nature.

Jolimet et Rouige. — Charbon gras qui se coagule beaucoup ; il est supérieur pour la forge et pour la fabrication du coke.

Bassin du Centre. — Le charbon gras à courte flamme de Mariémont et les houilles dures et demi-grasses de Bascoup, du Haine-Saint-Pierre sont très-recherchés pour les usages domestiques, à cause de la propriété dont ils jouissent de brûler sans fumée.

Bassin de Charleroi. — Ce bassin produit plus de charbon que les deux précédents, mais d'une qualité inférieure ; il peut cependant être employé aux mêmes usages que celui du bassin du Centre.

La fabrication des agglomérés a atteint un grand développement dans ce bassin ; ils sont employés avec beaucoup d'avantage par les chemins de fer et la navigation.

Bassin de Liége. — Les charbons de ces mines possèdent les mêmes qualités que ceux des bassins du Nord et du Midi de la France, Anzin, Aniche, Neux, etc., etc. ; ils sont donc d'une qualité supérieure pour la navigation.

On extrait de ce bassin environ 12 millions de tonnes par an, dont une partie est exportée en France.

Danemark.

On n'a trouvé que deux mines de houille dans l'île de Bornholm, produisant 7,000 tonnes par an, qui sont consommées sur place. C'est une houille maigre à l'aspect terne.

Grèce.

Les quelques spécimens de lignites qui sont exposés proviennent des environs d'Argos ; la qualité en est médiocre ; les mines ne sont pas exploitées.

Hanovre.

Les quelques mines de houille que possède ce royaume fournissent environ 300,000 tonnes par an, qui sont consommées sur place.

Ce charbon demi-gras doit bien brûler, mais il n'est pas très-pur.

Hesse-Électorale et grand-duché de Nassau.

Les houilles de cette provenance ont le même aspect que celles du Hanovre ; l'exploitation est d'environ 900,000 tonnes par an, qui sont consommées sur place.

Italie.

Ce royaume n'a pas de houillères, on n'y exploite que quelques mines de lignite d'une qualité très-inférieure.

Hollande.

Il n'y a qu'une seule houillère presque insignifiante, près de la frontière prussienne ; elle produit environ 18.000 tonnes par an, d'un assez bon charbon ayant l'apparence de celui des mines de la Sarre.

Portugal.

Les quelques échantillons de charbons qui sont exposés pourraient être employés pour la navigation, mais les houillères que ce pays renferme n'ont pour ainsi dire donné lieu à aucune exploitation sérieuse.

Prusse.

Ce royaume renferme d'importants bassins houillers, notamment celui de la Sarre, qui a 115 mètres d'épaisseur de houille ; celui de la Rhus qui a 63 mètres, et celui de la haute Silésie qui mesure 105 mètres.

L'extraction dans ces bassins est d'environ 21 millions de tonnes par an, dont 5 millions de lignite.

Une partie de ces houilles est exportée dans les pays environnants.

Les charbons gras et demi-gras de la Sarre sont employés avec avantage, par les usines à gaz et pour la fabrication du coke.

Les lignites sont, en général, de belle qualité ; l'industrie les emploie au chauffage des chaudières fixes. Ils ont beaucoup d'activité et pourraient donner un bon résultat dans un mélange de charbons à courte flamme, pour le chauffage des chaudières marines.

Russie.

Cet empire possède d'importants gisements de houille et de lignite qui, jusqu'à présent, ont été peu étudiés et surtout peu exploités.

On ne trouve pas de statistique sur ces différents gisements, mais les quelques spécimens de combustible qui en proviennent et que nous avons vus, se rapprochent des lignites.

Saxe.

Ce pays possède de belles houillères dans les environs de Zédiékan ; elles produisent environ 20 millions de tonnes par an.

C'est un bon charbon demi-gras qui est consommé sur place.

Suède.

Il y a quelques mines de lignite dans le Sud de ce pays, mais elles sont très-peu importantes.

Suisse.

On trouve en Suisse quelques traces de houille et d'anthracite. Un échantillon de ce dernier combustible était exposé et avait un bel aspect, mais il doit brûler difficilement. Du reste, l'exploitation est très-peu importante.

Turquie.

Les houilles exposées provenaient d'Héraclée, sur la mer Noire (*Turquie d'Asie*).

Ces mines produisent environ 30.000 tonnes par an de charbon anthraciteux de qualité inférieure, car il est terreux, friable et d'un aspect terne.

Pendant la campagne de Crimée, plusieurs de nos bâtiments ont employé ce combustible et, quoiqu'il fût toujours mêlé avec des charbons entraînants, les résultats étaient mauvais et le travail de chauffe très-pénible.

Iles Britanniques.

L'Angleterre possède les mines les plus riches d'Europe; aussi les produits qu'elle a exposés sont-ils magnifiques.

Dans les charbons du pays de Galles, ceux provenant des mines de Mixons, Mertheyer et de Brimbo Main se font remarquer par leur pureté, leur puissance de vaporisation et leur forte cohésion qui est au moins de 60 p. 0/0. Le Cardiff est beaucoup plus friable, l'allumage est difficile, car ce charbon est peu ardent, peu flambant et il exige un travail continu quand on le brûle seul ; mélangé avec le Newcastle, il donne une chauffe parfaite.

Ce mélange est le plus employé et le meilleur pour la navigation.

On brûle rarement le Newcastle seul, car la consommation en est très-rapide ; mais toutes les fois qu'on peut le faire entrer dans un mélange, même de charbons médiocres, il donne de très-bons résultats.

Dans la partie anglaise de l'Exposition, on remarquait un énorme bloc de Cardiff provenant de la mine de Ferndale. On y voyait également de l'anthracite d'un très-bel aspect, dont la composition diffère bien peu de certaines houilles maigres d'Anzin.

Environ la moitié de la quantité des houilles que l'Angleterre exporte en France provient du bassin de Newcastle. Dans ce bassin on distingue deux variétés principales :

1º Le charbon Hartley, charbon sec à longue flamme ;

2º Les charbons gras, à flamme plus ou moins longue, qui sont très-recherchés pour les usines à gaz, les forges et le chauffage des chaudières à vapeur.

En général, la cohésion de ces charbons est bonne ; leur puissance de vaporisation est ordinaire, mais le travail de chauffe est facile, car ils sont presque purs et ne donnent que peu de résidus.

Le Hartley peut être comparé aux charbons secs du bassin de Mons, non-seulement par sa composition, mais encore par ses résultats ; aussi on les emploie aux mêmes usages.

Quant aux houilles grasses de Newcastle, elles sont analogues à celles de Denain ; cependant, elles sont plus estimées pour la forge que ces dernières.

Les bâtiments de la marine française ont eu souvent à employer les charbons anglais ; tous les rapports sont favorables au mélange du Cardiff et du Newcastle, excepté cependant quand ce dernier est de vieille extraction ; dans ce cas il se réduit promptement en poussière et n'a plus sa qualité particulière (*charbon flambant*).

En général, les agglomérés Fulgor, etc., etc., ont un bel aspect et une cohésion assez forte. Brûlés seuls ils donnent des résultats médiocres; l'allumage est difficile, la fumée noire, abondante, épaisse, et par suite il y a engorgement des tubes. Un fort tirage est indispensable. Les briquettes se boursoufflent, se forment en coke, produisent peu de mâchefer, mais beaucoup d'escarbilles et dégagent une forte odeur de coltar. Mélangées avec le Newcastle, ou un autre charbon entraînant, les résultats qu'elles donnent son généralement bons.

Nous terminerons ce rapide aperçu sur les charbons anglais en donnant quelques notes officielles sur leur valeur économique, notes qui, à l'occasion, pourront éclairer les mécaniciens sur l'emploi des houilles de différentes provenances dont nos navires s'approvisionnent à l'étranger.

Valeur économique des charbons anglais. — L'Amirauté anglaise avait chargé une commission, dirigée par les savants Sir Henry de la Beche et D.-V. Lyons Playfair, d'étudier toutes les houilles du pays, au point de vue de leur valeur pour la production de la vapeur. Les conditions auxquelles doit satisfaire un bon charbon employé à la production de la vapeur étaient ainsi définies : 1° il doit être capable de donner rapidement la pression; 2° il doit posséder un grand pouvoir calorifique, c'est-à-dire qu'une petite quantité consommée doit transformer beaucoup d'eau en vapeur; 3° il ne doit pas être très-bitumineux, ni donner assez de fumée pour trahir la position des navires de guerre, quand on peut trouver nécessaire de la dissimuler; 4° il doit posséder une grande cohésion; 5° il doit avoir une densité considérable, en même temps qu'une structure telle qu'on puisse aisément l'arrimer dans un petit espace; 6° il doit renfermer peu de soufre et ne pas se détériorer petit à petit, défauts qui, quand ils existent, rendent possible la combustion spontanée. La chaudière employée pour les essais était une chaudière de 3^m 60 de longueur, 1^m 22 de diamètre, avec un tube à feu intérieur, renfermant un foyer de 0^m 61. Les flammes revenaient par deux carneaux latéraux, puis s'échappaient à la cheminée par un carneau extérieur situé au-dessous de la chaudière. La circulation totale était $3 \times 3,60 = 10^m$ 80. La surface de grille était de $46d^2$ 5, la surface de chauffe de $18mt^2$ 38 ; le rapport des deux surfaces était 1 : 39,5 ; la cheminée avait 10^m 70 de hauteur et sa section était $11dc^2$,70.

DÉSIGNATION des charbons.	Puissance de vaporisation économique, c'est-à-dire livres d'eau vaporisée à 100 degrés par une livre de houille.	Poids d'un pied cube du charbon tel qu'on l'emploie.	Poids d'un pied cube calculé d'après sa densité.	Rapport de $\frac{B}{C}$ c'est-à-dire du poids pratique au poids théorique.	Différence pour cent entre ces deux parties.	Espace occupé par une tonne, ou pieds cubes, poids pratique.	Cohésion des charbons proportion pour cent de gros charbons.	Puissance de vaporisation du charbon, déduction faite des matières combustibles contenues dans le résidu.	Poids d'eau vaporisé à 100 degrés par un pied cube du charbon.	Vitesse de vaporisation ou poids d'eau vaporisée par heure.
Charbons du pays de Galles.										
Nixons Merthyr	8.96	51.7	82.29	0.628	59.46	43.32	84.5	10.70	614.93	541.4
Brymbo Main	8.36	47.0	81.10	0.579	72.35	47.05	»	8.36	339.92	436.83
Ponty Goal	7.47	55.7	83.35	0.670	47.84	40.20	57.5	8.04	416.07	250.40
Pontrefelin	6.36	66.1	84.72	0.781	28.05	33.85	52.7	7.4	489.62	247.21
Charbons de Newcastle.										
Newcastle Hartley	8.23	50.5	80.27	0.629	58.95	44.35	78.5	8.05	413.61	308.60
Carr's Hartley	7.74	47.8	78.93	0.611	63.66	46.86	77.5	8.13	308.53	341.3
Hanveld Walsend	7.48	49.5	79.30	0.623	60.32	45.25	79.5	7.85	370.66	301.8
Original Hartley	6.82	49.1	77.98	0.629	58.81	45.62	80.0	6.98	331.86	428.4
Charbons du Derbyshire.										
Butterly	7.80	47.8	78.80	0.606	66.97	46.80	84.5	7.98	372.81	338.09
Stavely	7.26	49.9	79.79	0.625	60.90	41.88	88.5	7.40	308.27	466.2
Charbons du Lancashire.										
Inechal Pemberton L. soci.	8.34	51.8	79.00	0.650	53.66	43.24	74.5	8.45	622.01	407.39
Inechal Furnau Noin	7.47	49.3	81.93	0.601	66.28	45.43	71.5	7.81	308.27	435.21
Mons hall New Usine	7.01	43.4	79.73	0.607	64.73	46.28	76.5	7.16	40.73	422.08
Ions ou and Wirshing tors air Jolin	6.35	51.6	81.73	0.631	58.30	43.41	83.0	6.62	326.11	302.7
Charbons d'Écosse.										
Dalkeith Coronation Steam	7.74	51.6	78.61	0.637	59.17	43.36	82.2	7.60	348.29	370.0
Eglinton	7.37	52.0	79.81	0.631	51.48	43.07	70.5	7.48	383.94	406.2

ASIE.

L'Arménie et le Turkestan renferment quelques gisements de houille qui ne sont encore que peu exploités.

La houille qui était exposée est terne et ressemble beaucoup comme aspect et qualité à celle d'Héraclée (Turquie d'Europe), c'est-à-dire qu'elle est d'une qualité tout à fait inférieure.

AFRIQUE.

La province de Constantine a envoyé quelques spécimens de lignite, mais il n'y a pas de mines exploitées.

Les récits des voyageurs parlent vaguement de découvertes, dans l'intérieur, de houilles de qualité supérieure.

AMÉRIQUE DU SUD.

Empire du Brésil. — Les charbons qui étaient exposés provenaient de Sainte-Catherine et des gisements houillers qui sont sur la rivière de Fiaguaro. Ces dernières comprennent trois couches:

1° La couche supérieure, qui n'a qu'un mètre d'épaisseur et qui est formée d'une houille de qualité très-inférieure;

2° La couche médiane, qui a environ cinq mètres d'épaisseur et fournit un charbon de bonne qualité pour la grille, ressemblant au Cardiff, sans en avoir la pureté et la puissance de vaporisation.

3° La couche inférieure, qui a plus de sept mètres de puissance, est formée d'un combustible de qualité supérieure, bonne surtout pour les usines à gaz.

Si, comme il est probable, l'exploitation de ces mines se fait sur une grande échelle, avant peu on pourra se procurer dans tous les ports du Brésil et à peu de frais de bons charbons pour la navigation.

Chili. — Ce pays a exposé de très-belles houilles grasses à flamme moyenne, et demi-grasses à longue flamme.

Ces houilles sont extraites des mines de Coronel et de Zota.

Quand l'exploitation deviendra importante, elles feront une concurrence très-avantageuse pour la navigation aux houilles anglaises.

Dans les ports de Valparaiso et de Coquimbo, ces houilles seront très-appréciées; elles sont de bonne qualité et, quoiqu'un peu friables, elles donnent de bons résultats sur la grille.

Mexique. — Il n'y a qu'une seule mine non exploitée, à San Luis de Potosi.

Le charbon est brillant, sa cassure est belle et il est très-possible que tôt ou tard la marine en fasse son profit.

AMÉRIQUE DU NORD.

Possessions anglaises. — On voyait à l'Exposition de très-beaux échantillons envoyés par les houillères du New-Brunswick et de la Nouvelle-Ecosse.

Ces charbons proviennent des mines d'Albion et du cap Breton, dont on extrait par an 500,000 tonnes, moitié charbon flambant et moitié anthracite.

A Sidney (île de Terre-Neuve), il y a une mine assez importante, dont les produits sont fréquemment brûlés par nos bâtiments de la station.

Ce charbon est chargé de schistes pyriteux, la cassure est sale; les beaux morceaux ont une grande ressemblance avec le Newcastle sans en avoir les qualités.

Il est facile à allumer, sa flamme est longue et vive, sa fumée est très-noire et abondante, il donne peu de résidus. Mais le mâchefer qu'il produit est collant et détériore promptement les grilles; aussi le chauffage est difficile et très-fatigant.

Ce combustible a d'autres désavantages très-grands : il se délite très-promptement à l'air, il est excessivement sulfureux et ne doit être employé pour le service de la navigation que dans des cas extrêmes à cause des dangers de combustion spontanée qu'il présente.

Etats-Unis. — Cette grande contrée renferme le plus vaste bassin houiller du monde.

Les produits qui étaient exposés, étaient en grand nombre et tous très-beaux.

Les principaux bassins sont ceux : du Missouri, du Michigan, de l'Illinois, de l'Indiana et le bassin des Apalaches. La production totale de houille des Etats-Unis est d'environ 23 millions de tonnes par an, dont la moitié est de l'anthracite.

Presque tous les charbons américains sont purs et de très-bonne qualité.

La houille de Cumberland, dans le Maryland, est considérée comme la meilleure pour la vaporisation. Elle est presque toute employée par la navigation à vapeur, même de préférence au

DÉSIGNATION des charbons.	Poids spécifique.	Poids par pied cube calculé d'après le résonateur spécifique.	Poids par pied cube d'après l'expérience.	Rapport de ces deux poids du pied cube.	Pieds cubes d'espèces nécessaires pour arriver à une tonne.	Matières volatiles pour 100 du charbon.	Carbone fixe pour 100 du charbon.	Matières terreuses pour 100 de charbon.	Rapport des éléments fixes aux éléments volatils carbonatés.	Poids total de houille employée.
Anthracite de Pensylvanie.										
Beaver Meadow	1.610	118.045	54.93	0.510	40.78	2.38	88.94	7.11	37.31	3814.5
Lehigh	1.500	93.39	55.39	0.537	40.50	5.28	89.15	5.56	16.87	3838.2
Houilles grasses à longue flamme de Maryland.										
Neff's Cumberland	1.337	83.28	54.29	0.652	41.26	12.07	74.59	10.34	5.88	4318.4
Cumberland (marine)	1.414	88.40	53.29	0.603	49.01	14.87	70.83	9.30	4.79	4474.5
Houilles grasses de Virginie.										
Midlothian (moy)	1.291	80.93	54.04	0.508	41.45	29.83	53.21	11.71	1.78	4500.4
— (marine)	1.390	86.86	54.07	0.627	41.13	29.12	56.11	14.14	1.95	4463.5
Chesterfield	1.289	80.57	45.55	0.565	49.18	32.63	58.79	8.63	1.92	3876.0
Houilles de la Nouvelle-Écosse.										
Picton (de la compagnie Cunard)	1.325	82.83	49.25	0.595	45.48	25.97	60.74	12.51	2.59	1902.0
Type pour comparaison.										
Newcastle	1.257	78.51	50.82	0.647	44.08	35.63	57.00	5.40	1.00	4023.0

DÉSIGNATION des charbons.	Livres brûlées par pied carré de grille et par heure.	Temps nécessaire pour mettre la chaudière en pleine marche.	Livres de vapeur par livres de houille à partir de la température initiale.	Livres de vapeur par livres de houille à partir de 100 degrés.	Livres de vapeur fournies par livres de houille.	Cendres et escarbilles pour 100 de houille.	Poids d'escarbilles seulement pour 100 de houille.	Poids moyen en livres du coke laissé sur la grille après chaque expérience.	Poids de plomb réduit de litharge par 1 de matières combustibles du charbon.	Pieds cubes d'eau vaporisée par heure en pleine marche.	Vapeur produite à 100 degrés par 1 de matières combustibles du charbon.
Anthracite de Pensylvanie.											
Beaver Meadow	6.09	3.87	8.20	9.31	503.5	11.96	1.01	112.4	38.41	12.57	10.462
Lehigh	6.93	3.27	7.73	8.93	494.0	7.92	1.08	36.1	28.92	11.63	9.626
Houilles grasses à longue flamme de Maryland.											
Neff's Cumberland	7.86	1.68	8.49	9.44	512.7	10.96	4.53	6.1	30.72	14.80	10.604
Cumberland (marine)	8.02	1.52	8.09	8.96	511.4	9.69	3.04	5.3	33.04	14.97	11.034
Houilles grasses de Virginie.											
Midlothian (moy)	6.63	1.52	7.30	8.89	418.5	14.83	8.82	6.4	29.03	10.08	9.711
— (marine)	»	»	»	»	»	»	4.42	43.2	28.93	»	»
Chesterfield	8.46	1.17	7.05	9.00	410.9	9.07	4.49	10.5	27.38	14.47	9.896
Houilles de la Nouvelle-Écosse.											
Picton (de la compagnie Cunard)	9.81	0.85	7.45	8.48	417.9	12.05	6.19	3.7	26.09	16.47	9.648
Type pour comparaison.											
Newcastle	8.03	0.81	7.68	8.06	430.6	5.08	3.14	10.7	27.85	13.75	9.178

OBSERVATIONS.

Une livre = 0^k453.
Un pied = 0^m306.
Un pied cube = 0^h284.
Un pied carré = 0^m0930.
Une tonne = 1015^k.

Cardiff et au Newcastle ; sa cohésion est plus forte que celle du Cardiff et sa flamme plus longue.

Notre station des mers du Sud s'approvisionne toujours de charbon de Cumberland et on a soin d'en réserver une certaine quantité pour le cas où on est forcé de prendre de l'anthracite, car avec nos chaudières à tirage modéré, il est impossible de ne faire usage que de ce dernier combustible. Le mélange de Cumberland et d'anthracite, brûlé à feu retenu, donne un assez bon résultat.

Comme nous l'avons fait plus haut, au sujet des charbons anglais, nous joindrons ici quelques renseignements officiels, tant au point de vue de la puissance calorifique que de la valeur économique des charbons américains.

Valeur économique des charbons américains. — Le gouvernement des Etats-Unis a chargé le professeur Johnson de faire des expériences pratiques sur les charbons de divers districts, afin de déterminer leurs valeurs relatives, pour la vaporisation et pour la forge.

M. Johnson s'est servi d'une chaudière cylindrique ayant 9 mètres de longueur et un mètre de diamètre, placée sur un foyer ; la flamme, après avoir parcouru deux tubes intérieurs de $0^m 30^{cm}$ de diamètre, s'échappait par deux carneaux extérieurs pour aller à la cheminée après une circulation de $36^m 30^c$. La surface de grille était de 151 décimètres carrés, et la surface de chauffe de $35^{m2} 11$. Le rapport des deux surfaces était de 1 : 25,5. La cheminée avait 19 mètres de hauteur et 21 décimètres carrés de section. On a brûlé dans 144 essais 63,000 kilog. de charbon. Le volume du pied cube de charbon est considéré à l'état où le charbon est vendu, c'est-à-dire à l'état de tout venant. Aussi, pour comparer un essai fait en Amérique à ceux faits en Angleterre (où le charbon était en morceaux n'excédant pas un demi-kilog.), il faudrait augmenter de 10 p. 0/0 la quantité d'eau vaporisée en Amérique.

(*Voir les tableaux des pages* 30 *et* 31.)

OCÉANIE.

Nouvelle-Galles du Sud. — Il y a dans cette colonie des bassins houillers très-importants.

On voyait à l'Exposition de très-beaux spécimens d'une houille qui, par sa nature, se rapproche beaucoup de celle de Newcastle. C'est pour cette raison, sans doute, que les Anglais ont baptisé du nom de Newcastle le principal port d'expédition.

L'exploitation de ces houillères est facile, et quoiqu'elle ne soit pas encore faite sur une vaste échelle, les produits sont assez importants pour fournir presque entièrement aux usines et à la navigation locale.

On avait exposé différentes qualités de houille provenant de la Nouvelle-Zélande ; les lignites étaient beaux, et leur cassure brillante.

On voyait encore du charbon demi-gras, qui doit produire beaucoup de gaz, car il paraît très-pur.

Les mines de houille sont probablement très-abondantes dans ce pays, mais elles ne sont encore que peu exploitées.

COMBUSTIBLES LIQUIDES.

Dans le palais même de l'Exposition se trouvait un étalage assez considérable d'huiles minérales et d'hydrocarbures liquides de diverses provenances.

France : Les huiles de schiste du bassin d'Autun, du bassin de l'Allier, de celui du Vagnas (Ardèche) ; les huiles de schiste bitumineux de Fréjus ou de Bozon (dans le Var), de Zabsaim (Bas-Rhin) ; les huiles extraites du Bogheadd d'Ecosse, dans les distilleries de Marseille (MM. Zandre-Gras et Cie) et dans les distilleries de Paris (MM. E. d'Arcet) ; les huiles lourdes provenant de la distillation du goudron des mines à gaz.

Angleterre : Les huiles minérales extraites des Cannels et des Bogheadds, par les compagnies British Oil and Cannel de Manchester, North Wales Coal Oil, J. Watson et fils, Taylor et C° de Leith (Ecosse), etc., etc.

Etats-Unis et *Canada* : Les huiles de pétrole de Pensylvanie, de Louisiane, de Toronto (Canada), soit brutes et telles qu'elles sortent des puits à pétrole, soit raffinées.

Italie : Les huiles et pétroles extraits des schistes des provinces de Modène, de Parme, des Abruzzes citérieures.

Roumanie : Les pétroles naturels de Moldavie, etc., etc.

Toutes ces huiles minérales diffèrent peu de composition et de nature au point de vue qui nous occupe ; leur couleur varie du blanc au brun foncé, leur odeur est plus ou moins pénétrante, mais ce sont toujours en définitive des hydrocarbures liquides.

On ne trouvait à l'Exposition aucun renseignement sur

— 34 —

leur application au chauffage ; les extracteurs, les fabricants et les exposants ne se sont préoccupés que de l'éclairage.

En cherchant des documents sur l'alimentation des navires à vapeur, avec des huiles de pétrole, on trouve des récits comme le suivant qui est extrait du *Army and Navy*, journal de New-York (juin 1867), à propos d'un steamer dont les chaudières ont des foyers à pétrole.

« Le *Palos* est un petit gunboat ; il employait autrefois les « foyers à houille, avec un équipage de 20 chauffeurs et aides.

— 35 —

« On obtient ainsi une chaleur intense, et la combustion est « si parfaite qu'il n'y a point de fumée. Mais la moindre dimi- « nution dans la proportion d'air ou de vapeur amène de la fu- « mée. La machine est d'une force d'environ 350 chevaux. »

Ces résultats sont, à notre avis, très-exagérés. Nous croyons même à l'impossibilité d'appliquer un pareil système, malgré le sérieux auquel prétend le journal cité.

Quoi qu'il en soit, nous ne pensons pas qu'il soit nécessaire de démontrer longuement l'impossibilité, au point de vue de la sé-

DATES des essais.	NOMBRE de foyers.	PRESSION de la vapeur	PRESSION de l'atmo-sphère.	TEMPÉRA-TURE de l'eau à l'allu-mage.	TEMPÉRA-TURE. de l'eau d'alimen-tation.	TEMPS employé pour obtenir la pression.	KILO-GRAMMES de combus-tible employés pour obtenir la pression.	DURÉE de l'expé-rience.	SURFACE de la grille.	NATURE du combustible employé (pour obtenir la pression)	NATURE du combustible employé (pendant l'ex-périence.)	POIDS du combus-tible en kilogram-mes.	POIDS d'eau vaporisée en kilogram-mes.	EAU vaporisée par kilogram-mes de combus-tible à la tempéra-ture actuelle de l'eau d'alimen-tation.	EAU vaporisée par kilogram-me de combus-tible à la tempéra-ture constante de l'eau d'alimen-tation.	EAU vaporisée par mètre carré de grille par heure à la tempéra-ture constante de 38°	COMBUSTI-BLE brûlé par heure et par mètre carré de surface de grille.	POIDS de la suie.	NATURE de la fumée.
		atmo-sphères.	degrés.	degrés.	degrés.	minutes.	kilogram-mes.	heures.	mètres.			kilogr.	kilogr.	kilogr.	kilogr.	kilogr.	kilogr.	kilogr.	
18 avril 1867.....	2	3.7	21	62	14	55	38.9	9.10	2.97	Houille de Cardiff.	Huile de schiste brute.	2718	12993.5	6.668	6.93	10.178	63.650	8.1	Noire, abondante.
7 juin 1867.....	2	3.7	16	16	16	35	10.7	6.30	2.97			727	9103	12.90	13.41	8.484	37.518	7.9	Modérée.
10 juin 1867.....	2	3.7	21	43	21	45	29	10	2.97			1146	14675.5	12.83	13.32	8.181	37.985	4.5	Modérée.
13 juin 1867.....	2	3.7	21	33	22	60	36.2	10	2.97		Pétrole de Zante mêlé d'huile lourde de goudron.	4210	14330.5	12.03	12.50	9.084	40.015	3.6	Épaisse et gênante.

« Avec les foyers à pétrole, il ne lui faut plus que trois hommes, « car l'alimentation se règle facilement, et il n'y a ni cendres ni « mâchefers à enlever. Le pétrole est fourni par deux grands « réservoirs placés sur le pont, chaque réservoir étant muni « d'un tube indicateur du niveau, et d'une cheminée d'échappe- « ment des vapeurs. Le pétrole coule vers les foyers au moyen « de tubes de 0ᵐ 012. Il coule goutte à goutte dans des conser- « ves en fer, placées sur les chaudières, et s'y vaporise instan- « tanément. On brûle cette vapeur en la mêlant avec de l'hydro- « gène fourni par de la vapeur décomposée en passant dans des « tuyaux garnis de rognures de fer rouges et avec de l'air fourni « par un ventilateur.

curité, d'employer à bord d'un navire de guerre un combustible qui, à la température des chaudières, se transforme instanta- nément en une vapeur subtile et qui, pénétrant dans toutes les par- ties du navire, peut y porter l'incendie et l'explosion. Ce n'est pas au lendemain du terrible accident de Bordeaux qu'on y son- gerait.

Quel serait, du reste, l'avantage de l'emploi du combustible li- quide? Il ne serait certes pas dans la sécurité, encore moins dans l'économie. Les huiles minérales les plus économiques coûtent plus de 200 francs la tonne ; il faudrait qu'elles produisissent à poids égal un effet utile correspondant à six fois au moins celui des houilles employées actuellement. Or, des ingénieurs anglais ont établi, par des calculs théoriques, que le pouvoir calorifique du pétrole ne pouvait dépasser une fois et demi à deux fois celui des charbons employés dans la marine anglaise. Ces résultats théoriques sont confirmés par des expériences qui ont été faites à l'arsenal de Woolwich, sous la surveillance de la marine royale anglaise (avril et juin 1867).

Voici les résultats de ces expériences, qui nous ont été communiqués :

Elles ont été faites au moyen d'une chaudière marine de service ordinaire, avec des foyers organisés d'après le système Richardson, c'est-à-dire remplis partiellement par un bloc d'argile réfractaire et poreux, dans lequel circule et se volatilise l'huile qui remplit alors de flammes tous les carneaux; des jets de vapeur arrivent en même temps que l'huile, sans quoi la combustion ne serait pas complète et l'appareil serait bientôt encombré par la suie et le graphite.

(Voir les tableaux, pages 34 et 35.)

Sur sept expériences, deux ont manqué par suite de l'obstruction des tuyaux qui amenaient l'huile minérale à la chaudière ; une a dû être arrêtée, parce que l'un des surchauffeurs (masse de fonte pesant plus de 800 kilog.) a été détruit et partiellement fondu sous l'action énergique de la flamme.

Ces résultats suffisent pour montrer le peu d'intérêt que présente pour la marine impériale l'emploi des huiles minérales comme combustible.

En effet :

1° 1 kilogramme du pétrole de Zante additionné d'huile lourde a vaporisé 12^k 1/2 d'eau.

1 kilogramme de charbon a vaporisé 8^k 54 d'eau.

1 kilogramme de pétrole représente donc, à peine, 1^k 1/2 de charbon.

2° La vitesse de combustion du pétrole est de 33 p. 0/0 inférieure à celle des charbons Cardiff.

—

CHAPITRE DEUXIÈME

DE QUELQUES

CHAUDIÈRES MARINES ET FIXES

Par E. JOUBLIN

Mécanicien principal de deuxième classe.

———

En parcourant les vastes galeries consacrées aux machines, dans le palais même de l'Exposition universelle, et les nombreux établissements disséminés dans le Parc jusque sur les rives de la Seine, l'esprit du visiteur est constamment tenu sous le charme, autant par la variété que par le nombre infini des appareils qui travaillent sous ses yeux. Pour la première fois, peut-être, il est permis au plus grand nombre des curieux et des indifférents de comprendre combien il a fallu d'efforts intelligents pour créer ces admirables engins, qui fabriquent ou préparent à si bas prix les étoffes de toute nature, les denrées alimentaires de toute espèce et les objets innombrables dont la vente et la consommation sont pour ainsi dire incessantes.

Parmi toutes ces machines, il en est une dont l'importance est primordiale, et sans laquelle on n'aurait jamais songé à inventer les autres, c'est la machine à vapeur. En effet, c'est parce qu'aujourd'hui la production économique de la force motrice que donne la vapeur n'est plus un problème, que l'on a pu faire l'application de cette force à toutes les industries. Aussi la foule se presse-t-elle autour des moteurs à feu très-nombreux dont le mouvement donne une animation féerique à la grande galerie du Palais, et marque-t-elle son admiration devant la précision rigoureuse avec laquelle ils fonctionnent.

Pourtant, qu'il nous soit permis de le dire : de même que la machine à vapeur donne le mouvement et la vie à tant de métiers et d'outils divers, on ne saurait oublier que celle-ci à son tour n'existe que grâce au fluide moteur dont la production a lieu modestement en dehors des établissements principaux, là où l'attention du public ne serait peut-être pas attirée, si de grandes cheminées en briques ne venaient, au milieu de bosquets agréablement disposés, marquer la présence des générateurs de vapeur. Peu de visiteurs se dirigent vers les hangars où sont placées les chaudières ; c'est là pourtant que se résume la plus grande conquête de notre époque : *la production du fluide vital de l'industrie.*

Dans une sphère bien modeste, c'est à l'étude de ces générateurs que nous avons consacré le temps qui nous a été donné pour visiter l'Exposition ; nous avons examiné avec soin le plus grand nombre des systèmes mis en présence, et c'est le résumé de nos observations qui fait l'objet du présent rapport.

I.

Historique succinct de la chaudière à vapeur.

Dans le cadre restreint qui limite les observations que nous avons à présenter, il nous serait difficile de suivre pas à pas les progrès réalisés dans la construction des appareils à vapeur ; nous nous bornerons donc à en indiquer à grands traits les phases principales.

A la chaudière d'une construction bien primitive de Newcomen, succède la chaudière de Watt à basse pression, dite à chariot, à cause des concavités qu'elle porte dans le fond et sur les parois latérales. De même que la machine de Watt est un pas de géant dans cette nouvelle industrie, son système de chaudière laisse bien loin en arrière ceux qui l'ont précédé ; on a pu croire un instant que du premier coup l'illustre ingénieur avait fait atteindre au moteur à vapeur le dernier degré de la perfection.

Il est vrai que si, de nos jours, la machine dont il s'agit ne laisse plus beaucoup à désirer, ce n'est pas à une succession d'inventions que l'on doit cet immense progrès, mais bien aux résultats immédiats de l'étude très-approfondie des détails. La combinaison de ceux-ci est sortie tout d'une pièce, pour ainsi dire, du cerveau de James Watt.

Le tiroir substitué aux robinets et aux soupapes pour la distribution de la vapeur dans le cylindre; l'utilisation de la détente du fluide et la condensation dans un récipient spécial après le travail sur le piston; la pompe à air; le parallélogramme; le volant; le régulateur à force centrifuge; l'instrument destiné à mesurer la puissance des machines, toutes ces inventions dont une seule suffirait aujourd'hui pour faire la réputation d'un ingénieur, attestent la profondeur du génie du célèbre mécanicien écossais.

Le progrès, par son essence même, est infini; il n'est donc pas étonnant que Wolf apporte à la machine de Watt l'appoint d'une intelligence éclairée par l'observation et par l'étude. Il comprend que la tension du fluide moteur employée jusqu'alors n'est plus suffisante; il faut qu'elle soit beaucoup plus forte si l'on veut diminuer le poids et l'encombrement des appareils et mieux utiliser la propriété que possède la vapeur de se détendre. Wolf imagine alors la chaudière à bouilleurs, qui est venue jusqu'à nous sans subir de modifications bien appréciables.

L'application de la machine à vapeur à l'industrie était une merveilleuse chose; mais c'était peu si son emploi avait dû se borner à diminuer le temps nécessaire pour la confection des objets indispensables ou simplement utiles au plus grand nombre, sinon à tous; il lui fallait aussi dévorer l'espace et rapprocher ainsi les distances extrèmes, afin de rendre possible entre les deux mondes l'échange ou l'achat des produits du sol et ceux de l'industrie locale; c'est à un Français, M. Séguin, que revient l'honneur d'avoir résolu ce problème par l'invention de la chaudière tubulaire.

Le bateau à vapeur muni de la chaudière à basse pression était un premier succès sans doute, mais armé tel qu'il l'était il y a trente ans à peine, il ne pouvait longtemps satisfaire aux exigences de la marine de guerre à cause de sa vulnérabilité et de sa faible vitesse, ni à celles de la marine du commerce, à cause du peu d'espace que son moteur laissait disponible dans la coque, pour l'arrimage des marchandises.

La chaudière tubulaire est venue donner un rapide essor au

développement des deux marines, et presque seule aujourd'hui, elle est en usage sur les navires de toutes les nations.

Au moment où l'insuffisance de la chaudière à tombeau se faisait sentir, l'esprit des ingénieurs était dirigé vers la recherche du meilleur système qui pût lui être substitué. La chaudière tubulaire ayant déjà fait ses preuves sur les chemins de fer, on pensa naturellement à l'appliquer à la navigation ; mais simultanément, plusieurs novateurs présentaient des générateurs nouveaux, franchissaient d'un seul coup la distance qui sépare la basse pression de la haute pression et abordaient sans hésitation, dans la pratique, cette question regardée alors comme redoutable à plus d'un titre.

Dès 1843, M. Ch. Beslay plaçait à bord de l'aviso à vapeur l'*Alecton*, de 80 chevaux, une chaudière à tirage direct fonctionnant à la pression normale de cinq atmosphères. Elle se composait d'une enveloppe contenant deux foyers séparés par une lame d'eau (*Pl.* I, *fig.* 1 et 2) ; l'enveloppe, formée elle-même de lames d'eau *aa*..., supportait deux gros cylindres horizontaux *bb* avec lesquels elle communiquait au moyen de tuyaux munis de robinets. Ces deux cylindres contenaient un grand volume d'eau et formaient en même temps le coffre à vapeur ; chacun d'eux était armé de 21 bouilleurs verticaux *cc*, qui pendaient directement au-dessus des foyers. La circulation de l'eau dans chacun des bouilleurs était établie au moyen d'un tube plongeur descendant aux deux tiers environ de la longueur de ceux-ci, et l'arrivée de la vapeur dans le grand réservoir se faisait par d'autres tubes qui débouchaient au-dessus du niveau de l'eau des gros cylindres. Cet appareil fonctionnait à l'eau douce ; un petit bouilleur indépendant *m*, placé sous la hotte de la cheminée, était seul alimenté à l'eau de mer ; il était destiné à subvenir aux pertes d'eau douce, faites par la machine sous la forme de vapeur. Cette invention très-ingénieuse ne réalisa pas les espérances de son auteur ; la consommation de charbon était très-grande et l'installation de l'ensemble présentait de très-grands dangers à l'emploi. La hotte, attaquée directement par la flamme, rayonnait sur les hiloires avec une telle énergie, que quelques heures après l'allumage des feux, l'action permanente de la pompe à incendie devenait nécessaire pour préserver les entourages d'un embrasement général.

Le même ingénieur abandonnant cette idée, au moins dans son application à la marine, proposa un nouveau générateur à moyenne pression qui fut essayé en 1846 au port de Brest sur l'aviso de 180 chevaux l'*Ardent* ; nous eûmes la bonne fortune d'être appelé à suivre les essais de ce navire, comme nous avions déjà suivi ceux de l'*Alecton*.

La chaudière nouvelle (*fig*. 3 et 4) se composait d'une enveloppe cylindrique, formant lame d'eau. Dans l'intérieur de l'enveloppe *aa*, se trouvaient trois anneaux formés par des cylindres concentriques *f*, communiquant entre eux et avec l'enveloppe par leur sommet.

La flamme circulait autour des cylindres *ff* et s'échappait dans la cheminée par un réseau de tubes verticaux, traversant le coffre à vapeur.

Cette chaudière eut le même sort que la précédente ; elle fut bientôt abandonnée et remplacée à bord de l'*Ardent* par une chaudière à basse pression du modèle alors en usage. Nous verrons dans la suite de cette étude que plusieurs générateurs, aujourd'hui en faveur, ne sont que des modifications plus ou moins heureuses des deux systèmes dont nous venons de donner un rapide aperçu.

Plus tard, vers 1853, apparurent les chaudières de M. Belleville à production de vapeur instantanée, fonctionnant à très-haute pression. Les premiers essais sur la *Biche*, au port de Cherbourg, ne furent pas heureux; deux systèmes résumant la même idée échouèrent dans les expériences faites à bord de cet aviso.

L'inventeur, avec une persistance digne d'éloges, continue ses recherches sur l'application à la navigation maritime des appareils, non plus à vaporisation instantanée, mais à très-faible capacité d'eau et à circulation rapide. Un succès définitif couronnera-t-il ses efforts? Les opinions sont également partagées.

L'adoption des chaudières tubulaires appliquées à la navigation ne trouvait plus de contradicteur sérieux, mais chaque constructeur apportait un modèle différent, avec des qualités et des défauts particuliers. Nous nous bornerons simplement à l'énoncé des principaux systèmes proposés; leur description se trouve dans un grand nombre d'ouvrages spéciaux.

Le but que l'on voulait atteindre était l'économie de combustible; il fallait tirer de la houille embarquée le meilleur parti possible. Déjà, à terre, de grands progrès étaient réalisés, et cela s'explique, car il est toujours possible d'y installer un appareil dans de bonnes conditions: c'est une question d'espace; les générateurs sont entourés de maçonneries isolantes de la chaleur qui permettent de ne laisser échapper dans l'atmosphère que les gaz refroidis à la plus grande limite imposée par l'économie du combustible. A bord, l'espace est précieux, et les constructions isolantes sont impossibles à établir. Il fallut donc que les ingénieurs suppléassent par d'habiles combinaisons aux difficultés que devaient rencontrer à bord l'installation des appareils proposés.

On vit donc successivement apparaître :

Les chaudières à galeries superposées aux fourneaux;

Les chaudières à fourneaux superposés;

Les chaudières à galeries situées en arrière du foyer, avec retour de flamme dans des tubes de grand diamètre;

Les chaudières à retour de flamme avec des tubes très-courts;

Les chaudières à retour de flamme, à lames d'eau, de Lamb et Summer;

Les chaudières à double retour avec des tubes courts.

Le plus grand nombre de ces systèmes n'ont donné que de médiocres résultats; ceux de la chaudière à foyers superposés installée sur le *Primauguet* ont été particulièrement mauvais.

La chaudière de Lamb et Summer peut seule rivaliser avec la chaudière tubulaire perfectionnée, telle qu'elle est employée dans la marine impériale, en ce qui touche à la production économique; mais elle n'a pas, comme cette dernière, l'avantage de pouvoir être réparée promptement avec les moyens du bord. Les avaries de tubes qui se produisent fréquemment à la mer sont aisément réparables, tandis qu'il n'est pas possible de tamponner une lame formant carneau comme on tamponne un conduit cylindrique de petit diamètre.

Avant de terminer cet exposé de l'historique de la chaudière à vapeur, nous devons mentionner un essai remarquable tenté par M. B. Normand fils, du Havre, essai que nous avons suivi sur l'invitation de cet ingénieur, et qui a donné tout d'abord des résultats très-satisfaisants. Le petit navire à roues le *Furet* était muni d'une machine oscillante de Penn. M. Normand changea un des cylindres, et le remplaça par un autre dont le diamètre était calculé de telle façon que la vapeur y étant admise à 6 atmosphères, produisait un travail identique à celui qui était effectué dans l'ancien cylindre, où la vapeur n'était admise qu'à 2 1/2 atmosphères. A l'ancienne chaudière, M. Normand en avait substitué une nouvelle, qui fonctionnait à haute pression, mais qui n'avait à produire que la moitié du poids de vapeur que fournissait la précédente. Elle était placée sur un côté du navire, l'autre côté était occupé par un réservoir dont nous allons expliquer l'utilité.

La vapeur, admise dans le petit cylindre à 6 atmosphères, s'y détendait jusqu'à 2 1/2 atmosphères; à cette pression, elle évacuait et revenait passer deux fois dans le coffre à vapeur de la chaudière, à travers deux groupes de tubes dans lesquels elle se régénérait en se réchauffant. De là elle allait travailler dans l'ancien cylindre, comme autrefois la vapeur de l'ancienne chaudière. Théoriquement, cette combinaison donnait 50 p. 0/0 d'économie.

Mais la chaudière à haute pression ne pouvait fonctionner qu'avec de l'eau douce, et M. Normand avait voulu éviter les difficultés de la condensation par contact. Ici s'explique le rôle qu'était appelé à remplir le réservoir placé à côté de la chaudière. Ce réservoir était composé d'une caisse, divisée en trois compartiments par deux cloisons étanches; le compartiment central avait une capacité bien plus grande que chacun des deux autres; il était rempli d'eau douce. Les deux parties extrêmes communiquaient entre elles au moyen de tubes nombreux qui étaient rivés d'une cloison à l'autre, et elles étaient munies chacune d'une prise d'eau volumineuse placée sur le flanc du navire; les prises d'eau étaient recouvertes par des coquilles, dont les ouvertures étaient dirigées, celle de l'avant vers l'avant du navire, et celle de l'arrière vers l'arrière.

La prise d'eau d'injection et les prises des pompes alimentaires étaient placées sous le compartiment central du réservoir, et la pompe à air rejetait le produit de la condensation au sommet de ce compartiment. On comprend aisément le fonctionnement de l'appareil dans son ensemble : le courant rapide d'eau de mer établi par la translation du navire, de l'avant à l'arrière de la grande caisse, à travers les tubes, devait refroidir complétement l'eau de condensation, qui arrivait tiède au sommet du compartiment central; l'injection extérieure était donc régulièrement établie.

Nous devons ajouter que M. Normand fils avait placé dans sa chaudière, à la base de la cheminée, un bouilleur alimenté à l'eau de mer, qui était destiné à fournir l'eau douce nécessaire aux dépenses anormales provenant des fuites par les joints ou par les soupapes de sûreté.

Il y avait dans cette idée un progrès incontestable; nous ignorons quelles en ont été les applications ultérieures et quels résultats elles ont donnés.

Nous allons maintenant aborder la description des divers appareils qui sont exposés au Champ-de-Mars; leur nombre est relativement restreint, et, en général, leur construction et leur disposition n'accusent pas de progrès récents. Plusieurs sont représentés par des modèles réduits ou même par de simples dessins; nous allons essayer, dans l'étroite limite de nos moyens, de décrire ceux qui nous ont le plus particulièrement intéressé, soit au point de vue des avantages, soit à celui des inconvénients que peut présenter leur emploi.

II.

Générateurs marins admis à l'Exposition universelle.

§ 1. *Chaudières-types de la marine impériale.* — Quatre corps destinés à former la moitié de l'appareil évaporatoire du vaisseau cuirassé le *Friedland*, et provenant de l'établissement impérial d'Indret, sont exposés et fonctionnent tour à tour pour fournir la vapeur à la machine de 900 chevaux destinée au même vaisseau.

Au point de vue de la disposition générale, ces chaudières n'offrent rien de particulier : c'est toujours le système à retour de flamme employé à bord des bâtiments de l'État depuis près de vingt années. Mais au point de vue de la construction, un grand progrès a été réalisé. Tous les détails sont établis sur des modèles précis; les proportions les plus heureuses, sanctionnées par l'expérience, ont été adoptées pour chacun d'eux.

Autrefois les constructeurs, obligés de se renfermer dans les limites d'un programme pour les dimensions principales à donner à leurs chaudières, conservaient une grande liberté d'action pour la disposition des détails accessoires; aussi, en général, ces détails étaient-ils très-négligés.

Dans la chaudière réglementaire, nous le répétons, toutes les pièces sont étudiées avec un soin minutieux : ainsi les montures du niveau d'eau, d'un modèle élégant, sont construites avec une précision rigoureuse; les portes des fourneaux, des boîtes à fumée et des cendriers, sont armées de ferrures parfaitement disposées, qui en rendent la manœuvre sûre, prompte et facile : les autoclaves ferment sur des griffes d'une façon très-simple, ce qui n'empêche pas qu'elles soient très-rigides; les soupapes d'arrêt, les soupapes de sûreté sont d'un modèle très-heureux et se manœuvrent avec autant de précision que de commodité; enfin, et c'est là un point capital, la disposition des tirants à l'intérieur est telle, que la circulation est possible partout, sans que la rigidité de l'ensemble en soit aucunement compromise.

Les constructeurs ont trop longtemps perdu de vue le plus grand nombre des difficultés inhérentes au métier de la mer ; c'est par la perfection des détails que beaucoup de fatigues peuvent être évitées au personnel et que la sécurité peut être établie pour tous; à ce titre, la chaudière-type réalise un progrès réel.

Cette chaudière est-elle le dernier mot du progrès de la construction? Nous ne le croyons pas. Le problème posé dans la création de ce système de générateur peut s'énoncer ainsi : Produire de la vapeur en abondance au moyen d'un appareil aussi peu encombrant, aussi léger que possible, et offrant toutes les garanties désirables de solidité, combinées avec les plus grandes facilités d'entretien et de réparation.

Nous pensons que, dans la pratique, la deuxième partie de l'énoncé a été un peu trop sacrifiée à la première. Si la circulation facile existe dans la partie supérieure, c'est-à-dire dans le coffre à vapeur, il n'en est point ainsi dans les parties basses. Il faut, suivant notre opinion, laisser un intervalle un peu plus grand entre les ciels des fourneaux et les rangées inférieures des tubes, et éloigner un peu les axes des fourneaux, de façon à augmenter la dimension des lames d'eau qui les séparent. De cette façon, on pourrait placer des autoclaves donnant une plus grande ouverture, par laquelle il serait possible à un homme de corpulence moyenne de s'introduire dans les régions inférieures de la chaudière, ce qui faciliterait beaucoup les travaux d'entretien et de réparation, et assurerait d'autant la conservation d'un matériel très-coûteux.

Cette disposition, nous ne nous le dissimulons pas, aurait l'inconvénient de prendre dans le navire un espace précieux; mais aujourd'hui la marine est en pleine voie de transformation. La substitution à l'ancien armement, d'une artillerie plus formidable par le calibre que par le nombre des pièces, amènera nécessairement des modifications dans la composition numérique des équipages, et il sera peut-être permis alors d'employer une partie de l'espace devenu libre au profit d'une meilleure disposition du générateur.

Il nous reste un dernier mot à dire sur la construction actuelle des chaudières du type réglementaire. Pour assurer la rigidité des tubes dans les plaques de tête, il est d'usage de les baguer à leurs extrémités. Nous pensons que cette opération, qui n'a pas toujours été reconnue indispensable, ne devrait être faite qu'à une seule extrémité du tube, celle qui est située dans la boîte à feu. Là, le coup de feu est actif et peut détériorer promptement les rivures; il n'en est point ainsi dans la boîte à fumée, où la bague devient un obstacle sérieux pour l'écoulement des gaz et pour le ramonage des tubes.

§ 2. *Chaudières de M. Claparède.* — M. Claparède a exposé une chaudière tubulaire à retour de flamme destinée à une canonnière; elle est remarquable, sinon par sa forme générale, mais par les détails de sa construction (*fig.* 5 et 6).

L'ingénieur s'est surtout attaché aux formes offrant la plus grande résistance, le cylindre et la sphère. L'enveloppe est un cylindre horizontal terminé par une calotte sphérique; la longueur totale de l'appareil est de 3^m14 et son diamètre de 2 mètres hors tôles.

Le foyer, cylindrique, est composé de trois tambours ayant environ 80 centimètres de longueur chacun; à son extrémité, se trouve la boîte à feu affectant la forme d'une calotte sphérique. Le conduit qui la relie à la cheminée est un coude dont la section, ovale à l'origine, devient circulaire à la jonction avec la cheminée; celle-ci traverse un coffre à vapeur cylindrique, dans lequel elle remplit le double emploi de sécheur et de surchauffeur.

La vapeur se rend de la partie de la chaudière où elle se forme, dans le coffre à vapeur, en passant par un grand nombre de petits trous percés dans la tôle d'enveloppe; cette disposition opère un tamisage qui doit contribuer à éviter l'entraînement de l'eau de la chaudière dans les cylindres de la machine.

DIMENSIONS PRINCIPALES DE LA CHAUDIÈRE CLAPARÈDE.

Surface de chauffe directe....	8m²50	Diamètre intérieur des tubes.	0.065
— tubulaire..	46.51	— extérieur.........	0.070
— totale.....	55.01	Section totale...........	0m²3782
Surface de grille...........	2.025	Section de la cheminée....	0.2827
— par mètre carré de chauffe...	0.035	Volume { d'eau.............	2915 li.res.
		Volume { de vapeur........	2150
Nombre de tubes...........	114	{ total.............	6055
Longueur des tubes........	2m 00	Timbre en kilogrammes. ...	5

La construction de ce générateur est extrêmement soignée et ne laisse rien à désirer. Après un examen attentif, il reste la conviction que toutes les dispositions adoptées par M. Claparède sont heureuses, et que les dimensions des tôles, sans être exagérées, établissent la plus complète sécurité de l'appareil pendant un long usage.

Déjà un certain nombre de chaudières, construites sur le même principe, sont en service sur les chaloupes à vapeur des bâtiments de la flotte; sans aucun doute elles doivent offrir des garanties de durée relativement considérables.

§ 3. *Chaudière anglaise à surfaces de chauffe ondulées* (fig. 7) *et à tirage inférieur*. — Cette chaudière, exposée à l'état de dessin seulement, offre certaines particularités qu'il importe de signaler. En principe, on pourrait la classer dans le type des chaudières à retour de flamme à tubes très-courts; mais la disposition des surfaces de chauffe directes, et la direction imprimée au courant de flamme en font un type à part, dont les qualités pourraient être mises en lumière par l'expérience.

Les ondulations de la tôle du ciel des foyers rappellent l'idée du générateur à bouilleurs verticaux de M. Beslay, et doivent être très-favorables à la transmission du calorique, et par conséquent à la production de la vapeur; le courant de flamme avec un appel en bas, offre l'avantage de ralentir la circulation des produits gazeux de la combustion, et permet d'obtenir une meilleure utilisation du calorique entraîné ordinairement dans l'atmosphère; la cheminée, à son origine, est entourée d'un réservoir dans lequel l'eau d'alimentation est portée à une certaine température.

L'ensemble de ces dispositions indiquées sur le croquis (fig. 7) a donc, autant au point de vue de la solidité que de celui de l'économie, un certain attrait; mais il convient d'étudier si des qualités, qui paraissent évidentes après un premier examen, ne sont pas balancées par de sérieux inconvénients. Rien n'assure une circulation très-rapide de l'eau au fond des ondulations; cette circulation, cependant, peut n'être pas régulière, et alors il y aurait lieu de redouter que, dans certaines parties, les dépôts salins ne s'accumulassent sûr des parois dont la face opposée reçoit le coup de feu le plus énergique. D'un autre côté, il y a lieu de supposer qu'au fond de la boîte à feu, pendant les marches prolongées surtout, il y aura accumulation des produits solides de la combustion, tels que suie, cendres et mâchefers même, car il peut arriver que le charbon projeté sur la grille dépasse accidentellement l'autel, et alors les tubes seraient promptement engorgés; enfin, il y a lieu de considérer l'encombrement de la cale du navire et la présence de la base de la cheminée au milieu de la chaufferie, avec les dangers qui en dérivent tout naturellement. La probabilité des résultats économiques que ce générateur doit produire encourage cependant à tenter un essai qui seul pourra fixer l'opinion sur sa valeur réelle.

§ 4. *Chaudière Fields à bouilleurs verticaux garnis d'un plongeur* (fig. 10). — Supposons un fourneau à carneau dont le ciel serait percé d'un très-grand nombre de trous; supposons, en outre, un système de tubes fermés par leur extrémité inférieure, partant de chacun de ces trous, et descendant presque au fond du carneau ; la flamme et la fumée, en circulant autour de ces tubes, abandonneront une partie de leur calorique, dont l'absorption sera d'autant plus grande que la surface absorbante sera plus étendue : tel est le principe sur lequel repose la construction du générateur système Fields, qui n'est pas sans analogie avec celui de M. Beslay. Chaque tube est armé d'un plongeur ou petit tuyau ouvert par les deux extrémités, descendant à quelques centimètres du fond du bouilleur, ainsi que l'indique la figure 10. On conçoit qu'il doit s'établir un courant ascendant très-rapide entre les deux tubes, et par conséquent un courant descendant non moins rapide à l'intérieur du plongeur. Ce double courant est suffisant pour empêcher les dépôts séléniteux de se déposer sur les parois des bouilleurs lorsqu'on emploie l'eau douce, mais il y a lieu de penser qu'il n'en serait pas ainsi avec l'eau de mer. On ne saurait songer à placer ce générateur à bord d'un bâtiment à vapeur ; à peine pourrait-on tenter un essai sur les chaloupes qui chauffent à l'eau douce.

§ 5. *Chaudières autrichiennes.* — Un constructeur autrichien a exposé des modèles de chaudières à retour de flamme. Le système a été récompensé par le jury international. La disposition de ces chaudières offre certaines particularités qu'il est utile de signaler. Les trois modèles exposés comportent, l'un trois fourneaux, l'autre quatre fourneaux, le troisième six fourneaux ; ils diffèrent donc quant aux dimensions, mais ils sont disposés de la même manière.

Le corps de chaudière proprement dit, figures 8 et 9, se compose d'un parallélipipède *abcd*, contenant les fourneaux *f*. Les tubes vont directement de la boîte à feu *f'* aboutir à la façade de la chaudière. Une enveloppe considérable, formant une façade supplémentaire, constitue la boîte à fumée, et forme au-dessus de la chaudière un dôme *m*, sur lequel repose la cheminée.

Dans la capacité du dôme m, sont placés parallèlement les uns aux autres une série de cylindres dont les diamètres vont en décroissant depuis celui qui est au centre, jusqu'à ceux des extrémités ; c'est dans le cylindre central que la vapeur s'introduit d'abord au moyen de fortes tubulures, puis elle circule jusqu'aux cylindres extrêmes, sur lesquels se trouvent placées les prises de vapeur de la machine.

Cette disposition constitue un surchauffeur très-énergique et très-résistant ; mais offre-t-elle un avantage réel pour la navigation, et celui-ci n'est-il pas balancé par des inconvénients plus grands encore ?

Les tubes aboutissant directement à la façade, simplifient la construction, et suppriment cette lame d'eau ou de vapeur qui existe dans nos chaudières, autour du conduit de fumée, lame toujours inaccessible qui se remplit de sels, d'oxyde, et qu'il est toujours difficile, sinon impossible d'assécher. Il y a là un avantage ; mais cette immense façade qui, exposée à une haute température, n'est pas susceptible d'être recouverte d'une enveloppe isolante, doit rayonner énergiquement sur les ouvriers, et rendre le travail dans la chambre de chauffe extrêmement pénible. Quant au dôme, il est évident qu'il présenterait des inconvénients plus sérieux encore, et que ce ne serait qu'à la condition de laisser un vaste espace autour de ses parois surchauffées, que l'on pourrait parer aux chances permanentes d'incendie auxquelles il exposerait les parties du navire environnantes si l'inventeur, prévoyant le danger, ne l'avait évité en entourant cette partie d'une seconde enveloppe, qui forme une lame d'eau avec la première.

En résumé, nous pensons que ce type, tel qu'il est présenté au Champ-de-Mars, et malgré certains avantages incontestables, est inférieur au type adopté par la marine impériale en France.

§ 6. *Chaudières de M. Carville aîné.* — Sous le nom de chaudières en tôle à surfaces ondulées, M. Carville a exposé un générateur, qui, dans son opinion, peut être appliqué à la navigation maritime aussi bien qu'aux locomobiles et aux machines fixes. Le système a quelque analogie avec celui que nous avons décrit précédemment, et que M. Ch. Beslay avait appliqué à l'*Alecton.*

Les bouilleurs, que ce dernier ingénieur avait fixés sous le cylindre générateur, sont remplacés dans l'appareil Carville par des lames en tôle ondulée, représentant des tubes horizontaux parallèles, reliés entre eux par une mince lame d'eau.

Ces bouilleurs sont réunis à la chaudière principale par des tuyaux munis de robinets, de telle sorte qu'on peut les isoler en cas d'avaries, et les démonter en marche.

Les faisceaux ondulés portent à chaque renflement de petits autoclaves qui en permettent la visite intérieure. Enfin, mieux que dans la chaudière de l'*Alecton*, la flamme et la fumée du foyer sont obligées de circuler autour des lames ondulées, et d'évacuer par la base, ce qui permet une meilleure utilisation du combustible.

L'idée dominante dans la chaudière Carville est ingénieuse assurément, mais, dans notre opinion, qui n'est pas précisément celle de l'inventeur, ce générateur ne peut fonctionner qu'à l'eau douce. Son application à la grande navigation ne nous paraît pas réalisable. Nous ne sommes partisan à aucun point de vue de l'emploi de grands appareils marins, fonctionnant à l'eau douce, et par conséquent susceptibles d'être paralysés dès qu'une fuite un peu considérable viendrait occasionner un abaissement de niveau. Si on admet même qu'il est facile d'annexer à ces appareils des *producteurs d'eau douce* toujours prêts à fonctionner pour subvenir aux pertes anormales, la question n'a plus de limites au point de vue de l'encombrement, du poids et de la dépense.

Les petites canonnières et les embarcations seules peuvent avoir des chaudières à eau douce, parce que leur service est forcément limité à un court espace de temps ; mais la disposition, toute en hauteur, du générateur Carville, se prêterait peu à cet emploi particulier. Les canots ont peu de creux, et sur les canonnières, l'ensemble de l'appareil moteur, chaudière et machine, doit être à l'abri du boulet ; à ces divers titres, on ne peut guère espérer d'utiliser la chaudière Carville dans la marine, mais elle serait peut-être d'un excellent usage pour la navigation fluviale.

§ 7. *Chaudières inexplosibles de M. Belleville.* — Nous avons indiqué au chapitre précédent l'époque des premiers essais de la chaudière Belleville. L'idée première de ces appareils, modifiés plusieurs fois par l'inventeur, a abouti aujourd'hui à un système dont l'application vient d'être faite à bord du transport la *Vienne,* et dont un spécimen, destiné aux embarcations de grand échantillon, canots ou chaloupes, figure à l'Exposition.

Nous avons dit, et notre conviction à ce sujet est entière, que le générateur marin exclut toute idée de l'emploi de l'eau douce.

Laissant même de côté toutes les chances d'avaries majeures, les difficultés d'un service régulier n'en restent pas moins très-nombreuses et très-grandes. Dans les générateurs fixes, il y a toujours la possibilité d'alimenter avec une eau relativement pure ; il y a toujours la ressource de pouvoir les vider et les remplir, ensuite, d'eau propre, aussi fréquemment qu'il est nécessaire ; le service industriel ne souffre pas de cette opération, car il est naturellement intermittent. À la mer, l'emploi de l'eau douce est inséparable de celui de la condensation par contact ; c'est donc toujours la même eau qui circule, et qui revient à chaque passage apporter au générateur les résidus de matières grasses auxquels elle s'est mélangée à l'état de vapeur. Les inconvénients des dépôts à l'intérieur des tubes ne sont pas inhérents à telle ou telle matière, tous les dépôts sont nuisibles, et tous offrent les mêmes dangers.

Les chaudières de la *Vienne*, dans une traversée entre Toulon et Lorient, viennent d'éprouver des avaries graves, parce qu'on a été obligé d'alimenter avec de l'eau impure.

De Toulon à Gibraltar, l'appareil avait fonctionné d'une façon satisfaisante. A partir de Gibraltar, on fut obligé de faire servir à l'alimentation, de l'eau emmagasinée dans un jeu de chaudières qui formait une partie du chargement. Dans ces chaudières, qui n'étaient pas neuves, l'eau, fortement agitée par les mouvements de la mer, s'était chargée des détritus d'oxyde et de sels, dont les surfaces étaient tapissées. On voit ce qui arriva : les collecteurs inférieurs et les premières rangées de tubes se remplirent promptement de matières solides ; la circulation de l'eau n'ayant plus lieu que par intermittences, lorsque les tubes étaient rouges, occasionnait des variations extraordinaires dans la tension de la vapeur produite. De là, des accélérations désordonnées ou des ralentissements exagérés de la vitesse de la machine ; des tubes brûlés ; des réparations improvisées et par conséquent d'un succès douteux, et finalement un désarmement à l'arrivée au port.

L'instantanéité de la production de la vapeur, dans le générateur Belleville, rend son usage précieux pour le service des canots ; peut-être même serait-il avantageux d'en étendre l'emploi aux avisos gardes-côtes, dont le séjour à la mer est naturellement limité ; mais nous persistons à croire qu'il ne saurait convenir à la grande navigation.

§ 8. *Chaudière pyrotechnique pour steamers sous-marins du docteur Payerne.* — Le docteur Payerne a exposé le dessin d'une chaudière dans laquelle les agents pyrotechniques doivent tenir lieu de combustible et de courant d'air pour engendrer la vapeur (*pl,* III, fig. 11 *et* 12).

Cette chaudière est tubulaire et à flamme directe ; elle ne diffère de la chaudière ordinaire que par quelques détails dont nous empruntons la description à l'auteur lui-même.

« .... La boîte à feu *b* doit être étanche et munie d'une
« porte *e* qui permette d'en retirer la caisse mobile dans laquelle
« la combustion s'opère, et de la remplacer par une autre. Cette
« porte permet en second lieu de ramoner les tubes *ff*, quand il
« y a lieu de le faire.

« Le dôme de la boîte à feu est surmonté d'un tuyau muni de
« deux tiroirs *d,d,* et dont la partie supérieure *c* se termine en
« forme d'entonnoir pour recevoir un certain nombre de boules
« constituant le combustible. Le tiroir qui y fait suite s'ouvre
« pour laisser passer une ou plusieurs boules, et se referme
« avant l'ouverture du tiroir inférieur qui les transmet dans la
« caisse à combustion. Le robinet à cul-de-sac est peut-être à
« préférer.

« La boîte à fumée *g*, également étanche et munie d'une porte
« pour aider au ramonage des tubes, est surmontée d'une che-
« minée garnie de deux soupapes *l,l,* destinées à livrer passage à
« la fumée et à s'opposer à l'introduction de l'eau extérieure.
« A la partie inférieure de la même boîte à fumée existe un robi-
« net de décharge pour l'eau introduite accidentellement. A part
« ce que je viens de dire du fonctionnement de la boîte à feu,
« de la boîte à fumée et de leurs dépendances, la chaudière
« tubulaire dont il vient d'être question opère comme les autres
« chaudières du même genre.

« Il y a lieu de remarquer que le conduit alimentaire *cc*, et
« la cheminée *h* devront être enveloppés d'une chemise con-
« tenant de l'eau que la pompe alimentaire enverra dans le gé-
« nérateur, ou à l'extérieur, à mesure qu'il y aura utilité de le
« faire.

« La chemise de la cheminée peut même être en communica-
« tion directe avec l'eau du générateur.................. »

Dans la brochure qui accompagne le dessin, le docteur Payerne nie la possibilité d'appliquer l'air comprimé à la propulsion des navires sous-marins. Nous ne le suivrons pas dans cette discussion qui ne serait pas ici à sa place, mais, après un examen attentif de son projet, nous ne croyons pas que l'appareil qu'il propose puisse offrir des avantages réels, et nous comprenons que l'on ait ajourné des expériences sur le succès desquelles on ne pourrait *à priori* fonder des espérances.

§ 9. *Tubes amovibles pour chaudières marines*. — M. Langlois, maître principal, chargé de l'atelier des chaudières à vapeur au port de Cherbourg, a exposé un foyer dont les tubes peuvent être démontés un à un pour être nettoyés. La question des tubes amovibles était posée depuis longtemps; on pourrait même dire qu'elle s'est imposée d'elle-même, le jour où la chaudière tubulaire a été appliquée à la navigation. En effet, la chaudière à carneaux, d'une capacité considérable, et accessible dans toutes ses régions, pouvait être entretenue dans toutes ses parties et avec un soin minutieux; la formation des sels sur les surfaces de chauffe qui, en raison de l'énorme volume de l'eau soumise à la vaporisation, devait être très-lente, pouvait être neutralisée par des extractions abondantes et bien réglées, et par des nettoyages aussi fréquents que faciles à opérer. Mais la chaudière tubulaire, d'un volume très-restreint, avec un réseau de tirants d'autant plus rapprochés que la pression qu'elle devait supporter était plus forte, se présentait dans les conditions les plus défavorables au point de vue de l'entretien. La nécessité de multiplier les extractions pour entraver la formation des dépôts salins sur les tubes et les foyers, dépôts qui ne pouvaient que neutraliser la puissance de production de la vapeur, fixa de bonne heure l'attention des hommes spéciaux, et dès l'origine apparurent une foule de systèmes ayant pour but, soit l'amovibilité des faisceaux tubulaires, soit l'introduction dans la chaudière d'agents chimiques destinés à opérer la désagrégation des sels ou leur précipitation à l'état pulvérulent.

Les moyens chimiques, appliqués à la chaudière marine, ont été très-nombreux et n'ont donné jusqu'ici aucun résultat satisfaisant. Il restait à faire l'application des moyens mécaniques. Tout d'abord on a pensé à rendre les faisceaux tubulaires démontables d'un seul bloc, procédé qui n'aurait pu être avantageux que dans le cas de grandes réparations à opérer, mais nullement dans celui d'un simple nettoyage, attendu que quelques tubes seulement auraient été d'un accès plus facile, tandis que la question serait restée rigoureusement entière pour les tubes formant le milieu des faisceaux. Mais, si l'on songe aux difficultés du démontage, aux chances d'ébranlements et de déformations, et surtout aux difficultés d'établir les grands joints parfaitement étanches, on conclut que l'amovibilité des faisceaux tubulaires présentait plus de dangers que d'avantages.

Le démontage des tubes, opéré par unité, devait fixer particulièrement l'esprit de recherche, et M. Langlois paraît avoir résolu le problème d'une manière satisfaisante[1]. Nous ne pouvons pas laisser une question de cette importance en dehors d'une étude générale sur les générateurs, et nous devons, tout en signalant les avantages du nouveau système, en signaler aussi les écueils.

Nos premières observations porteront d'abord sur les conditions générales de la navigation. Le navire de guerre armé doit toujours être prêt à partir; qu'il soit dans un port ou sur une rade, il n'est jamais certain du lendemain, au point de vue du repos.

Une de ses prérogatives essentielles, c'est d'être toujours en mesure de porter secours aux bâtiments à voiles en péril, et les exemples de sauvetage effectués par les bâtiments qui battent flamme ne peuvent plus se compter. En cours de campagne, un bâtiment isolé est toujours sous le coup d'une mission; que d'intérêts seraient parfois compromis, si, pour une question toute secondaire de nettoyage, un navire se trouvant désemparé était obligé de remettre son départ au lendemain ! Nous pensons donc que le démontage des tubes à bord, sur une grande échelle, pourrait offrir de très-grands inconvénients; la navigation est soumise par elle-même à tant de chances aléatoires, qu'il serait dangereux d'en accroître encore le nombre.

Si maintenant nous entrons dans les détails de construction, nous reconnaîtrons que les précautions infinies prises pour la mise en place des tubes fixes attestent combien cette opération est délicate en elle-même, et combien la rigidité et l'étanchéité des tubes sont indispensables au bon fonctionnement d'un appareil. Le tube amovible proposé offre-t-il les mêmes garanties ? Le procédé de fixation dans la boîte à fumée est parfait, mais il n'en est point ainsi dans la boîte à feu, où précisément se trouvent toutes les chances de destruction. Le tube amovible est tenu là par un simple frottement ! Sans doute, si l'on prend un tube isolément, il y a lieu de croire que le service de l'appareil n'en sera pas dérangé; si même on opère sur des rangées

---

1 Divers systèmes étaient en présence à l'Exposition universelle ; mais comme celui de M. Langlois s'applique seul aux chaudières marines, nous n'établirons pas de comparaisons; nous parlerons des autres modèles au chapitre des chaudières fixes.

isolées, on peut encore espérer que la sûreté de la chaudière ne sera pas compromise. Mais si l'on devait construire un générateur entièrement sur les données de celui qui est exposé sur les bords de la Seine, nous croyons fermement que le navire qui en serait muni ne pourrait pas satisfaire aux exigences d'une campagne lointaine et laborieuse. Ou bien l'on n'oserait pas demander au système tous les bénéfices qu'il promet, ou bien on s'exposerait aux nombreuses chances d'accidents qui sont inhérentes au système lui-même : des fuites nombreuses aux rivures des tubes se déclarent dans des circonstances imprévues, et dans les appareils le mieux construits et le plus soigneusement entretenus ; un moment d'inattention d'un agent subalterne, l'établissement d'une voile sans que la machine soit avertie, un accroissement de brise qui fait incliner le navire, toute circonstance enfin qui surprend le mécanicien au moment où il a un faible niveau d'eau (ce qui est parfois une nécessité). Or, les tubes parfaitement rivés et solidement bagués, qui forment chacun en l'état normal une entretoise rigide, cèdent dans ces circonstances ; combien mieux encore céderait le tube qui ne serait tenu que par un simple frottement déterminé par la pression d'une bague ! On peut se demander ici si c'est le tube plutôt que la plaque de tête qui fléchirait, et si ce n'est pas un sinistre et non une simple avarie auquel on se trouverait ainsi exposé !

Par toutes ces considérations, nous pensons qu'il y a un grand parti à tirer du tube amovible. D'abord, son application aux chaudières des canots et des embarcations serait facile et rendrait un immense service à cette navigation si intéressante qui prend dans toutes les marines un si grand développement. Ensuite nous croyons qu'il y aurait lieu de se servir du tube amovible pour les rangées d'encadrement des faisceaux, horizontalement et verticalement. Dans cette limite qui représente pour la chaudière du type élevé environ 40 p. 0/0, et pour celle du type bas 45 p. 0/0, l'application du tube Langlois serait un progrès exempt de dangers. Sur quatre-vingt-huit tubes qui forment un faisceau du type élevé, trente-quatre pourraient être démontés ; le faisceau restant deviendrait dès lors facilement accessible, et on pourrait, sans peine, le désincruster sur place ; le bâtiment ne serait pas forcément réduit à l'inaction par suite d'un démontage partiel, les plaques de tête conserveraient toute la solidité qu'elles ont dans la construction actuelle, ce qui assurerait un bon fonctionnement du générateur, en même temps qu'il y gagnerait un accroissement de durée.

III.

Générateurs fixes.

§ 1. *Chaudières tubulaires à foyer intérieur, de M. Chevalier, constructeur, à Lyon.* — Dans le même hangar, M. Chevalier a exposé deux systèmes de chaudières d'une construction très-remarquable. Une d'elles est à double foyer intérieur et à tubes amovibles formant retour de flamme; l'autre est à simple foyer et à flamme directe.

La chaudière à double foyer (*Fig.* 13 et 14, Pl. II), se compose d'un cylindre horizontal a, de 1^m45 de diamètre, qui forme le corps principal du générateur. Un deuxième cylindre b, placé au-dessus du premier et communiquant avec celui-ci au moyen de deux fortes tubulures cc, forme le coffre à vapeur, lequel est surmonté d'un petit dôme d, où viennent s'attacher les conduites de la vapeur aux machines. Le foyer cylindrique f, de 0^m70 de diamètre, est divisé en deux parties indépendantes l'une de l'autre par la cloison transversale en briques g ; chacune d'elles constitue un fourneau f.

Les deux bouilleurs h,h, qui communiquent entre eux et avec le corps principal a, reçoivent l'eau d'alimentation et remplissent particulièrement le rôle de réchauffeurs.

La disposition du courant de flamme et de fumée est très-ingénieuse. En arrière de l'autel se trouve la boîte à feu; la flamme et les gaz circulent dans les tubes t, recourbés à leur origine, courts et d'un grand diamètre; ces tubes, qui sont amovibles, évacuent dans les conduits latéraux m, larges à leur base et rétrécis à leur sommet, qui entourent le corps principal a; puis enfin, la fumée s'échappant de ce carneau par un orifice circulaire situé vers le milieu de la longueur de la chaudière, passe dans les carneaux $m'm'$, où elle entoure les bouilleurs h, et se rend dans la cheminée, après avoir été suffisamment refroidie dans son trajet.

Nous avons décrit particulièrement cette chaudière, qui nous paraît une des mieux agencées de celles qui fonctionnent dans le Parc, pour rappeler une fois de plus que les principes généraux des premières chaudières à bouilleurs sont encore en faveur aujourd'hui, et qu'elles ont subi des modifications de détail, sans doute fort ingénieuses, mais qui ne sont pas des inventions dans le sens absolu qu'on pourrait attacher au mot invention.

La chaudière de M. L. Chevalier a conservé les formes cylindriques adoptées par Wolff; seulement les bouilleurs, au lieu d'être situés au milieu du foyer, comme récepteurs principaux du calorique, ne sont plus que des accessoires. Le foyer intérieur garni de ses tubes, moins dangereux que ceux à faces planes, plus efficace, et offrant une surface de chauffe plus étendue, n'est qu'une application heureuse de détails déjà connus. Telle qu'elle est, la chaudière de M. Chevalier mérite d'être appréciée autant dans son ensemble que dans ses parties; c'est certainement une des plus perfectionnées de celles en usage dans l'industrie.

Le deuxième modèle reproduit les dispositions générales que le constructeur a adoptées pour le premier; les différences consistent seulement dans la structure du foyer unique qui est à flamme directe. Les tubes, placés en prolongement du fourneau, sont courts et d'un gros diamètre; les enveloppes en maçonnerie pour l'évacuation de la fumée sont presque identiques. Nous pensons que ce modèle doit offrir moins d'avantages que le précédent au point de vue économique : la régularité du chauffage est plus facile à établir avec deux fourneaux qu'avec un seul; de plus, les carneaux, qui sont moins longs dans le premier modèle, et dans lesquels la fumée suit des directions inverses, doivent favoriser l'équilibre de température dans toutes les parties soit de la chaudière principale, soit des bouilleurs réchauffeurs.

§ 2. *Générateur tubulaire mixte de M. Jules Lecherf* (*fig.* 15 à 18). — Le générateur de M. J. Lecherf est certainement un des mieux étudiés de ceux exposés ou fonctionnant au Champ-de-Mars : la chaudière de Wolff est encore ici la base du système; mais les détails d'installation sont si bien coordonnés qu'on pourrait, avec quelque raison, considérer ce générateur comme un type nouveau. Les bouilleurs *o o* sont plongés dans le foyer et dans le courant de flamme, comme cela a lieu ordinairement; mais la fumée, au lieu de se diviser à l'arrière pour revenir envelopper le gros cylindre par des carneaux latéraux, traverse ce cylindre à retour de flamme par l'intermédiaire d'un faisceau tubulaire, et c'est par l'avant, en formant alors un double retour, que la fumée peut circuler dans les carneaux latéraux *r*; ceux-ci, au lieu d'être situés sous les flancs du grand cylindre, sont placés sur les côtés supérieurs (*fig.* 17, 18), de façon à servir en quelque sorte de sécheurs. L'ensemble des croquis que nous

donnons de ce générateur permet d'apprécier l'agencement général du système et de suivre tous les détails de la circulation
des produits de la combustion. On y voit combien les heureuses
dispositions adoptées par l'inventeur doivent contribuer à l'utilisation du combustible; aussi ce générateur vaporise-t-il, d'après
les procès-verbaux d'expériences, 9 kilogrammes 1/2 d'eau par
kilogramme de charbon , ce qui est un magnifique résultat industriel.

§ 3. *Système fumivore. Foyer à creusets parallèles, Sauret
et C*[ie]. — Il ne s'agit plus ici d'une construction particulière de
chaudière , mais simplement de l'installation économique du
foyer. L'inventeur s'appuie sur cette considération, justifiée dans
la pratique, qu'il est impossible de régler dans un foyer, d'une
façon absolue , la quantité d'air nécessaire à la combustion.
D'une part , il redoute que les parties vides de la grille étant
bouchées par la projection du charbon, l'obstruction n'empêche
le courant d'air nécessaire à la combustion de s'établir ; d'autre
part, il craint que lorsque le chauffeur décrasse la grille, la partie découverte n'occasionne un appel d'air froid considérable,
dont le double inconvénient est de refroidir les parois du générateur et d'entraîner dans l'atmosphère les matières carburées
volatiles qui pourraient être encore utilisées.

Dans le foyer de MM. Sauret, le courant d'air est réglé par
une machine soufflante ; on peut donc ainsi augmenter ou diminuer à volonté l'énergie de la combustion, ce qui est incontesta-
blement un précieux avantage. Nous ne saurions mieux faire
que de donner la description de cette ingénieuse installation,
d'après l'inventeur lui-même. Peut-être pourrait-on un jour , en
la modifiant, l'appliquer aux chaudières marines qui ont besoin
de réaliser encore de grands progrès.

« Soit à opérer sur une chaudière (Voir *fig.* de 19 à 23) munie
« de deux bouilleurs, d'une grille fixe *k* , d'une porte *c*, d'un
« cendrier *c'*, etc., le tout établi dans le système ordinaire.
« L'élévation, moins les deux portes *a' a'* et les conduites d'air
« *rr, ss*, la coupe transversale suivant *jpk*, etc., la coupe lon-
« gitudinale suivant l'axe HI (*fig.* 21), telle qu'elle est figurée,
« représentent la construction de l'ancien foyer.

« Je viens maintenant appliquer le nouveau système pro-
« posé. On enlève dans les massifs, de chaque côté de la
« grille, un volume nécessaire de maçonnerie, de manière à
« ménager l'emplacement des deux creusets *mm* et des deux
« chambres *t,t'* (fig. 20).

« La chemise-enveloppe des deux creusets mm est construite
« en briques réfractaires de première qualité. La voûte est faite
« de briques spéciales, d'un même modèle, ayant 0^m11 de lar-
« geur sur 0^m11 d'épaisseur. A la naissance du demi-cercle de
« 0^m30 de diamètre, se trouve être ménagée, d'un côté et dans
« l'épaisseur de chaque brique, une échancrure de 0^m05 de
« profondeur sur 0^m10 de hauteur. De cette façon, deux briques
« réfractaires accolées, laissent entre elles une ouverture u ayant
« $\frac{0,10}{0,10}$ de section ; c'est par cette série d'ouvertures $u,u,u,$ que
« les flammes doivent s'échapper.

« La coupe longitudinale fg (fig. 22) montre que la hauteur
« des creusets n'est pas constante jusqu'au fond de l'autel z.
« Suivant le nombre de chevaux de force de la machine où l'on
« doit appliquer ce système, on augmente ou l'on restreint la
« capacité qui doit recevoir le combustible, en avançant ou en
« reculant l'autel n dans chacun des creusets.

« Les conduites rr communiquent au ventilateur mû par
« un organe de la machine et amènent l'air (dont on peut ré-
« gler le volume et la vitesse) au milieu et en dessous du com-
« bustible.

« Les conduites rr peuvent à volonté se fixer ou basculer
« dans les fourneaux x, quand on fonctionne ou quand on
« éprouve le besoin d'enlever les scories et les mâchefers qui
« se forment au fond des creusets.

« Les portes $a'a'$ arrivant jusqu'à la naissance des voûtes
« permettent d'effectuer avec facilité la charge du combustible.

« Les coupes transversales JPK et horizontales AB laissent
« voir deux chambres t,t' dans lesquelles les deux con-
« duites ss amènent l'air. Cet air doit se répandre par les
« ouvertures uu dans les voûtes des creusets et en lécher les
« intrados. Les ouvertures uu et celles vv sont disposées de
« manière que le courant d'air entrecroise la direction des
« flammes dans leur passage par vv. On doit, quand la
« marche dans les creusets commence, fermer hermétiquement
« les deux portes yy du cendrier et celle a'' du foyer de l'an-
« cien système. Ces fermetures hermétiques n'ont plus les
« mêmes raisons d'être quant aux deux portes $a'a'$ des creusets.
« Avec le nouveau foyer, la quantité d'eau vaporisée est au mi-
« nimum de 8 kilogrammes par kilogramme de combus-
« tible.

« Dans le système ordinaire, il faut, pour obtenir un tirage
« convenable, avoir une température d'environ $400°$ à la

« base de la cheminée ; de là une perte de 20 à 25 p. 0/0 du
« combustible employé. Pour les creusets, cette température
« dans la cheminée n'est plus que de 90 à 110 degrés, et, mal-
« gré que le ventilateur absorbe de 30 à 50 kilogrammètres
« pour une force de dix à vingt chevaux, on obtient encore une
« économie sensible sur cette perte de 20 à 25 p. 0/0 qui vient
« d'être signalée. »

§ 4. *Foyer fumivore de M. de Chodzko.* — M. de Chodzko a
exposé un foyer fumivore qui, d'après de nombreux témoi-
gnages, présenterait de sérieux avantages.

Cet ingénieur a voulu, avant tout, supprimer les complications
mécaniques, et il y est parvenu en disposant son foyer ainsi que
l'indique le croquis fig. 24 (pl. III).

a, est une grille ordinaire sur laquelle le charbon est renou-
velé selon les besoins de la combustion ; la flamme, la fumée et
les gaz qui s'y développent viennent heurter la voûte *h*, et, forcés de dévier pour continuer leur course vers la cheminée,
passent au-dessus de la grille *b*. Cette dernière est entretenue
au moyen du charbon préalablement allumé et en quelque sorte
réduit l'état de coke sur la grille *a*. Le chauffeur, avant de procéder
à une charge nouvelle de la grille *a*, doit veiller à l'entretien de
la grille *b*, et, à cet effet, repousser avec son ringard le coke incandescent qui se trouve sur la grille *a*. L'installation de ce
foyer est facile et peu coûteuse. Le jury international a accordé
à M. de Chodzko une mention honorable.

§ 5. *Générateur tubulaire à foyer et faisceau tubulaire mobile, pour le nettoiement, de M. Farcot et fils.* — Le générateur
que nous allons décrire mérite une mention toute spéciale pour
l'ingénieuse disposition de son fourneau amovible.

L'appareil tout entier repose sur trois supports en fonte *zzz*
(fig. 25 et 26) ; le corps principal de la chaudière *a* est à foyer
intérieur et à flamme directe ; il est surmonté d'un deuxième
corps *b* qui renferme un certain volume d'eau et le coffre à
vapeur ; au-dessus de ce dernier se trouve un petit dôme *c* sur
lequel s'effectue la prise de vapeur de la machine. Les deux
parties de la chaudière communiquent entre elles au moyen de
deux fortes tubulures *t* et sont entièrement recouvertes par
une hotte *hh* formée par deux enveloppes en tôle distantes de
quelques centimètres, intervalle que l'on remplit d'un enduit
plastique ou d'une maçonnerie en briques. La fumée et les
flammes qui s'échappent par l'extrémité des tubes envahissent
toute la capacité de la hotte, enveloppent les deux corps de la

chaudière, le dôme, et viennent évacuer dans le sous-sol, au-dessous du fourneau, par un orifice conduisant à la cheminée et dans lequel est placé le registre *r*.

La paroi du corps principal porte à l'intérieur, sur les génératrices du plan horizontal passant par son centre de figure, deux rails *k* sur lesquels le foyer intérieur et l'appareil tubulaire qui en forme le prolongement s'appuient et peuvent glisser par l'intermédiaire de deux forts galets *v* et *x*. Il suffit donc, pour opérer le démontage du système, de défaire les joints *p* et *e* qui sont aux extrémités. Lorsque la séparation est établie, on adapte sous le foyer un troisième galet qui repose alors sur un rail fixé au sol, et le fourneau peut continuer sa course sans basculer au moment où son centre de gravité sort de l'enveloppe.

A l'intérieur du corps *b* et à sa partie supérieure, est placé un tuyau longitudinal *oo*, qui porte sur la longueur de sa génératrice la plus élevée une large rainure et au-dessous du dôme un vaste orifice circulaire. La vapeur qui se dégage de la surface du liquide en ébullition, entre dans le tuyau par la rainure et afflue dans le coffre par l'ouverture circulaire.

On comprend que par ces dispositions, la vapeur doit arriver au coffre sans pertubations et parfaitement sèche. L'ensemble de l'arrangement des parties, dans la chaudière de M. Farcot, permet un nettoyage intérieur très-complet, ce qui doit assurer un fonctionnement économique et une sécurité parfaite.

§ 6. *Chaudières inexplosibles à vapeur instantanée et surchauffée, système Hédiard et Joly, d'Argenteuil.* — Le principe sur lequel repose la construction des générateurs de MM. Hédiard et Joly est exactement le même que celui adopté bien antérieurement par M. Belleville, mais les dispositions de l'appareil sont essentiellement différentes.

Le foyer *f* (fig. 27 et 28) est très-court ; trois bouilleurs inclinés *aaa* sont placés au-dessus du foyer parallèlement à la grille et se prolongent dans la boîte à feu. A l'arrière de l'appareil est placé, transversalement au foyer, un cylindre *b* gros et court et terminé par deux hémisphères ; il communique par sa partie basse avec les bouilleurs *a*, au moyen du tuyau direct *a'* muni d'un robinet, et par sa partie supérieure au moyen des circuits tubulaires *b'b'b'*. Ainsi qu'il est facile de s'en rendre compte, les bouilleurs *a*, qui ont un diamètre assez grand et dans lesquels l'eau d'alimentation entretient une circulation continue, ne sont pas susceptibles d'être brûlés. Quant aux tubes $b'b'b'$, placés dans un courant de flamme bien installé, leur explosion ne pourrait être dangereuse en aucun cas.

La vapeur formée dans le cylindre b et qui s'accumule dans le coffre c, sort par le tuyau m' et vient de nouveau traverser les courants de flamme dans les tubes mm qui forment plusieurs circuits; c'est dans ce dernier parcours qu'elle se sèche et se surchauffe.

Cette chaudière est déjà répandue dans l'industrie; elle paraît avoir donné jusqu'ici d'excellents résultats, autant à cause de la rapidité avec laquelle elle peut être mise en pression et de la facilité de son entretien, qu'à cause de l'économie de combustible qu'elle réalise.

§ 7. — *Chaudière anglaise en fonte de fer.* — Un constructeur anglais, M. Green, a exposé une chaudière assez originale dont toutes les parties principales sont en fonte de fer.

Soit a (fig. 29 et 30), un tuyau en fonte fermé à ses deux extrémités et portant dans toute sa longueur des tubulures $a'a'$... sur lesquelles sont montés des anneaux en fonte bb... armés chacun de deux tubulures situées aux extrémités d'un même diamètre. Ces anneaux sont reliés par leur partie supérieure à un tuyau c semblable au tuyau a ; enfin, un troisième tuyau d, également relié au précédent par des tubulures, surmonte le tout. Un tube de niveau d'eau m réunit les deux tuyaux supérieurs, d'où il résulte que lorsque l'appareil est en fonction, les anneaux, ainsi que les deux tuyaux auxquels ils sont réunis, sont entièrement pleins d'eau ; le tuyau supérieur sert de coffre à vapeur.

Le fourneau est situé à l'intérieur des premiers anneaux, et le système entier est enveloppé par une maçonnerie en briques qui supporte à son extrémité opposée au fourneau une cheminée ordinaire.

Il ne nous a pas été possible d'obtenir des renseignements précis sur ce générateur. Les données sur lesquelles il a été construit ont évidemment de l'analogie avec celles qui servent de base aux systèmes Belleville, Hédiard et Joly ; seulement, l'emploi de la fonte implique d'une part un extrême bon marché dans le prix de la construction, et d'autre part ce générateur ne nous paraît susceptible d'emploi que dans les localités où le combustible abonde, car, sous le rapport de l'économie, il nous paraît laisser beaucoup à désirer.

§ 8. *Chaudière de Thomson* (*Thomson's patent steam boiler*). — Cet appareil, dont nous avons vu seulement le dessin, rappelle à l'idée les chaudières de M. Ch. Beslay, expérimentées il y a plus de vingt années. Cependant, les dispositions du générateur anglais sont plus pratiques et l'industrie pourra en faire d'heureuses applications. La forme cylindrique verticale permet de le loger dans un espace très-restreint ; la visite des parties internes en est très-facile.

La chaudière Thomson se compose d'un cylindre vertical *oo* '(fig. 31) formant le corps principal, et d'un tronc de cône *ff* qui constitue le foyer. A l'intérieur du foyer et recevant le coup de feu direct, se trouve placée la sphère B, largement ouverte à sa partie supérieure et réunie au tronc de cône par la plaque *ie*. Le cylindre est fermé à sa partie supérieure par une plaque de tête KR, au milieu de laquelle se trouve une ouverture fermée par un autoclave. Les plaques *ie* et K R sont réunies par un faisceau tubulaire disposé circulairement autour du trou d'homme et par une série de tirants.

. La cheminée, munie d'une hotte en tôle, est placée au-dessus de la couronne de tubes.

La sphère, la lame d'eau comprise entre l'enveloppe cylindrique et le foyer, et une partie du cylindre lui-même sont remplies d'eau. La flamme, après avoir agi directement sur la sphère et léché les parois du foyer, circule par l'étroit espace annulaire *f,f* compris entre la sphère et le foyer et passe dans l'intérieur des tubes, d'où elle se rend à la cheminée.

Dans cet appareil, les tubes remplissent l'emploi de sécheurs par leur partie supérieure, tandis que leur partie inférieure concourt à la production de la vapeur. Le croquis que nous donnons de cette chaudière montre clairement combien il est facile d'opérer le nettoyage, soit des parties qui contiennent l'eau et qui sont exposées à recevoir les dépôts calcaires, soit de celles qui sont exposées au feu et qui, par conséquent, peuvent être recouvertes de suie.

§ 9. *Machines à vapeur verticales ; chaudières à bouilleurs et à foyer intérieur de MM. Hermann-Lachapelle et Ch. Glover.* — Nous avons vu avec intérêt ces petites machines dont tous les détails sont parfaitement étudiés. Le plus grand nombre des progrès réalisés dans les grands appareils ont trouvé ici une heureuse application. Le cylindre enveloppé d'une chemise où la vapeur circule suivant le principe de Watt, la détente variable, le réchauffeur d'alimentation par la vapeur d'échappement, sont autant de détails qui concourent à la régularité du mouvement, tout en assurant un emploi économique. La chaudière à bouilleurs, qui peut facilement s'isoler de l'ensemble, a une grande surface de chauffe, ce qui permet d'employer indifféremment comme combustible le bois, la tourbe, le coke ou le charbon de terre. L'emplacement occupé par l'appareil tout entier est très-restreint ; l'entretien et les réparations du générateur, comme celles du moteur, sont faciles à opérer.

§ 10. *Moteur à chaudière inexplosible non tubulaire de MM. Alfred Maulde et Wibard* (fig. 32). — Cet appareil tient à la fois de la machine fixe et de la locomobile. Ici, la chaudière peut encore, à volonté, être isolée de la machine ; elle est située dans une colonne creuse en fonte qui sert de support au mécanisme. Dans le socle creux de la colonne qui sert de cendrier, est ménagé un espace annulaire dans lequel l'eau d'alimention s'échauffe avant d'être introduite dans le générateur.

La légende du croquis (fig. 32) donnera une idée complète du générateur, qui est la partie remarquable de cet élégant moteur.

a Foyer.	*g* Colonne-bâtis de la machine.
b Bouilleur cylindrique.	*h* Grande ouverture dans la colonne pour laisser libre la porte *i* du fourneau et le tube de niveau.
c Lame d'eau.	
d Réservoir de vapeur.	
e Réservoir d'eau d'alimentation.	
f Trou de bras pour nettoyage.	

§ 11. *Machine à ammoniaque de M. Frot.* — Cette machine fonctionne avec un mélange de vapeur d'eau et de gaz ammoniac dans lequel ce dernier entre pour environ 80 pour cent.

La facilité avec laquelle le gaz ammoniac peut être vaporisé constitue toute l'économie du système ; ainsi, d'après l'inventeur, une dissolution pesant 19° au pèse-alcalis et portée à la température de 110°, fournit une pression de six atmosphères en marche normale. Ce système peut s'appliquer à toutes les chaudières ordinaires à vapeur, en fer. Nous ne pouvons porter aucun jugement sur cette innovation ; il faudrait, pour émettre une opinion impartiale, suivre préalablement une série d'expériences ; mais si, comme l'espère l'inventeur, ce mode de production de la vapeur motrice a une valeur pratique, l'industrie en fera promptement l'application, afin de réaliser sans retard toutes les économies qui doivent résulter de son emploi.

§ 12. *Générateurs divers.* — Un grand nombre de générateurs fonctionnent au Champ-de-Mars ; tous se rattachent par certains côtés aux types que nous venons de décrire. Nous n'avons pas toujours pu obtenir les renseignements désirables sur un certain nombre de chaudières qui cependant offrent à l'étude un vaste champ d'investigations. Plusieurs constructeurs ont conservé la chaudière de Wolff avec quelques modifications de détails. Nous citerons particulièrement la chaudière de M. Quillac, d'Anzin, avec réchauffeurs latéraux et foyers fumivores; celle de M. Boyer, de Lille, munie d'une grille fumivore et de tubes réchauffeurs. M. Meunier a apporté tous ses soins à la constrction du générateur tubulaire; l'usine Cail, Mme veuve de Coster ont exposé des chaudières à tubes amovibles.

Il y a enfin des constructeurs qui, comme M. Lecherf, ont créé un type mixte à l'intention de réunir tous les avantages des deux types précédents, tout en en évitant les défauts; telles sont les chaudières de M. Durenne, qui ont l'avantage d'économiser le combustible et d'être promptement mises en pression.

Il ne nous a pas été possible d'examiner sur ces générateurs en fonction le moyen de fixation employé pour les tubes amovibles; nous savons toutefois qu'il est des constructeurs qui vissent leurs tubes dans les deux plaques de tête; que dans une chaudière allemande, les tubes sont retenus et rendus étanches au moyen de presse-étoupes; que M. Ch. Rey emploie des tubes forcés dans les plaques de tête et bagués par un seul bout; mais en général, les tubes amovibles se démontent par faisceaux, le foyer n'étant fixé au corps principal que par un joint boulonné.

Nous mentionnerons plus particulièrement le système Bérendorff, consistant en une bague tronc-conique, fixée sur chacune des extrémités du tube, et destinée à remplir par emboîtage forcé les trous de même forme pratiqués dans les plaques de tête.

Sauf les réserves que nous avons formulées dans le dernier paragraphe du chapitre précédent, nous pensons qu'il y aurait économie à préférer le tube Bérendorff au tube Langlois, même pour les chaudières marines.

IV.

Enveloppes isolantes des chaudières. Surchauffeurs, appareils fumivores.

Lorsque pour la première fois on installa une machine à vapeur sur un navire, on ne se préoccupa pas des conditions économiques dans lesquelles cette installation pourrait être faite , mais uniquement de ses résultats immédiats sur la propulsion du bâtiment. Les premiers essais donnèrent dès l'origine la certitude d'un brillant succès dans un avenir prochain. Toutes les tentatives, toutes les recherches portèrent dès lors sur les perfectionnements à apporter aux appareils mécaniques, sur la construction des générateurs, sur les meilleures relations à établir entre la puissance des machines et la résistance des coques, sur l'application des meilleurs propulseurs, et enfin sur le perfectionnement à apporter aux constructions navales elle-mêmes qui, destinées à un service tout nouveau, devaient subir de grandes modifications.

Les travaux de nos ingénieurs furent couronnés de succès aussi rapides qu'inattendus ; plus tard on s'aperçut que l'œuvre ne serait complète que lorsque la perfection des détails répondrait à la grandeur de l'ensemble.

Après la solution du problème de la propulsion rapide, se posa naturellement la question économique qui en résume plusieurs autres, au rang desquelles il faut placer l'hygiène navale.

Nos bâtiments de guerre à voiles étaient des types d'ordre, de propreté et de salubrité : l'introduction du charbon à bord, les ramonages fréquents, les mouvements d'escarbilles, les eaux chaudes répandues dans les cales, mélangées aux matières grasses qui s'écoulent des mouvements des machines , la température élevée des logements inférieurs créèrent un nouvel état de choses contre les conséquences duquel il fallut réagir vigoureusement, afin de ramener le bâtiment à vapeur aux conditions hygiéniques qui étaient de tradition dans la marine à voiles.

Economiser le charbon devint un mot d'ordre général ; il fallait. après avoir construit un générateur de vapeur, économique, empêcher les pertes de calorique qui n'étaient pas inhérentes au système lui-même, mais qui résultaient de son installation. Le corps d'une chaudière en tôle, porté à une haute température, rayonnant sur tous les corps environnants avec une grande énergie, on pensa à entourer les chaudières de corps mauvais conducteurs du calorique. Nous examinerons plus loin la valeur des divers procédés soumis à l'expérience, mais nous dirons dès à présent que la solution théorique de cette intéressante question a été aussi complète que son application a été généralement défectueuse.

La vapeur produite dans les générateurs marins, dont les dimensions sont aussi restreintes que possible, avait l'inconvénient d'entraîner dans les cylindres un volume d'eau qui nuisait autant au fonctionnement de la machine qu'au développement de sa puissance; on eut l'idée d'utiliser la chaleur qui se perd par la cheminée en établissant des sécheurs, sorte de récipients dans lesquels la vapeur peut être débarrassée de l'eau qu'elle entraîne; cette idée reçut plus tard un grand développement par l'invention des surchauffeurs qui, en dépouillant la fumée de son excès de calorique, permettent l'emploi de la vapeur à une température élevée, sous une même pression et par conséquent avec une notable réduction du poids de la chaudière. De là, un double résultat : économie de combustible, espace plus grand donné pour approvisionner le navire de charbon.

La suppression de la fumée, tant au point de vue de l'économie (puisqu'elle emporte au dehors du foyer une partie appréciable de particules combustibles) qu'au point de vue de la stratégie maritime (puisqu'elle trahit la présence d'un navire dans le lointain) attire également l'attention des ingénieurs. Si le problème de la fumivorité n'est pas encore résolu, des résultats sérieux sont obtenus, et bientôt l'industrie et la marine enregistreront définitivement un progrès nouveau.

§ 1. *Enveloppes destinées à empêcher le rayonnement des parois des chaudières.*—En 1857, un industriel rouennais, M. Pimont, obtint de l'administration de la marine d'expérimenter au port de Cherbourg, dans divers établissements de l'arsenal et sur plusieurs bâtiments de la flotte (sur la frégate de 800 chevaux l'*Impétueuse* notamment), un enduit isolant qu'il nommait Calorifuge plastique. La matière employée était une terre bien broyée, mélangée de bourre animale; l'épaisseur de la couche appliquée, dans la masse de laquelle on noyait un grand nombre de lattes en bois, était d'environ $0^m 5$ à $0^m 6$. La surface du Calorifuge plastique était lissée à la truelle et recevait ensuite plusieurs couches de peinture. Cette expérience n'eut pas de succès. La bourre renfermée dans la composition était promptement calcinée et détruite, et les parois verticales, sous l'ébranlement causé par le tirage, étaient rapidement mises à nu. il est à remarquer que cette enveloppe extrêmement lourde prenait une température assez élevée et que c'est seulement à une quadruple couverture de laine feutrée que l'on pouvait attribuer l'abaissement de la température dans la chambre de chauffe.

L'application du procédé Pimont, aussi coûteux qu'inefficace, vient d'être renouvelée sur deux des quatre corps de chaudières du *Friedland* exposées sur la berge de la Seine; nous pensons que cette question, déjà jugée depuis longtemps, ne pourrait être étudiée de nouveau que sur un bâtiment armé. Les chaudières du *Friedland* ont ici toutes les qualités des générateurs fixes, sur lesquels l'application Pimont peut être excellente; mais à la mer, les mouvements du navire modifient singulièrement les conditions de l'expérience, et nous inclinons à penser que les résultats ne sauraient être plus avantageux en 1867 qu'ils ne l'ont été dix années auparavant.

Dans la marine impériale, on emploie depuis plusieurs années pour couvrir les chaudières un feutre foulé, de grande épaisseur, qui donne de bons résultats. Ce procédé n'a pas comme le précédent l'inconvénient de charger le navire d'un poids relativement assez grand. Nous avons vu sur plusieurs bâtiments le feutrage appliqué avec un grand soin, et certes, si cette application est onéreuse (et elle l'est moins que celle du Calorifuge plastique Pimont, qui exige d'incessantes réparations), on peut dire que les services qu'elle rend sont considérables.

Sur le yacht impérial le *Jérôme-Napoléon*, en 1860, on a feutré et doublé en bois les deux corps de chaudières; ce navire a pu tenir la mer par un coup de vent extrêmement violent, avec ses panneaux condamnés et recouverts de bâches en cuir clouées sur leur pourtour. Il est à remarquer qu'à bord des bâtiments étrangers tous ces détails sont mieux soignés que sur les nôtres; aussi émettons-nous le vœu que la question du feutrage soit l'objet d'une étude nouvelle dont les résultats donneraient lieu à des dispositions réglementaires. Sans faire des dépenses relativement élevées, comme à bord du *Prince-Jérôme*, on pourrait obtenir un excellent feutrage; ce serait un résultat important, tant au point de vue de l'hygiène du bâtiment qu'à celui de l'économie de combustible.

§ 2. *Appareils de surchauffe.* — Nous avons dit plus haut que la vapeur produite par les chaudières tubulaires arrivait souvent aux cylindres en entraînant une certaine quantité d'eau, et que pour obvier à cet inconvénient on avait imaginé de bonne heure les appareils sécheurs ; il n'était pas question encore de surchauffer le fluide pour en économiser l'emploi.

Sur les vaisseaux le *Jean-Bart* et l'*Austerlitz*, l'usine d'Indret avait placé au rond-point des quatre chaudières qui formaient l'appareil évaporatoire de chacun de ces vaisseaux, un coffre à vapeur commun aux quatre corps, situé à la base de la cheminée. Ce coffre était divisé en quatre compartiments étanches, communiquant chacun à un corps de chaudière distinct, par une tubulure, et les quatre compartiments versaient ensuite leur vapeur dans une boîte en fonte contenant les soupapes d'arrêt. De cette façon, on pouvait à volonté isoler une partie de l'appareil sans qu'il en résultât d'inconvénient. Il ne manquait au coffre supplémentaire qu'un plus grand développement de surface de chauffe pour avoir toutes les qualités d'un surchauffeur.

Surchauffeur de M. Delafond. L'appareil du commandant Delafond, expérimenté sur plusieurs bâtiments de la flotte, est exposé au Champ-de-Mars à l'état de dessin seulement. Les croquis comprenant les figures de 34 à 37 donnent une idée de cet excellent appareil. Soit un demi-anneau en fonte de fer (fig. 34 et 35 dont on voit la section transversale fig. 36) ; si cet anneau est fermé par ses deux extrémités et qu'une cloison k soit établie à son milieu, si d'autre part une série de tubulures 1. 1, 2. 2, 3. 3, 4. 4, 5. 5, sont reliées par des tubes en fer coudés aa, bb, on comprend que la vapeur introduite dans l'anneau par la tubulure m ne pourra sortir par la tubulure n qu'après avoir parcouru ces tubes qui présentent à l'action de la flamme et de la fumée une très-grande surface. En disposant plusieurs rangs d'anneaux, comme il est indiqué fig. 36, suivant l'axe o, n (fig. 35) et suivant la coupe fig. 37, on peut donner au surchauffeur de vastes proportions sans créer dans la cheminée une obstruction à la circulation des gaz chauds. Les tubes se projettent horizontalement sur les anneaux, et l'appareil tout entier est recouvert par un renflement qui forme la base de la cheminée. Il faut en général quelques heures pour que l'équilibre de température s'établisse entre la machine et le générateur ; mais dès que les cylindres ont pris la température de la vapeur surchauffée, la machine prend une allure plus vive et fonctionne désormais avec une plus grande régularité. L'opinion de M. Delafond est que le surchauffeur peut toujours être employé avec tout son développement de puissance ; nous émettons un avis contraire et nous estimons qu'il faut toujours maintenir une communication directe de la chaudière avec la machine, afin de pouvoir modérer la surchauffe au besoin. Il arrive quelquefois que la vapeur afflue dans les cylindres avec un excès de température ; les garnitures des presse-étoupes sont alors fort compromises ; il est utile, dans ce cas, d'avoir un moyen d'employer la vapeur humide comme modérateur pour ramener la température à 150°, limite raisonnable que l'on peut toujours atteindre et conserver avec sécurité [1].

Surchauffeur à lames. — Moins volumineux que le précédent, et ayant moins de développement en hauteur, ce surchauffeur est en ce moment adopté pour les bâtiments de la marine impériale.

La figure 38 en représente la disposition : la vapeur sort de la chaudière par la tubulure *a* ; elle circule, suivant le sens des flèches, dans les lames, et elle sort de l'appareil par la tubulure *b* pour se rendre dans la machine.

L'agencement de ce surchauffeur est très-simple, mais il n'en est pas de même de sa construction qui exige de grands soins. Toutes les jonctions, qui doivent être parfaitement étanches, présentent de grandes difficultés d'exécution et les réparations doivent être extrèmement difficiles à opérer. Quant à la puissance de surchauffe, elle doit être modérée, la somme des surfaces de chauffe n'étant pas très-grande. Ce surchauffeur est appliqué aux chaudières du *Friedland*. Nous pensons que si des considérations essentiellement militaires ont pu le faire préférer à l'appareil de M. Delafond pour les bâtiments cuirassés, ce dernier doit être mis au premier rang pour les avisos et les navires du commerce.

§ 3. *Appareils fumivores.* — Dans le chapitre précédent, nous avons détaillé un certain nombre de dispositions adoptées, sur les machines fixes pour assurer la fumivorité des chaudières, condition aujourd'hui imposée par l'administration à tous les industriels ; il nous reste à parler des tentatives faites pour rendre également fumivores les générateurs marins. En première ligne, se présente l'appareil de M. Thierry, déjà expérimenté dans les arsenaux et sur plusieurs bâtiments de la flotte.

---

[1] Il est bien entendu que cette surchauffe de 15° s'applique à la vapeur produite à la pression normale des chaudières réglementaires. Il est connu, d'ailleurs, que la vapeur non surchauffée employée à de très-hautes pressions au sortir de la chaudière n'a aucun inconvénient pour les surfaces du cylindre. La surchauffe n'est utile que dans le cas des pressions modérées ; elle serait dangereuse pour des pressions élevées, si l'écart des températures devait être d'une certaine grandeur.

M. Thierry prend la vapeur sur le sommet de la chaudière, afin de l'avoir aussi sèche que possible ; il fait passer un tuyautage dans les boîtes à fumée, de façon à sécher, à surchauffer le même fluide ; sur la sole du foyer se trouve une boîte qui encadre la porte du fourneau, sans gêner la manœuvre des outils de chauffe. Cette boîte reçoit la vapeur et la porte sur le feu suivant des directions déterminées ; les souffleries à la vapeur ainsi établies, forcent la fumée à tourbillonner sur elle-même à mesure qu'elle se dégage du combustible et à se brûler complétement au contact du charbon incandescent. Nous avons assisté pendant une journée entière aux essais qui ont eu lieu sur le remorqueur le *Robuste* de la direction du port de Toulon. Pendant la traversée de Toulon aux îles d'Hyères, on n'employa pas le fumivore, mais on tint compte du poids du combustible brûlé, combustible de diverses provenances préalablement mis en sacs, et donnant une fumée d'une intensité modérée. Au retour, qui s'effectua dans des conditions identiques de vent et de mer, la fumivorité était complète : on la faisait naître ou bien on l'annihilait à volonté, par la simple manœuvre d'un robinet. La consommation de combustible fut sensiblement moindre que dans la traversée d'aller ; l'économie constatée fut d'environ 10 à 11 p. 0/0. Cette expérience eut un plein succès. Un fumivore Thierry est appliqué à l'un des corps de chaudières du *Friedland*, et donne de bons résultats. Les détails d'exécution sont très-bien entendus pour assurer la durée du système. Nous avons particulièrement remarqué la disposition nouvelle de la porte du fourneau qui permet de suivre, au moins pendant quelques instants, le fonctionnement du fumivore sur la couche de charbon incandescente. La porte est percée de petites fenêtres rectangulaires ; une plaque de tôle, susceptible de glisser entre deux petites coulisses, porte des fenêtres semblables à celles des portes ; un simple mouvement de déplacement de la glissière permet de jeter un coup d'œil sur le foyer, ce qui évite d'ouvrir la porte entièrement et par conséquent d'introduire un courant d'air froid qui est toujours désavantageux pour la production de la vapeur.

Un deuxième appareil fumivore, également appliqué à l'un des corps de chaudières du *Friedland*, et construit sur les indications de M. l'ingénieur Courbebaisse, a attiré notre attention. Le principe sur lequel repose ce fumivore a beaucoup d'analogie avec celui de M. Thierry. La boîte soufflante dans le système de ce dernier constructeur, est remplacée par deux tuyaux qui sont situés dans le foyer même, un peu au-dessus de la couche incandescente, un de chaque côté du foyer ; l'origine de chacun de ces tuyaux (qui sont fermés à leur autre extrémité) est munie d'un entonnoir allongé placé dans l'angle supérieur correspondant du cendrier. Les prises de vapeur sèche, analogues à celles de M. Thierry, mais d'un calibre beaucoup plus petit, viennent déboucher dans le fond des entonnoirs et engendrent un violent appel d'air par entraînement, absolument comme dans les *trompes* employées dans les Alpes pour les souffleries des hauts-fourneaux. L'air ainsi aspiré afflue dans un milieu soumis à une haute température, se dilate, et doit ainsi augmenter l'énergie de la soufflerie. Cette combinaison est très-ingénieuse, et surtout économique, mais l'appareil présente des inconvénients qu'il est important d'apprécier. Les tuyaux souffleurs sont percés d'un rang de petits trous, dont les directions sont alternées pour répartir la soufflerie sur des points déterminés de la surface de la grille ; pendant que l'appareil fonctionne, s'il est bien surveillé, il ne court pas de grands risques, mais dès qu'il y a nécessité d'en interrompre le fonctionnement, les tubes sont promptement brûlés et détruits. Déjà les tubes souffleurs du *Friedland* sont réduits d'une partie de leur longueur. La boîte de M. Thierry nous paraît donc d'un emploi plus pratique, et nous pensons, en outre, que les projections de la vapeur sur le foyer, dans des directions longitudinales (sens dans lequel la flamme, la fumée et les gaz se développent et circulent au-dessus de la couche incandescente) doivent donner un résultat plus complet que les projections dans le sens transversal adoptées par M. Courbebaisse. En résumé, jusqu'ici nous n'hésitons pas à formuler notre préférence en faveur de l'appareil Thierry dans son application à la marine.

Conclusions.

Les renseignements que nous avons pu recueillir et les observations directes que nous avons faites, sur les appareils décrits dans les chapitres précédents, nous conduisent aux conclusions suivantes :

L'alimentation des chaudières marines, à l'eau douce, par l'addition des condenseurs à surface ou des régénérateurs, ne peut pas satisfaire aux exigences d'une longue traversée. A ce sujet notre opinion est formelle. L'emploi de l'eau de mer présente sans nul doute des inconvénients, mais mieux vaudrait chercher à les atténuer qu'à compliquer par de nouveaux appareils encombrants et d'un fonctionnement trop sujet à des avaries, le service de surveillance et d'entretien du moteur à vapeur.

Parmi les systèmes de chaudières alimentées à l'eau de mer, le système tubulaire à retour de flamme a donné les meilleurs résultats, et c'est le type réglementaire dans la marine impériale qui, dans son ensemble aussi bien que dans la plus grande partie de ses détails, présente les plus grands perfectionnements.

Cependant, il est encore susceptible d'améliorations notables. La quantité de chaleur produite dans les foyers, comparée à celle utilisée, donne encore un rapport bien faible pour ne pas essayer de l'augmenter.

Il ne faut pas perdre de vue que l'espace réservé au logement du combustible à bord est essentiellement limité; par conséquent, à dimensions égales d'ailleurs et avec des machines identiques, le navire qui aura le générateur le plus perfectionné aura les plus grands éléments de puissance.

Dans les chaudières de ce type, les causes de perte sont : 1° le calorique évacué par la cheminée; 2° le rayonnement; 3° le calorique perdu par l'extraction; 4° l'inconductibilité de la suie et des sels; 5° l'arrivée de l'eau d'alimentation dans la chaudière à une basse température et l'introduction abondante de l'air froid dans les fourneaux pendant les diverses opérations que nécessite l'entretien des feux.

Les gaz s'élèvent dans l'atmosphère par la différence de leur densité à celle de l'air extérieur ou par la différence des températures. L'expérience a fixé les limites entre lesquelles les gaz de la combustion peuvent s'écouler au dehors avec une vitesse suffisante pour entretenir la combustion dans le foyer, sans entraîner inutilement au dehors une partie de la chaleur donnée par le combustible. Ces limites sont entre 200 et 300 degrés; mais avec les dispositions actuelles des générateurs marins, cette dernière température est toujours dépassée et de beaucoup; il faut donc aller prendre dans la cheminée la chaleur qui s'y trouve inutile et l'utiliser au profit du rendement général de l'appareil. L'entraînement de l'eau par la vapeur et le refroidissement de cette dernière pendant le parcours très-long dans les tuyaux sont des causes de la grande différence entre la pression à la chaudière et la pression initiale au cylindre. Les surchauffeurs procurent le double avantage de vaporiser les molécules d'eau entraînées et de soutenir la pression initiale. De semblables résultats ne sauraieut être dédaignés, ils doivent entraîner la généralisation de l'emploi de ces appareils.

Toutefois, il est utile de ne pas oublier que la cause la plus immédiate des entraînements d'eau par le fluide est la mauvaise disposition des prises de vapeur au sommet des chaudières. Le tuyau intérieur ne prend la vapeur que sur un seul point d'une petite surface relativement à celle du liquide ; il en résulte que la pression sur cette dernière, dans les parties les plus éloignées de l'orifice d'écoulement, doit être plus forte que dans le voisinage de cet orifice, où le liquide est pour ainsi dire aspiré. Ces différences de pression doivent produire des perturbations dont les conséquences permanentes sont un accroissement de dépense de combustible, une diminution de la vitesse des pistons, et dont les risques sont des chocs dans les cylindres et même la rupture de ces derniers. Un tuyau intérieur, tel que M. Bourdon, ancien ingénieur du Creuzot, l'a employé avec succès sur plusieurs bâtiments, ou tel que M. Farcot l'emploie aujourd'hui (Voir page 527), ferait disparaître les causes de pareils désordres, en même temps que l'action du surchauffeur serait mieux assurée et toujours régulière.

La température exagérée de la base de la cheminée élève celle des faux-ponts jusqu'à les rendre presque inhabitables. Pour améliorer cette fâcheuse situation, on a songé à placer des appels d'air dans la cheminée ; mais il y aurait peut-être un meilleur parti à tirer de cette chaleur perdue. Par exemple, on pourrait établir à la base de la cheminée une lame d'eau étanche, dans laquelle on ferait à volonté circuler l'alimentation ; ou bien encore, utiliser cet espace comme un élément direct du surchauffeur. Dans ce dernier cas, en feutrant la surface extérieure, une somme considérable de calorique serait restituée à la chaudière, au double profit du combustible et de l'hygiène du bâtiment.

Brûler la fumée à bord d'un navire de guerre, c'est, avonsnous dit, augmenter la puissance des moyens d'attaque, assurer le succès d'une retraite et réaliser une économie. La question pratique de la fumivorité doit donc tenir un des premiers rangs parmi celles à l'étude.

Les chaudières pourraient être préparées à recevoir un feutrage économique et parfait avant leur embarquement, de façon que, aussitôt qu'elles auraient été déposées à bord, le travail pût être achevé promptement et facilement. A cet effet, on pourrait leur faire subir les épreuves réglementaires à froid et à chaud

dès qu'elles sont livrées par le constructeur. Il n'y aurait plus
ensuite à s'occuper d'expériences à ce sujet, et aussitôt la chaudière affalée dans le navire, on pourrait y appliquer le feutre,
le recouvrir de fortes toiles rendues imperméables par des
couches de peinture, et fixées par de solides armatures en fer
plat établies sur tous les bords du feutrage.

Cette manière d'opérer aurait pour conséquence, non-seulement la préservation de la perte de chaleur par rayonnement,
mais encore d'empêcher l'eau qui s'écoule accidentellement sur
les chaudières de s'infiltrer dans le feutrage et d'attaquer extérieurement les tôles. La température des soutes, qui entourent
les générateurs, serait modifiée, et le service si pénible des
soutiers serait amélioré.

Plusieurs tentatives ont été faites en France et à l'étranger
pour utiliser la chaleur perdue par l'extraction; elles ont, en
général, donné des résultats négatifs; mais la cause de l'insuccès
était dans l'application et non dans le principe même qui avait
servi de base à la construction des appareils essayés.

Les progrès réalisés dans l'installation des organes accessoires
des chaudières permettent d'aborder de nouveau cette question
avec la certitude d'un résultat pratique.

On a placé, jadis, au fond des cales, un appareil composé de
deux tuyaux concentriques; dans l'un circulait l'eau d'alimentation, dans l'autre, et en sens inverse, l'eau d'extraction. Or, à
cette époque, l'extraction périodique seule était en usage, l'extraction continue était à peine en essai. La prise d'eau, située à la base
de la chaudière, servait de conduit pour l'évacuation des matières solides et pour celle du liquide; il en résultait des obstruc-
tions fréquentes. L'intermittence du passage de l'eau chaude, le
contact du réchauffeur avec l'eau froide des cales, l'exiguïté de
la surface réchauffante, la nature même des métaux employés,
tous ces éléments d'insuccès devaient nécessairement amener
l'abandon d'un principe qu'il convient de remettre en question
et de soumettre à des expériences mieux préparées.

L'introduction dans le générateur d'une alimentation froide,
a des inconvénients assez sérieux, au point de vue économique,
pour que l'attention des constructeurs s'y soit arrêtée; généralement, les appareils exposés au Champ-de-Mars sont munis de
réchauffeurs plus ou moins parfaits, qui empruntent, pour la
plupart, leur calorique soit à la fumée, soit à la vapeur évacuée
du cylindre. Cette dernière source de chaleur n'existe pas dans
les machines marines à condensation; mais l'extraction continue,

qui doit toujours fonctionner et qui exige un sacrifice notable de combustible, pourrait y suppléer.

D'après les dispositions réglementaires, le tuyautage de nos chaudières n'est plus situé dans les cales ; cette partie très-importante des générateurs de vapeur est placée sous les yeux et sous la main du mécanicien ; il est donc facile de la modifier de manière à lui faire remplir l'office de réchauffeur d'alimentation. On pourrait essayer l'emploi d'une installation comme celle représentée par les figures 39 et 40.

aa, est l'enveloppe extérieure de l'appareil, formée de plusieurs tuyaux en cuivre rouge, fermés à leurs extrémités au moyen de couvercles en bronze munis de presse-étoupes; c'est dans cette enveloppe, feutrée extérieurement, que circule l'eau d'extraction continue ; *b*, est un appareil tubulaire dans lequel circule en sens inverse l'eau d'alimentation.

Le rapport de la section libre du corps principal *aa*, avec celle du tuyau qui conduit l'eau d'extraction dans ce récipient, détermine la vitesse d'écoulement dé cette eau à l'intérieur du réchauffeur ; il en est de même pour la section du faisceau tubulaire d'alimentation, comparée à celle du tuyau introducteur de cette eau. En réglant convenablement ces vitesses, on peut donc arriver à introduire dans le générateur l'eau d'alimentation à une température qui diffère peu de celle de la chaudière, tandis que l'évacuation de l'extraction à la mer pourrait avoir lieu à une température de très-peu supérieure à celle du condenseur.

Ce projet d'appareil, que nous avons soumis il y a plus d'une année à l'appréciation de plusieurs officiers spéciaux, donnerait, croyons-nous, s'il était appliqué, près de 10 p. % d'économie sur la consommation du combustible. Nous persistons dans l'opinion qu'un réchauffeur de ce genre serait efficace et durable, et que ses résultats seraient profitables à la durée de l'approvisionnement du combustible, et particulièrement à la conservation du générateur. On pourrait alors augmenter le volume de l'extraction sans accroître la dépense de charbon et éviter la formation des croûtes calcaires adhérentes aux surfaces de chauffe.

La chambre de chauffe longitudinale, sur nos grands navires, est le plus souvent sans solution de continuité ; il serait préférable de grouper les corps de chaudières deux à deux, de manière à laisser au milieu de la chambre deux ouvertures de soutes à charbon. Cette disposition augmenterait de très-peu la longueur de la chaufferie et simplifierait le service des soutes aussi bien que celui des chaudières.

La disposition des soupapes d'arrêt actuellement adoptée ne permet pas d'isoler, à volonté, seulement un corps du générateur ; nous pensons qu'il y a là un danger, car, dans une circonstance grave, le navire peut avoir besoin d'une grande vitesse au moment où une avarie oblige à supprimer un corps de chaudière ; il aura évidemment beaucoup plus de chance d'y atteindre en employant les 7/8 de sa puissance motrice, qu'en n'employant que les 3/4 de cette puissance.

La conclusion de ce qui précède est que la chaudière réglementaire pourrait être améliorée.

Si, pour chacune des améliorations que nous venons d'indiquer, on obtenait un résultat économique, si petit qu'il fût, le résultat final serait évidemment considérable ; un générateur construit avec les dimensions actuellement adoptées pour sa capacité et sa surface de chauffe, aurait évidemment une surface de grille trop grande, puisque, pour produire le même effet utile, il aurait à consommer une moindre quantité de combustible.

Il serait donc possible de modifier les fourneaux et de diminuer la longueur de la grille. Tels qu'ils sont construits aujourd'hui, ils laissent à désirer à divers points de vue, et fussent-ils entretenus par des chauffeurs très-habiles, il est certain que la combustion qui s'opère au fond du fourneau ne donne pas un résultat satisfaisant pour la production de la vapeur : les flammes s'élèvent directement dans la boîte à feu sans rencontrer de surfaces directes ; leur action est ainsi moins efficace que celles des flammes qui se développent dans la partie antérieure.

Il faut faire concorder autant que possible les déductions de la théorie et les faits de la pratique : les forces de l'homme ont une limite, et le décrassage d'un fourneau qui a plus de 2 mètres carrés de surface est un travail des plus pénibles, qui ne peut être fait par un chauffeur d'une vigueur moyenne aussi promptement qu'il est nécessaire ; les portes restent ouvertes beaucoup trop longtemps, et alors l'action pernicieuse de l'air froid sur le rendement de la chaudière est la plus grande cause de diminution dans la vitesse moyenne d'un bâtiment pendant une traversée, comparée à la vitesse au départ, alors qu'il n'y a ni fourneaux à décrasser ni extractions à faire.

CHAPITRE TROISIÈME

DE

QUELQUES MACHINES

D'UN SYSTÈME PARTICULIER

POUVANT ÊTRE APPLIQUÉES A LA NAVIGATION

ALIMENTATEURS, POMPES DE CALE ET PRISES D'EAU

Par G. BONNEFOY

Mécanicien principal de deuxième classe.

Injecteur Giffard, perfectionné par M. Turck, ingénieur au chemin de fer de l'Ouest.

L'usage de l'injecteur Giffard se généralisant de plus en plus on a cherché à diminuer autant que possible les inconvénients que présente son emploi, c'est-à-dire à rendre son fonctionnement assuré, ce qui n'a pas lieu dans bien des cas, et pour des raisons que nous donnerons plus loin.

De toutes les tentatives qui ont eu pour but de perfectionner cet appareil, la plus heureuse, suivant notre opinion, est celle faite par M. Turck, ingénieur au chemin de fer de l'Ouest.

Pour bien apprécier l'importance des améliorations dues à M. Turck, il est nécessaire de décrire succinctement le Giffard primitif, en en signalant les inconvénients.

Il se compose d'un cylindre C. (*fig.* 2, *pl.* V.) dans lequel arrivent la vapeur par le tuyau t, et l'eau d'aspiration par le tuyau t' ; un piston long et creux P, glisse dans ce cylindre, et le divise en deux compartiments : l'un A, pour la vapeur, est dit chambre de vapeur, et l'autre B, pour l'eau d'aspiration, est la chambre à eau ; de petits trous x, placés en regard du tuyau t, permettent à la vapeur d'arriver dans l'intérieur du piston ; celui-ci est terminé du côté de la chambre à eau par une tuyère T, qui sert à régler la quantité d'eau aspirée lorsque, au moyen de la vis V, on la rapproche ou on l'éloigne de la cheminée D ; la cheminée est jointe au cylindre extérieur, et forme le complément de la chambre à eau. La chambre à vapeur est fermée par le presse-étoupes K. Une aiguille a, vissée dans le piston et terminée par une pointe conique, règle la quantité de vapeur introduite selon que la pointe est plus ou moins rapprochée ou éloignée du fond de la tuyère T.

Pour que l'appareil ainsi construit fonctionne bien, il est de toute nécessité que le piston fasse un joint parfaitement étanche avec le cylindre, dans la partie qui sépare la chambre à vapeur de la chambre à eau ; en d'autres termes, il ne faut pas que la vapeur puisse pénétrer dans la chambre à eau, sans quoi la température de celle-ci augmente, et l'effet de cette augmentation est d'empêcher l'amorçage de l'injecteur, très-souvent même de le désamorcer s'il est déjà en fonction.

Pour arriver à un bon résultat, le cylindre est d'abord parfaitement alésé ; ensuite, le piston porte extérieurement de petites cannelures m faites sur le tour au moyen d'un peigne ayant un peu moins de 1 millimètre de profondeur ; le diamètre extérieur de ces parties striées étant laissé légèrement plus grand que celui du cylindre, le sommet de chacune d'elles s'aplatit lorsqu'on enfonce le piston à force, et celui-ci prenant alors parfaitement la forme du cylindre, empêche le passage de la vapeur. Pour mieux assurer encore l'étanchéité, on pratique dans la partie striée deux cannelures plus larges $s\,s$, dans lesquelles on dispose une garniture en chanvre, en coton ou en caoutchouc ; on peut même garnir ces grandes cannelures de bagues métalliques semblables à celles employées pour les pistons à vapeur.

Quelque soin que l'on apporte à la confection de ces garnitures, il est à peu près certain qu'elles laissent passer la vapeur au bout de très-peu de temps de service, car si elles sont en chanvre ou en caoutchouc, la température de la vapeur avec laquelle elles sont en contact, surtout lorsque celle-ci est à une forte tension, ne tarde pas à détériorer ces substances ; si elles sont métalliques, le résultat n'est guère meilleur, car le petit diamètre des anneaux, la difficulté de conserver leur forme cylindrique, le peu d'espace en hauteur qu'ils occupent dans le cylindre, sont autant de causes de fuite qui peuvent suspendre ou empêcher le fonctionnement de l'appareil. L'usure, l'oxydation et les dilatations inégales entre le piston et le cylindre, doivent encore s'ajouter aux causes qui peuvent empêcher l'injecteur de fonctionner régulièrement.

Ce que nous venons de dire est constaté par tous les mécaniciens qui ont eu à se servir de l'injecteur Giffard, surtout à bord des canots à vapeur, où, le plus souvent, il n'existe pas d'autre moyen pour alimenter la chaudière. Fréquemment, on a été forcé d'éteindre les feux, ne pouvant plus alimenter, et sur quelques-uns de ces canots on a même été dans l'obligation d'établir des pompes alimentaires fonctionnant concurremment avec l'injecteur afin d'assurer l'alimentation.

L'appareil perfectionné par M. Turck n'a pas ces inconvénients, car il n'est muni d'aucune espèce de garniture. Voici comment il est construit (*pl. V, fig. 1*) :

L'aiguille *a*, sert, comme dans l'injecteur primitif, à l'introduction de la vapeur dans la cheminée D ; la tuyère T, fixée invariablement au cylindre extérieur C au moyen d'une collerette, n'est autre chose que la suite du tuyau de vapeur *t* ; de cette façon, il est complétement impossible que la vapeur puisse arriver dans la chambre à eau, à moins qu'on ne manœuvre l'aiguille *a*, pour mettre l'injecteur en fonction ; le régulateur d'eau R, entoure la tuyère extérieurement, et peut glisser sur cette dernière ; par conséquent, il est entièrement noyé dans la chambre à eau, il est isolé de tout contact avec la vapeur, et ne peut pas occasionner de fuites. Le pignon P qui engrène avec la crémaillère que porte le régulateur d'eau, sert à faire mouvoir celui-ci de manière à le rapprocher ou à l'éloigner de la cheminée D, afin de déterminer l'ouverture convenable pour le passage du liquide.

Un levier L (*fig. 4*) est fixé sur l'axe du pignon P ; ce levier est muni d'un ressort K (*fig. 5*) qui, pénétrant dans les encoches pratiquées autour de l'arc de cercle Y, maintient le régulateur dans la position voulue.

Pour faire fonctionner l'appareil, on place le régulateur d'eau dans la position convenable, au moyen du pignon P, et on recule l'aiguille *a* d'une très-petite quantité ; la vapeur s'élance dans la cheminée D, entraîne l'air qui peut se trouver dans la chambre à eau et dans le tuyau d'aspiration, et produit ainsi un vide relatif que l'eau vient immédiatement remplir, ce qui détermine l'aspiration. On ouvre alors complétement la tuyère, la vapeur arrive en plus grande quantité, se condense à peu près complétement dans l'eau aspirée, et imprime à cette dernière une partie de sa vitesse.

L'eau s'élance alors par l'ouverture de la cheminée D, pénètre dans le tube divergent O, après avoir franchi l'espace libre laissé entre l'orifice de la cheminée et celui de ce tube divergent, soulève la soupape F, et se rend enfin dans la chaudière.

On voit par ce qui précède que dans le nouvel injecteur, on a supprimé le piston et les garnitures nécessaires à l'injecteur primitif, tout en conservant la faculté de régler séparément le passage de l'eau et celui de la vapeur.

Le nouvel appareil ne présente donc aucune chance d'arrêt provenant d'une fuite entre les compartiments intérieurs, et par conséquent il n'est pas exposé aux risques de désamorcement, et à la difficulté d'aspirer qui en est le préliminaire. D'un autre côté, la suppression des garnitures rend l'entretien de l'appareil beaucoup plus facile et moins coûteux.

L'injecteur Turck possède encore des avantages, pour l'intelligence desquels il est nécessaire d'entrer dans quelques nouvelles explications.

Quel que soit le genre d'appareil dont on se sert, il est évident que l'aspiration de l'eau se fait d'autant plus facilement que la température de celle-ci est plus basse. En effet, aussitôt que le vide, ou plutôt qu'une certaine portion de vide est produite, l'eau se vaporise instantanément, d'abord en raison de la faible pression qu'elle supporte, ensuite en raison de sa température ; cette vaporisation, qui tend à détruire partiellement le vide produit, et par conséquent à diminuer l'aspiration, est d'autant plus abondante que la température de l'eau est plus élevée. Or, dans l'injecteur primitif, l'eau d'aspiration entoure la tuyère dans laquelle passe la vapeur ; sa température s'élève donc, et la vaporisation qui en résulte empêche de conserver un bon vide.

Le contact de l'eau d'aspiration avec la tuyère a un autre inconvénient, qui est la condensation d'une partie de la vapeur qui passe par la tuyère ; cet effet est d'autant plus nuisible que la tension de la vapeur est plus faible ; aussi voit-on souvent l'aspiration cesser presque aussitôt après qu'elle a été produite.

L'injecteur perfectionné fait disparaître ces deux derniers inconvénients, car l'eau d'aspiration est tout à fait isolée de la tuyère par le régulateur d'eau qui laisse entre lui et la tuyère un espace libre, dont l'effet est d'empêcher l'eau d'aspiration d'augmenter de température, et la vapeur de se condenser dans la tuyère.

La mise en fonction du nouvel appareil est donc assurée, et à défaut d'autres avantages, celui-ci suffirait pour le faire préférer à l'injecteur primitif.

Mais le contact de l'eau d'aspiration avec la tuyère, non-seulement peut empêcher la mise en fonction de l'appareil, mais peut encore influer sur son fonctionnement lorsqu'il est en pleine marche. Dans ce cas, l'augmentation de température de l'eau, et la condensation de la vapeur dans la tuyère, ont toujours lieu, mais ne présentent pas les mêmes inconvénients qu'au moment de la mise en marche, en raison de la grande quantité d'eau et de vapeur qui s'écoule. Néanmoins, cette vapeur qui se condense dans la tuyère constitue une véritable perte au point de vue de la quantité de mouvement qu'elle aurait pu transmettre à l'eau ; c'est donc là une cause qui tend à diminuer le rendement de l'appareil.

C'est surtout lorsqu'il s'agit de faire varier le volume d'eau à introduire, que l'inconvénient du contact de celle-ci avec la tuyère se fait sentir. Si l'on veut, par exemple, augmenter la quantité d'eau, il se produit une condensation plus abondante dans la tuyère ; la quantité de vapeur n'est plus assez grande pour entraîner tout le liquide, et l'appareil se désamorce en *crachant l'eau ;* si, au contraire, on veut diminuer le volume d'eau, son échauffement contre la tuyère se faisant sur une plus petite quantité, est plus immédiat et sensible ; il en résulte une plus grande vaporisation, et l'appareil se désamorce en *crachant la vapeur.*

Ces effets se produisent seulement lorsqu'on veut faire varier l'alimentation dans de grandes limites, car avec les injecteurs primitifs, en bon état, on peut assez facilement passer aux $\frac{70}{100}$ ou $\frac{80}{100}$ de l'alimentation en agissant sur l'eau seulement, et aux $\frac{50}{100}$ en agissant sur l'eau et sur la vapeur ; disons en passant que ce dernier résultat est assez difficile à obtenir et que la manœuvre de l'instrument ne réussit pas toujours.

Si à l'inconvénient du contact de l'eau avec la tuyère, s'ajoute celui de légères fuites par les garnitures des pistons, il devient très difficile de bien faire fonctionner l'injecteur, et le moindre changement, soit dans la pression de la vapeur, soit dans la température de l'eau, occasionne des désamorcements.

C'est la seule manière d'expliquer la cause de ces alternatives de bon et de mauvais fonctionnement, de la difficulté qu'on éprouve très-souvent à mettre l'appareil en fonction, toutes choses constatées par tous les mécaniciens qui ont eu occasion d'employer l'injecteur Giffard.

L'injecteur Turck, avons-nous dit, fait disparaître ces inconvénients; en effet, le contact de l'eau d'aspiration et de la tuyère est évité, et il n'y a pas de fuites possibles, puisque le piston et par conséquent les garnitures sont supprimées; il en résulte forcément une plus grande puissance et une plus grande variabilité d'alimentation. Des expériences, faites sur un injecteur fonctionnant depuis plusieurs mois, ont prouvé qu'en marchant à de fortes tensions on pouvait faire descendre graduellement l'alimentation jusqu'à 44/100 en agissant sur l'eau seulement, et jusqu'à 25/100 en agissant simultanément sur l'eau et sur la vapeur; en marchant à une faible pression, c'est-à-dire à 3 atmosphères absolues, on peut descendre jusqu'aux 72/100 en agissant sur l'eau seulement, et jusqu'aux 53/100 en agissant sur l'eau et sur la vapeur, ce qu'on n'obtient pas avec l'injecteur primitif.

En dernier lieu, le nouvel injecteur est moins volumineux que l'ancien, ce qu'on peut voir (*pl.* V), dans laquelle les figures 2 et 3 représentent deux injecteurs de même puissance.

En résumé, l'injecteur perfectionné par M. Turck présente sur l'injecteur Giffard les avantages suivants :

Suppression du piston et de ses garnitures, volume moindre, simplicité plus grande et par conséquent construction moins dispendieuse, travail et frais d'entretien à peu près nuls, mise en marche facile et assurée, plus grande facilité d'aspiration, (ce qui permet de prendre l'eau à une température plus élevée ou à une plus grande hauteur), limites plus grandes dans les pressions, plus grande puissance, et enfin plus grande variabilité d'alimentation.

Ayant eu occasion de faire fonctionner nous-même plusieurs injecteurs Turck, établis depuis longtemps, nous avons pu nous assurer que ce système est supérieur à l'ancien, surtout sous le rapport de la certitude de la mise en fonction, et du fonctionnement uniforme et continu ; aussi nous n'hésitons pas à dire qu'il serait vivement à désirer de voir l'injecteur Giffard remplacé à bord des navires de l'Etat par l'injecteur perfectionné de M. Turck.

Robinets sans frottement, de M. Mazeline.

On éprouve souvent de grandes difficultés à fermer ou à ouvrir un robinet, surtout lorsqu'il a de grandes dimensions; la moindre grippure, la dilatation, etc., etc., peuvent occasionner des frottements tels, qu'on soit obligé de recourir à des moyens violents pour décoller le tournant.

Après avoir fait une extraction dans une chaudière, il n'est pas rare qu'on ne puisse plus fermer le robinet en agissant à la main sur la clef; dans ce cas, pour ne pas trop laisser baisser le niveau et risquer ainsi de brûler les tubes, on frappe le tournant à coups de masse, au risque de produire de graves avaries.

L'installation suivante, adoptée par M. Mazeline, en supprimant le frottement, met les robinets entièrement à l'abri de ces graves inconvénients.

Le couvercle BB du robinet R (*fig.* 8, *pl.* V) est fixé invariablement sur le boisseau, et porte une boîte à étoupes ; il est taraudé en *tt* ; le tournant a un taraudage semblable, et de telle sorte qu'en agissant sur la partie carrée C pour ouvrir le robinet, on ait monter le tournant, qui, alors, ne portant plus contre la paroi intérieure du boisseau, ne peut occasionner aucun frottement dans son mouvement.

Dans la figure 9, planche V, le taraudage, au lieu d'être pratiqué dans l'épaisseur du couvercle, se trouve pratiqué dans une bride AA fixée sur ce couvercle.

Le yacht le *Jérôme-Napoléon* a ses robinets de décharge des bâches installés comme dans la figure 9.

Le tournant ne portant plus sur le boisseau lorsque le robinet est ouvert, il est nécessaire d'avoir un presse-étoupes DD pour empêcher l'eau d'être projetée au dehors.

Lorsque après un certain temps de service il devient nécessaire de rôder un robinet installé comme nous venons de le décrire, il faut, après ce travail fini, retoucher le couvercle, de façon à faire correspondre le taraudage avec la fermeture complète du robinet.

Prise d'eau d'injection de machine à vapeur marine, munie d'une crépine pouvant être nettoyée à l'aide d'un outil manœuvré à l'intérieur du navire.

L'installation que nous allons décrire a été exposée par M. Monnier, ex-mécanicien principal de la marine; elle a obtenu une mention honorable.

Le système de M. Monnier, qui permet de dégager les crépines d'injection, de l'intérieur du navire et sans avoir recours au scaphandre ou à tout autre moyen appliqué à l'extérieur, *ce qu'il n'est pas toujours possible de faire*, se recommande par une grande simplicité, et peut rendre d'importants services, surtout à bord des bâtiments devant faire la navigation fluviale, tels que ceux des stations locales de Chine, Cochinchine etc., etc. C'est, en effet, dans ce genre de navigation que les crépines d'injection ont le plus de chances d'être obstruées, soit par les plantes marines, soit par la vase dans les échouages, etc., etc.

La planche VI représente cette installation; le tube de prise d'eau qui traverse la muraille du navire est d'un diamètre plus grand à l'extérieur qu'à l'intérieur; la crépine C (*fig*. 1, 2 et 3), fixée dans l'intérieur de ce tube au moyen des vis VV, est formée de plusieurs anneaux circulaires ayant leur centre au centre de la crépine, et reliés entre eux par la traverse MM. Le robinet d'injection R est fixé au tube de prise d'eau par la collerette H; il est creux, percé par le bas et porte deux autres orifices O et O′ pour permettre le passage du nettoyeur N, lequel, lorsqu'on ne veut pas s'en servir, peut être logé dans le tuyau T, de forme quadrangulaire; il est indiqué (*fig*. 1 et 5) et présenté dans la position sédentaire, en traits pointillés (*fig*. 1).

Le nettoyeur porte des dents DD, qui s'engagent dans les vides circulaires de la crépine; sa tige est guidée par le presse-étoupes K et le trou E percé au milieu de la traverse MM, au centre de la crépine.

La porte U sert à introduire ou à retirer le nettoyeur lorsque le robinet est fermé.

La collerette J reçoit le tuyau d'injection qui va au condenseur.

Quand on veut nettoyer la crépine, il faut : 1° pousser le nettoyeur de manière à engager les dents DD, dans les vides circulaires de la crépine (c'est la position indiquée figure 1) ; 2° lui imprimer, au moyen de la poignée P, un mouvement de rotation, jusqu'à ce qu'il ait fait deux ou trois fois le tour de la crépine; 3° le retirer pour le placer dans le tuyau T' dans la position indiquée en traits pointillés.

Au mouillage, on opère de la même manière, après avoir ouvert le robinet R. Pour visiter le nettoyeur, il suffit d'ouvrir la porte U après avoir fermé le robinet R.

Palier graisseur avec coussinet formant réservoir d'huile (système Avisse).

Lorsqu'une machine est en mouvement, les mécaniciens doivent apporter la plus grande surveillance au fonctionnement des godets de graissage, car le manque d'huile sur une articulation peut occasionner de graves avaries; aussi toute installation tendant à améliorer ce détail important des machines, attire l'attention des praticiens, et nous avons cru devoir mentionner le palier du système Avisse, qui nous semble établi dans d'excellentes conditions pour assurer un bon graissage.

Les figures 1, 2, 3, planche VII, donnent les détails de ce palier construit dans les ateliers de J. Cail et Cie, à Paris; la figure 1 est une demi-coupe et une demi-projection verticale; la figure 2, est une demi-coupe et une demi-projection horizontale, le chapeau de palier étant enlevé; et la figure 3 est une coupe verticale suivant l'axe de l'arbre.

On peut remarquer, tout d'abord, l'absence de godet de graissage ; le réservoir d'huile R (*fig. 1 et* 3) est ménagé dans l'épaisseur même du demi-coussinet inférieur, et communique avec l'extérieur par le conduit C, venu de fonte avec ce demi-coussinet (*fig.* 1, 2 et 3); c'est par le conduit C, que l'huile est introduite dans le réservoir R. La partie supérieure K du conduit C, est plus élevée que la partie inférieure s du tourillon T (*fig.* 1), de telle sorte que l'huile peut toujours arriver au tourillon (en vertu de la différence de hauteur des points K, s, par la coupure xx (*fig.* 1, 2, 3) pratiquée à la partie inférieure du coussinet.

Le réservoir y (*fig.* 3), venu de fonte avec le coussinet, reçoit l'huile qui, sans lui, serait déversée au dehors (la partie supérieure de ce réservoir y, est à la même hauteur que la partie supérieure du conduit C); le diamètre de l'arbre A étant plus petit que celui du tourillon T, l'équilibre de hauteur s'établit donc dans les réservoirs y, x, et dans le conduit C, et le tourillon T baigne ainsi continuellement dans l'huile.

Pour nettoyer le réservoir R, il suffit d'enlever la vis V (*fig*. 1 et 2).

L'application de ce système de palier aux machines marines n'est guère posible, car dans les mouvements du navire, l'huilè pourrait être projetée au dehors, à moins qu'il n'y eût une grande différence de diamètre entre l'arbre A et le tourillon T ; mais pour les arbres des machines fixes, et pour les transmissions de mouvement son emploi doit être très-avantageux au double point de vue de l'économie et du graissage assuré dans de bonnes conditions.

Pompe à vapeur pour l'alimentation des chaudières, construite dans les ateliers de M. Mazeline, au Havre.

Cette pompe, exposée par M. Mazeline, se compose de deux cylindres à vapeur horizontaux placés côte à côte, et en face desquels se trouvent deux corps de pompe également horizontaux, dont les axes sont le prolongement de ceux des cylindres à vapeur. Dans chaque cylindre se meut un piston dont la tige actionne directement le piston de la pompe placée en face. Chaque tige de piston conduit la tige de tiroir de l'autre cylindre, au moyen d'un système de leviers décrit dans la légende explicative ci-dessous.

Les pompes sont établies de la même manière que les pompes à air à double effet des machines à hélice.

Les figures 1, 2, 3 et 4 de la planche VIII donnent les diverses vues de cette pompe :

La figure 1 est une coupe verticale passant par l'axe d'un cylindre à vapeur et l'axe du corps de pompe placé en face;

La figure 2 est une coupe transversale des deux cylindres à vapeur;

La figure 3 est une coupe transversale des deux corps de pompe.

La figure 4 est une projection horizontale détaillée comme suit :

1° Une coupe horizontale passant par l'axe d'un cylindre à vapeur;

2° Une projection de l'autre cylindre avec le tiroir et sa boîte enlevés ;

3° Une demi-projection d'une pompe avec demi-coupe par l'axe de cette même pompe ;

4° Une coupe horizontale faite au-dessus des clapets de refoulement de l'autre pompe.

LÉGENDE EXPLICATIVE.

Nota. Dans les figures 1 et 4, on a placé les deux pistons à mi-course, ce qui donne également les deux tiroirs à mi-course.

V, Tuyau d'arrivée de vapeur, commun aux deux cylindres ;

E, E, Cylindres à vapeur ; chaque extrémité de cylindre est munie de deux orifices, l'un a, pour l'admission ; l'autre b, pour l'évacuation; chaque conduit d'évacuation d, d'un cylindre, aboutit au tuyau commun t (*fig.* 2).

T, Tiroir de distribution ; il est arête pour arête à l'admission et à l'évacuation, c'est-à-dire qu'à mi-course, les barettes recouvrent exactement les deux orifices a et b.

PP, Pistons à vapeur munis de garnitures métalliques ;

xx, Tiges des pistons à vapeur;

f, Bras de fer, fixé sur une tige de piston, et donnant le mouvement à la tige du tiroir de l'autre cylindre, par l'intermédiaire de la petite bielle g, du levier courbé hio, d'un deuxième levier oS, et d'une deuxième bielle m. Le rapport entre les chemins parcourus par le piston et par le tiroir est donc le même que celui entre les rayons oh et oS.

f', Bras de fer fixé sur la deuxième tige de piston et actionnant l'autre tiroir.

Le centre d'oscillation des deux leviers servant d'intermédiaire pour la transmission de mouvement est en r.

P' P', Pistons des pompes; ils sont fixés sur les tiges des pistons à vapeur et ne portent pas de garniture.

Chaque corps de pompe proprement dit est remplacé par un espace annulaire yy, qui guide le piston en séparant les deux chambres d'aspiration nn; dans chacune de ces chambres d'aspiration, le piston fonctionne donc comme un piston plongeur;

F, Tuyau d'aspiration commun aux deux pompes ;

ee, Clapets d'aspiration, en caoutchouc;

vv, Clapets de refoulement, en caoutchouc;

Les clapets d'aspiration sont rectangulaires, et ceux de refoulement sont circulaires;

R, Tuyau de refoulement commun aux deux pompes;

K, Récipient commun aux deux pompes.

L, Grand levier servant à manœuvrer les pompes à la main; les deux trous carrés de ces leviers se placent sur les extrémités des arbres *r* et *o* (*fig.* 1 *et* 4).

On voit par ce qui précède, que dans la pompe à vapeur Mazeline, on a supprimé la manivelle, qui, dans les machines ordinaires, limite la course du piston à vapeur, et l'excentrique qui donne le mouvement au tiroir.

Pour bien comprendre comment la course du piston est limitée, il faut se rendre exactement compte de la marche du piston et du tiroir: d'abord, puisque la tige d'un piston actionne le tiroir de l'autre cylindre, il s'ensuit que lorsqu'un piston est à l'extrémité de course, son tiroir est à la moitié de la sienne et réciproquement; par conséquent, le tiroir laisse les orifices d'introduction d'un côté, et ceux d'évacuation de l'autre, ouverts pendant toute la durée de la course du piston; mais lorsque ce dernier, arrivant près de sa fin de course, a fermé lui-même l'orifice *b*, l'évacuation ne peut plus se faire, et la vapeur, à la pression atmosphérique, qui reste emprisonnée dans le cylindre, étant comprimée à mesure que le piston marche, forme un coussin assez résistant pour limiter la course du piston, et empêcher cet organe de venir heurter violemment le couvercle du cylindre.

En comparant cette pompe aux petits chevaux ordinaires, on remarque les avantages suivants :

Simplicité de mouvement provenant de la suppression de l'arbre coudé et de l'excentrique du tiroir ;

Puissance d'alimentation, de beaucoup supérieure eu égard à l'emplacement occupé ;

Disparition complète du grand bruit qui caractérise le fonctionnement des petits chevaux du système ordinaire.

En raison de ces avantages, on a remplacé à bord de quelques navires le petit cheval réglementaire par la pompe Mazeline; une deuxième pompe du même système et d'une très-grande puissance est affectée exclusivement à l'épuisement de la cale à bord de certains bâtiments. Celle destinée à l'*Alma* débite 600 tonneaux d'eau par heure, en donnant de 150 à 180 coups doubles de piston. Avec un tuyautage installé convenablement, la même pompe peut servir alternativement à l'alimentation des chaudières et à l'épuisement de la cale.

Il est bon cependant de ne s'en servir comme pompe de cale que dans les cas de force majeure, car l'eau grasse détériore les clapets en caoutchouc ; ces derniers peuvent alors se coller sur leurs siéges, et empêcher ainsi le fonctionnement de la pompe, au moment ou il est nécessaire de l'affecter à l'alimentation.

Machine à vapeur (système Juhel).

La machine à vapeur dont nous allons donner la description a été exposée par M. Juhel, mécanicien de la marine impériale. La transmission de mouvement se fait directement du piston à la manivelle, sans intermédiaire, d'où il résulte nécessairement une grande diminution de volume, de poids, de main-d'œuvre et par conséquent de prix de revient.

Elle se compose d'un cylindre horizontal C (*fig.* 1, *pl.* IX), fixé sur une plaque de fondation F ; le piston P est muni d'un fourreau A dans lequel passe l'arbre de couche BB ; ce dernier est supporté par deux forts paliers KK', boulonnés sur la plaque de fondation. Le piston est traversé par un poinçon taraudé V dont l'extrémité, de forme tronc-conique, pénètre dans une espèce de sillon S tracé en hélice autour de l'arbre ; dans le mouvement de va-et-vient du piston, le poinçon entraîne l'arbre en agissant sur une des faces du sillon S, et lui imprime un mouvement de rotation.

Une clavette D (*fig.* 2), fixée solidement au cylindre dans le sens des génératrices, et ajustée à frottement doux dans un espace libre ménagé à cet effet sur la bague métallique formant la garniture du piston, empêche ce dernier de tourner autour de son axe.

Pour visiter ou changer le poinçon, il suffit d'enlever la plaque *p* qui ferme là coupure de la bague métallique.

Le graissage du poinçon, en même temps que celui de l'arbre dans l'intérieur du fourreau, se fait au suif : ce corps gras ne peut pas se déverser au dehors, parce que deux petites plaques *r r'*, fixées à la partie inférieure du fourreau et à chaque extrémité, le retiennent.

Le mouvement est donné au tiroir T (*fig.* 1), au moyen d'une courbe G tracée en sillon autour du disque E, de manière à régler le mieux possible les conditions d'ouverture à l'admission et à l'évacuation ; l'extrémité *a* du levier L, qui oscille autour du point *o*, s'engage dans ce sillon, et le mouvement qu'il reçoit est transmis à l'extrémité *b* du levier, et par conséquent à la bielle

M et à la tige N du tiroir. Pour que le levier L n'ait aucun mouvement de bas en haut, on a disposé pour le guider la petite glissière circulaire H.

Le mode de fonctionnement de cette machine est donc très-simple : supposons que le piston soit à une extrémité de course (*fig.* 1), la vapeur pénétrera dans le cylindre par l'orifice J, et le piston marchera dans le sens de la flèche 1 , en entraînant l'arbre au moyen du poinçon agissant sur un des côtés du sillon hélicoïdal S ; lorsque le piston sera arrivé à l'autre extrémité de course, l'arbre aura fait une demi-révolution ; l'orifice J' étant alors ouvert à la vapeur, le piston reviendra sur ses pas, et le poinçon agira sur la partie du sillon s tracée en sens inverse en continuant de faire tourner l'arbre qui aura ainsi accompli une révolution complète dès que le piston sera revenu à son point de départ.

Les points morts sont d'autant moins sensibles que la course du piston est plus grande, car alors, l'angle formé par les deux parois du sillon est très-aigu, et le poinçon passe facilement d'un côté à l'autre de ce sillon, en vertu de la vitesse acquise.

Il n'a pas été fait encore, que nous sachions du moins, d'essais sérieux qui fassent connaître exactement le travail utile obtenu avec ce système de machine ; mais il est naturel de supposer que le rendement doit être supérieur à celui des systèmes actuellement en usage en raison des résistances nuisibles bien moindres qu'il comporte, la transmission du mouvement étant pour ainsi dire entièrement supprimée. Aussi croyons-nous que pour les faibles puissances, la machine Juhel pourrait être employée avec profit. Aux avantages qu'elle présenterait dans ce cas, on peut ajouter celui d'un entretien très-facile résultant du petit nombre de pièces qui la composent.

Elle pourrait être employée comme machine marine, sur les embarcations et les canonnières ayant un faible tirant d'eau, c'est-à-dire un petit diamètre d'hélice, ce qui nécessite une grande vitesse de rotation de l'arbre moteur ; sa forme se prête à cet emploi, et permet de la placer très-près de l'arrière, avec une ligne d'arbre très-courte, par conséquent.

Le changement de marche pourrait être obtenu en faisant le disque E, mobile sur l'arbre, et pouvant être mis en contact avec l'une ou l'autre extrémité du toc xyz placé en saillie sur l'arbre, au moyen d'un levier pénétrant dans les trous R, pratiqués autour du disque E (*fig.* 3). De plus, il serait facile d'établir une détente variable, au moyen d'un papillon, placé dans le tuyau de vapeur, le plus près possible de la boîte à tiroir; le mouvement serait donné au papillon par un excentrique à calage variable, monté sur l'arbre moteur. On pourrait en outre ajouter un condenseur, qui trouverait naturellement sa place sous la plaque de fondation, et le mouvement serait donné à la pompe à air, par une tige fixée directement sur le piston à vapeur ou sur le fourreau. Pour obtenir une plus grande régularité de vitesse, on pourrait, comme cela se pratique ordinairement en marine, employer deux cylindres au lieu d'un.

En résumé, la machine Juhel présente des avantages sérieux, appliquée aux grandes vitesses de rotation et à de faibles puissances; mais elle ne nous paraît pas réunir les mêmes avantages pour les grandes puissances et les petites vitesses; dans ce cas, en effet, le poinçon, qui seul transmet le travail développé sur le piston à vapeur, est soumis à un effort considérable qui compromet sa solidité; de plus, cet effort considérable occasionne un très-grand frottement, et l'usure du poinçon et des faces du sillon hélicoïdal doit se produire rapidement.

Machine à vapeur à grande vitesse et à condensation (système Allen), construite par la société Withworth et Cie, à Manchester.

Cette machine représentée (*pl.* X, XI, XII, XIII), est exposée à la section anglaise, classe 53, où elle fait fonctionner divers appareils.

Nous avons cru devoir la décrire ici, à cause de la disposition toute particulière des tiroirs et de leur transmission de mouvement.

LÉGENDE EXPLICATIVE.

(Dans les quatre planches, les mêmes lettres désignent les mêmes détails.)

M, Massif sur lequel est fixé le bâti au moyen des boulons *a*.

B, Bâti en fonte de fer.

C, Cylindre à vapeur. Le corps du cylindre proprement dit est emmanché dans l'enveloppe extérieure formant chemise de vapeur, à l'aide d'une presse hydraulique. En dehors se trouve une garniture isolante en bois *g*.

V, Tuyau d'arrivée de vapeur, entouré comme le cylindre.

V′, Tuyau d'évacuation au condenseur.

P, Piston à vapeur muni de garnitures métalliques (*fig.* 3, *pl.* XII).

t, Tige du piston à vapeur, donnant directement le mouvement au plongeur de la pompe à air sur la partie prolongée *t'*.

G, Glissières servant de guides à la tige du piston.

A, Grande bielle (*dessinée en détail, Pl.* IX, *fig.* 12).

D, Plateau-manivelle,

x, Arbre moteur.

y, Poulies motrices.

m, Volant (*pl.* XI).

n, Paliers de l'arbre moteur.

h, Courroie actionnant le régulateur.

E, Excentrique circulaire calé sur l'arbre ; le collier de cet
excentrique est en deux pièces, et sa partie, tournée vers le cylindre, est terminée par un arc à coulisse, dont le haut porte un axe
où vient s'articuler la bielle *d* (*pl.* X). Dans la coulisse, se meut
un petit coulisseau *r*, à frottement doux ; ce dernier est traversé
par un axe sur lequel est articulée la tringle *b*, commandée par
la fourchette *f*, du régulateur R ; sur ce même axe sont articulées les deux bielles *g'* et *g"*. A la partie inférieure de cette même
partie de collier d'excentrique, se trouve un support articulé *s*,
destiné à empêcher le mouvement circulaire du collier, tout en
lui permettant le mouvement de translation. L'excentrique est
dessiné en détail (*pl.* XIII, *fig.* 5).

T T, Tiroirs d'échappement (*pl.* XII, *fig.* 3).

Ils reçoivent leur mouvement (*pl.* X, *fig.* 1 et 2), de la partie
supérieure de l'arc du collier d'excentrique E, par l'intermédiaire
de la bielle *d*, de l'arbre à manivelles X, et de la tige *s*, laquelle
agit sur une traverse portant deux tiges qui glissent dans les
presse-étoupes *p* et *p'* (*pl.* XII, *fig.* 2) ; l'une de ces tiges sert de
guide, l'autre est fixée par des chevilles aux tiroirs d'échappement T (*pl.* XII, *fig.* 3).

(La manivelle X est dessinée en détail (*pl.* XIII, *fig.* 10).

T' T', Tiroirs d'introduction ou de détente (*fig.* 3, *pl.* XII).

Ils reçoivent leur mouvement de l'axe du coulisseau *r*, par
l'intermédiaire des bielles *g'* et *g"*, des arbres-manivelles *vv'*,
uu', et des tiges *q* et *q'* (*pl.* X, *fig.* 2). Chaque tiroir d'introduction a donc un mouvement particulier.

Les variations de vitesse occasionnées par les causes extérieures sont corrigées par le régulateur agissant sur le coulisseau *r*.

Les arbres-manivelles *vv'* et *uu'* (*fig.* 2, *pl.* X), ont des vitesses
angulaires différentes ; ils ont le même axe et sont emmanchés
l'un dans l'autre. Ils sont dessinés en détail (*pl.* XIII *fig* 8 et 9).

Une des tiges $q\,q'$ de la fig. 2, pl. X, munie d'un manchon de rappel, est représentée en détail (*pl.* XIII, *fig.* 11).

H, Chambre de condensation (*pl.* XIII). La vapeur qui arrive par le tuyau d'évacuation V', rencontre une nappe diffuse d'eau froide, dispersée par la pomme d'arrosoir qui termine le tuyau d'injection K.

J, Piston plongeur de la pompe à air.
L, Soupape d'aspiration.
L', Soupape de refoulement.
Q, Conduite de décharge.

} Pl. XIII.

La disposition toute particulière des tiroirs de cette machine présente des avantages sérieux : d'abord, les tiroirs d'admission sont bien équilibrés, ainsi qu'on peut le voir planche XII, figure 3 ; de plus, ils sont disposés de telle sorte, que leur course, tout en étant très-petite, permet d'ouvrir un passage suffisant à la vapeur, l'admission ayant lieu des deux côtés à la fois.

La position des manivelles vv' et uu', qui font mouvoir les tiroirs, est telle, que l'arc correspondant à la partie de la course pour les ouvrir et les fermer, est le moins incliné possible sur l'axe, c'est-à-dire que l'ouverture et la fermeture des orifices correspondent à la plus grande vitesse des tiroirs, qui marchent plus lentement lorsque les orifices sont fermés.

Les tiroirs d'évacuation, en coquille, ont aussi une petite course pour de grandes ouvertures, la sortie de la vapeur se faisant des deux côtés à la fois.

Cette partie de la machine paraît très-bien entendue ; le peu de hauteur des tiroirs d'admission, leur faible course pour de grandes ouvertures, leurs mouvements rapides au moment de l'ouverture et de la fermeture des orifices, se rapprochant d'un mouvement de came, la grande section pour l'échappement se faisant par les deux côtés des tiroirs en coquille, tout cela forme un ensemble très-bien combiné qui perfectionne la machine dans sa partie la plus importante.

L'ensemble des dispositions relatives à la condensation paraît aussi très-bien compris : le piston de pompe à air étant animé d'une grande vitesse (400 battements simples par minute), on a augmenté le nombre et le diamètre des soupapes, afin d'avoir la levée la plus petite possible, tout en ayant une section de passage suffisante, avec une pression relativement faible sur le siége.

La course des soupapes est limitée par le guide i (pièce dessinée en détail (*pl.* XIII, *fig.* 6), qui vient butter contre la rondelle en caoutchouc, entaillée à queue d'aronde en ee, dans le heurtoir h

(*fig.* 7 de la même planche). Le ressort à boudin est destiné à faciliter la fermeture des soupapes.

L'extrémité du plongeur de la pompe est conique et arrondie, pour permettre au piston, animé d'une très-grande vitesse, de se frayer facilement un passage dans l'eau.

De grandes ouvertures pratiquées dans les cloisons, permettent la visite facile des soupapes d'aspiration et de refoulement.

Une seule chose laisse un peu à désirer : c'est l'isolement du condenseur, établi sur un massif spécial, séparé de celui de la machine, car l'axe de la pompe à air et celui du cylindre à vapeur, devant être rigoureusement dans le prolongement l'un de l'autre, si l'un des massifs venait à s'affaisser ou à dévier dans le sens latéral, il en résulterait que la tige en acier du plongeur de la pompe serait ou faussée ou cassée.

En dehors de ce petit défaut d'installation, très-facile du reste à corriger, l'ensemble de la machine paraît établi dans de très-bonnes conditions.

Elle fonctionne à l'Exposition à la vitesse de 200 révolutions par minute ; à cette grande vitesse, on n'entend aucun choc, et on n'aperçoit pas le moindre ébranlement dans le bâti ; le vide au condenseur se maintient régulièrement à 66 centimètres de la colonne de mercure ; les diagrammes relevés avec l'indicateur Richard donnent une courbe régulière et constante, qui prouve que la régulation est établie dans de très-bonnes conditions.

La consommation de charbon accusée par le constructeur est de 1 kilogramme 250 grammes par force de cheval et par heure.

Machine rotative (système Behrens), construite par H.-C. Dart et Cⁱᵉ, de New-Yorck.

La machine rotative du système Behrens fonctionnait tous les jours à l'Exposition ; elle est surtout remarquable par sa grande simplicité. Elle peut être employée comme machine motrice mue soit par la vapeur, soit par l'eau, soit par l'air comprimé, etc., ou bien comme pompe rotative, et cela sans rien y changer, en lui transmettant le mouvement au moyen d'une autre machine.

Nous allons d'abord la décrire comme machine motrice mue par la vapeur.

Elle se compose (*fig.* 1, 2, 3 et 4, *pl.* XIV), de deux cylindres en fonte *c* et *c'* coulés de même jet, fixés sur une plaque de fondation P, ayant chacun un diamètre égal, et alésés de telle sorte que leurs axes sont distants, l'un de l'autre, d'environ les deux tiers du diamètre de chacun d'eux ; ils communiquent donc, et forment une même capacité. En haut et en bas, les orifices o et o' ont été ménagés dans l'épaisseur de la fonte ; sur l'orifice o est fixé le tuyau d'arrivée de vapeur t, et sur l'orifice o' celui d'évacuation t'.

Les pistons P et P' sont montés sur deux arbres parallèles a et a' ; sur ces derniers sont clavetées deux roues dentées R et R' de même diamètre, et destinées à faire tourner les pistons avec une égale vitesse et en sens inverse.

Ceux-ci ont la forme d'une portion de couronne concentrique à l'arbre ($fig.$ 5) ; ils peuvent être fondus d'une même pièce avec les épaulements b et b' de l'arbre, ou bien y être solidement rapportés.

Leur diamètre extérieur est le même que le diamètre intérieur des cylindres.

Dans le couvercle x, sont ménagés des vides parfaitement alésés, et destinés à recevoir les épaulements b et b' des pistons, de façon que le plan m n de chacun de ces derniers vienne lécher la face intérieure, parfaitement dressée du couvercle x, tandis que le plan m' n' vient lécher la face intérieure du second couvercle y.

Venus de fonte avec ce second couvercle, se trouvent, extérieurement, deux presse-étoupes pour le passage des arbres a et a' et intérieurement deux douilles, percées pour permettre le passage des arbres ; le diamètre extérieur des douilles est égal au diamètre intérieur des pistons, de telle sorte qu'il ne puisse pas y avoir de fuite de vapeur entre les deux ; ces douilles, dont une est dessinée en détail fig. 6, ont une longueur telle, que l'extrémité d d' arrive à toucher le plan m n de l'épaulement b du piston correspondant ; elles portent en outre une entaille S pour permettre la rotation du piston voisin, lequel doit lécher cette entaille de manière à éviter toute fuite de vapeur.

Le mode de fonctionnement de la machine est très-simple, et on s'en rend facilement compte en examinant les deux positions des pistons représentés fig. 4.

Dans la première position, à gauche, la vapeur arrivant par le tuyau t et l'orifice o, agit sur le côté f du piston P, tandis que le côté f' du même piston est en communication avec l'atmosphère par l'orifice o' et le tuyau t' ; la face convexe du piston P' servant de point d'appui à la vapeur, le piston P prend un mouvement dans le sens de la flèche 1, et la roue dentée R entraînant la roue R′, le piston P′ marche d'un mouvement égal, mais inverse, dans le sens de la flèche 2.

Quand la machine est arrivée dans la deuxième position, le côté *h′* du piston P′ reçoit l'action de la vapeur, tandis que le côté *h* est en communication avec l'atmosphère; le piston P qui sert alors de point d'appui, est entraîné à son tour par les roues dentées, et le mouvement est continu et régulier, chaque piston entraînant le piston voisin ou étant entraîné par lui.

Un régulateur actionné par la poulie *v*, corrige les écarts de vitesse occasionnés par les causes extérieures.

On peut voir, d'après la description sommaire qui précède, que la machine Behrens est d'une simplicité remarquable, car elle se compose uniquement des trois parties essentielles suivantes :

Un double cylindre;

Deux pistons et leurs arbres ;

Deux roues dentées reliant les pistons.

Les autres pièces nécessaires aux machines ordinaires, telles que tiges de pistons, bielles, glissières, manivelles, tiroirs, excentriques... etc., etc., sont entièrement supprimées.

De plus, ces trois parties composantes de la machine sont, par leur construction, pour ainsi dire complétement à l'abri des dérangements et des avaries.

Contrairement à ce qui a lieu dans le plus grand nombre de machines rotatives, la séparation entre la vapeur et l'atmosphère, si la machine est à haute pression, ou bien entre la vapeur et le condenseur, si elle est à condensation, est faite au moyen de grandes surfaces en contact (la partie convexe du piston avec l'intérieur de cylindre, et la partie concave de ces mêmes pistons avec l'extérieur de la douille fixe du même cylindre) ; de plus, ces surfaces en contact étant pour ainsi dire exemptes de frottement, il y a très-peu d'usure, et cette séparation entre la vapeur et le condenseur est parfaitement assurée. En d'autres termes, les fuites de vapeur observées dans presque toutes les machines rotatives après un certain temps de fonctionnement, et cela, quel que soit le soin apporté dans la construction, sont évitées en grande partie avec le système Behrens. Un seul point nous paraît laisser à désirer sous le rapport des fuites de vapeur : c'est entre chaque piston et l'entaille de la douille voisine, alors que ce piston sert de point d'appui à la vapeur qui fait tourner l'autre. Il y a là un effort qui tend à écarter cet organe de la douille, en raison de l'usure que doit produire le frottement occasionné par cet effort sur le piston, effort agissant dans le sens du rayon.

La consommation de charbon, d'après le constructeur, est bien moindre qu'avec les systèmes ordinaires ; cela se comprend, si réellement, il n'existe pas ou très-peu de fuites de vapeur : car les frottements sont pour ainsi dire complétement évités, et la force acquise par les pistons est utilisée, à chaque fin de course, au lieu d'être détruite, comme dans les machines ordinaires.

En raison du petit nombre de pièces qui la composent, cette machine est d'un poids excessivement réduit, et occupe très-peu de place. Celle de vingt-six chevaux que nous avons vu fonctionner dans l'atelier de M. Petau, constructeur-mécanicien à Passy, ne pèse pas plus de mille kilogrammes ; elle fonctionne avec une régularité parfaite, sans choc ni ébranlement.

En raison des avantages que nous venons de signaler, et auxquels on peut ajouter le faible prix de revient, résultant du peu de main-d'œuvre que nécessite sa construction, on pourrait employer la machine Behrens à la propulsion des navires.

Pour les machines à grande puissance, l'établissement des deux roues dentées ne présenterait peut-être pas toutes les garanties désirables de solidité ; mais pour les petits navires et surtout les embarcations, elle serait, croyons-nous, d'un emploi avantageux.

Dans ce cas, les arbres des pistons, au lieu d'être placés dans un même plan horizontal, pourraient être placés tous les deux dans le plan longitudinal du navire.

Le renversement de marche serait obtenu très-facilement, en faisant arriver la vapeur par l'orifice opposé. Il suffirait pour cela de faire croiser les tuyaux d'arrivée de vapeur et d'évacuation, en plaçant à leur intersection une boîte à trois orifices munie d'un tiroir en coquille, au moyen duquel on pourrait rendre chaque tuyau tour à tour tuyau d'admission ou tuyau d'évacuation.

On pourrait en outre installer une détente variable, au moyen d'une valve, placée convenablement dans le tuyau de vapeur, et recevant son mouvement d'un excentrique placé sur l'arbre.

Ainsi que nous l'avons déjà dit, la machine rotative Behrens peut être employée comme pompe rotative, et sans la plus petite modification, si on veut lui donner le mouvement au moyen d'une machine quelconque.

Celle qui fonctionne à l'Exposition fait mouvoir une pompe

construite d'après le même principe : La machine K et la pompe L sont montées sur le même bâti (*fig.* 7) ; T′ est le tuyau d'aspiration de la pompe, et T le tuyau de refoulement ; la disposition de la pompe est en tout semblable à celle de la machine; seulement, comme on a placé le tuyau d'aspiration de la pompe en bas, il a fallu renverser le mouvement de la machine, c'est-à-dire qu'il a fallu faire arriver la vapeur par le tuyau N′ et la faire évacuer par le tuyau N. Les arbres des pistons de la machine sont prolongés pour recevoir les pistons de la pompe, de sorte que les engrenages réglant la marche des pistons à vapeur, servent aussi à faire fonctionner les pistons de la pompe.

Il n'est pas nécessaire que la machine et la pompe soient montées sur le même bâti, et on peut donner le mouvement à celle-ci au moyen d'une transmission quelconque, par exemple avec une poulie à courroie placée sur l'un ou l'autre des arbres.

D'après le constructeur, cette pompe donne un très-bon rendement par comparaison avec les pompes ordinaires ; elle pourrait être employée très-utilement comme pompe d'extraction de cale, à bord des navires, où elle présenterait l'avantage inappréciable de n'être jamais obstruée par les escarbilles, ainsi que cela arrive trop souvent avec les pompes de cale ordinaires.

Machine à vapeur Hicks.

La machine à vapeur Hicks, dont nous allons donner une description sommaire, a été exposée par la compagnie des machines Hicks, de Newcastle (Etats-Unis).

Elle a quatre cylindres coulés deux à deux d'un même jet de fonte. Ces cylindres travaillent à simple effet; ils sont placés horizontalement, une paire de chaque côté de l'arbre moteur, de manière que leurs axes soient deux à deux, dans le prolongement l'un de l'autre. Les pistons qui se meuvent dans les cylindres sont munis, à l'intérieur, d'un tourillon sur lequel est articulé le pied de la bielle, dont la tête est elle-même articulée sur le bouton de la manivelle; les bielles des cylindres, placés en regard l'un de l'autre, sont articulées sur le même bouton, de telle sorte que l'ensemble de ces deux récipients constitue une machine à double effet.

Le système complet peut donc être considéré comme composé de deux machines à double effet, dont les manivelles sont calées à 90° l'une de l'autre, pour obtenir la régularité de vitesse la plus grande possible.

Les tiroirs, dans le sens ordinaire du mot, ont été supprimés, c'est-à-dire que chaque piston, ainsi que nous le verrons plus loin, sert de tiroir au cylindre voisin ; la machine est donc uniquement composée des cylindres, des pistons faisant tiroirs, des bielles, et de l'arbre à manivelles.

Par le tuyau V et le conduit M (*fig.* 1 *et* 2, *pl.* XV) la vapeur arrive dans les deux boîtes T et T', contenant chacune un tiroir en coquille D, de mise en marche. Les deux tiroirs représentés en détail figure 7, sont montés sur une même tige *t*, qui passe dans un presse-étoupes *n* ; on les manœuvre au moyen d'un levier à main *m*.

Les plaques frottantes sur lesquelles glissent les tiroirs, sont percées de trois orifices, O, O', O″ ; les orifices extrêmes O et O' servent alternativement à l'introduction et à l'évacuation de la vapeur, suivant que la machine tourne dans un sens ou dans l'autre, et l'orifice du milieu sert toujours à l'évacuation. Dans la position indiquée figure 1 et 2, l'orifice O, découvert par le tiroir, est celui d'introduction, et les orifices O' et O″ mis en communication par la coquille du tiroir, sont ceux d'évacuation. En changeant la position du tiroir au moyen du levier *m*, on peut découvrir l'orifice O' à l'introduction, et mettre l'orifice O en communication avec l'orifice O″ d'évacuation, ou, en d'autres termes, renverser le mouvement.

Chacun des trois orifices O, O', O″, communique à un passage qui s'étend transversalement sous la paire correspondante des cylindres ; ces passages P, P', P″ sont tracés en pointillé dans la figure 2, et sont montrés en coupe dans les figures 4, 5 et 6 ; P et P' servent tantôt à l'introduction et tantôt à l'évacuation, tandis que P″ sert toujours à l'évacuation ; ce dernier communique avec le conduit N (*placé du côté de la machine opposé au tuyau de vapeur*), sur lequel est fixé le tuyau R d'évacuation (*Voir ce détail figure 5 et 6, planche XVI*), et avec l'intérieur des cylindres par les ouvertures SS (*fig.* 1, 2, 6, *pl.* XV).

La communication avec les cylindres se fait : pour le passage P' par les ouvertures UU (figure 4), et pour le passage P par les ouvertures FF, qui longent les côtés des cylindres (*fig.* 4, 5 et 6) et débouchent dans ces derniers par les ouvertures EE (*fig.* 4).

Les deux cylindres communiquent entre eux par les ouvertures GG (*fig.* 4).

Chaque piston consiste en un massif annulaire en fonte de fer (*fig*. 3, 4, 7, 8, 9, 10 *et* 11, *pl*. XVI), fendu sur un côté; la fente est munie d'une clavette ou coin *aa*, maintenue en place par un écrou *b*; ce coin permet de dilater le piston lorsque l'usure commence à se faire sentir après un certain temps de fonctionnement; la fente à l'arrière du piston est fermée par une bande *c* (*fig*. 4 et 7).

L'espace annulaire, dans chaque piston, est divisé d'abord en deux portions inégales, par une cloison longitudinale *d* (*fig*. 10 et 11); la portion la plus petite *e*, occupe à peu près un quart de la circonférence, et s'étend sur toute la longueur du piston; elle communique avec l'ouverture *f*, pratiquée au fond du piston (*fig*. 7), et avec l'ouverture *g*, pratiquée sur sa circonférence (*fig*. 10); la portion la plus grande *k*, communique avec les ouvertures *h*, *i*, *j* et *p*, pratiquées autour de la circonférence du piston (*fig*. 10 et 11); elle est divisée en deux par la cloison transversale *l* (*fig*. 4); la figure 3 est une coupe par cette cloison.

Le petit passage *e* de chaque piston, sert à l'introduction ou à l'évacuation de la vapeur pour le cylindre auquel ce piston appartient, et le grand passage sert de conduit à la vapeur qui entre dans le cylindre voisin ou qui en sort.

En appelant n° 1 et n° 2 les pistons situés d'un même côté de l'arbre, n° 3 et n° 4 ceux placés en face, le n° 4 étant vis-à-vis le n° 1, les figures 7, 8, 9, 10 et 11 représentent les pistons 1 et 3; et les figures 12, 13, 14, 15 et 16, représentent les pistons 2 et 4 ayant les mêmes ouvertures, mais inversement placées.

D'après la description succincte qui précède, il est facile de comprendre que chaque piston agit comme un tiroir, et règle l'admission dans le cylindre voisin, ainsi que son évacuation.

En examinant les dessins des planches XV et XVI, on pourra se rendre compte du fonctionnement de cette machine : nous allons essayer de l'expliquer un peu plus clairement que nous ne l'avons fait dans le courant de la description qui précède. — Dans la position du tiroir de mise en marche D, indiquée dans la figure 1, planche XV, la vapeur passant par l'orifice O, se rend dans le passage P de la figure 5, et dans les conduits latéraux FF, indiqués dans les figures 5, 6, et 4; or, en considérant la figure 4, et les positions des pistons qui y sont indiquées, on voit que la vapeur, passant par l'ouverture E et la partie K du piston H, arrive par l'ouverture inférieure G, et la partie *e* du piston H dans le cylindre H', et force ce dernier piston à effectuer sa course en dehors; en même temps, la vapeur qui a déjà travaillé dans le cylindre H, évacue, en passant par la partie *e* du piston H, l'ouverture supérieure G, la partie *k* du piston H' et arrive dans le passage P'; or, ce passage est en communication, par la coquille du tiroir, avec le passage P" de la figure 6, lequel communique avec le conduit N et le tuyau d'évacuation.

Quand le piston H' a accompli une partie de sa course, il sert, à son tour, à conduire la vapeur dans le cylindre H, et le piston de ce dernier cylindre sert de passage à la vapeur qui évacue du cylindre H' pour aller au tuyau d'évacuation.

Outre les passages d'évacuation à travers le piston du cylindre voisin, chaque cylindre est muni d'un orifice S, conduisant directement la vapeur dans le passage transversal P"; cet orifice S, ainsi que nous l'avons déjà dit, se voit dans les figures 1, 2 et 6, planche XV, et il est ouvert à l'évacuation lorsque le piston approche de la fin de sa course vers l'arbre moteur, comme on le voit figure 1 et 2.

De même que dans une machine à tiroir ordinaire, on peut produire une détente fixe quelconque, en disposant convenablement les orifices des pistons à vapeur.

Le principal avantage de la machine Hicks réside dans le petit nombre de pièces qui la composent, vu la suppression des tiroirs dans l'acception ordinaire du mot, et des pièces de transmission de mouvement que nécessite cet organe, telles que l'excentrique, la bielle, les guides etc., etc. ; de plus, les pistons à vapeur sont des tiroirs bien équilibrés, par suite de la disposition des conduits et des orifices dont ils sont munis; enfin, la vitesse des tiroirs étant celle des pistons, la vapeur est interceptée vivement et le plus près possible du cylindre, ce qui donne des espaces nuisibles très-petits.

Mais en regard de ces avantages, on peut mettre l'inconvénient de l'emploi de quatre cylindres à simple effet, au lieu de deux de même volume, à double effet, ce qui donne un frottement considérable des pistons dans les cylindres, et une très-grande surface refroidissante.

Ce frottement des pistons dans les cylindres a lieu surtout en haut et en bas, en raison de la composante due à l'obliquité des bielles; les cylindres tendent donc à s'ovaliser, et il doit en résulter forcément des fuites après un certain temps de fonctionnement, d'autant mieux que ces pistons ne sont munis d'aucune garniture.

Quant à la question de savoir si la machine du système Hicks est plus économique que celles du système ordinaire, il faudrait, pour la résoudre, faire une série d'expériences qui, dans la circonstance, étaient complétement en dehors de notre pouvoir.

En résumé, notre opinion est que si cet appareil moteur peut avoir quelque avantage sur le système ordinaire, c'est uniquement dans le cas d'une petite puissance à développer permettant l'usage d'une machine motrice de petites dimensions.

Celle que nous avons vue à l'Exposition fonctionne avec une régularité irréprochable, sans le plus léger choc ni le plus petit ébranlement. On peut renverser la marche instantanément, ce qui serait un avantage inappréciable si l'on appliquait ce système aux embarcations à vapeur.

CHAPITRE QUATRIÈME

LES PROPULSEURS

Par C. POSTEC

Mécanicien principal de deuxième classe.

Les différentes sortes de propulseurs marins ne figurent pas en grand nombre à l'Exposition, et les modèles exposés ne présentent aucun type absolument nouveau.

De cette observation il nous semble résulter que la roue à aubes et l'hélice sont encore aujourd'hui et resteront longtemps les deux meilleures expressions de l'utilisation de la force mécanique transportée d'une machine à vapeur au propulseur. Pour l'un et pour l'autre de ces propulseurs, les améliorations proposées consistent moins dans les proportions nouvelles à établir entre les différents éléments qui influent sur le rendement, tels que la largeur des aubes, leur degré d'immersion, le pas de l'hélice et son diamètre, sa vitesse de rotation, etc., que dans les installations particulières, telles que le mécanisme d'oscillation des aubes mobiles, la retenue des ailes sur le moyeu, le double emploi de l'hélice et comme propulseur et comme gouvernail.

Une remarque dont peuvent profiter les personnes qui, à un titre quelconque, s'intéressent à la question des propulseurs, c'est que tout ce qui a été fait ou proposé depuis qu'il y a une marine à vapeur se trouve ou déterminé ou prévu, ou tout au moins l'idée se trouve en germe dans les quatre ouvrages dont nous donnons les titres ici comme renseignement bibliographique :

De la navigation par la vapeur, par M. Campaignac ;

Des propulseurs sous-marins, par M. Labrousse, 1843 ;

Expériences sur les hélices, par MM. Moll et Bourgois, 1851 ;

De l'hélice propulsive, par M. le contre-amiral Pâris.

Quant aux indications spéciales au service du mécanicien chargé de la conduite et de l'entretien des machines à vapeur marines, on comprend sans peine qu'elles ne peuvent pas provenir des observations faites sur des modèles muets. Mais de la description de ces dernières, il peut résulter des renseignements d'une certaine valeur, pour améliorer les détails des propulseurs en service et pour éclairer les recherches des personnes qui poursuivent l'idée d'une nouvelle invention à ce sujet. C'est dans ces limites que nous allons donner la description des modèles que nous avons vus à l'Exposition.

Roues à aubes.

Les deux systèmes de roues aujourd'hui en usage sont les roues à aubes fixes et celles à aubes articulées. La disposition des premières est trop connue pour que nous en parlions ici. Rappelons cependant que le système dit à la Dupouy (invention de M. le vice-amiral Dupouy) a marqué la supériorité sur ceux qui l'ont précédé ou qui l'ont suivi dans l'application, parce qu'il résume le mieux les conditions de légèreté, de solidité et de facilité de démontage.

Le mécanisme des aubes articulées a passé par plusieurs modifications plus ou moins heureuses pour arriver à celui représenté par les figures 1 et 2, Pl. XXV.

Des leviers L sont implantés perpendiculairement aux pâles au centre d'action de ces dernières, c'est-à-dire un peu au-dessous du milieu de leur hauteur ; ils sont commandés par des bielles B, articulées sur un collier C, dans lequel tourne un excentrique fixé sur la muraille du navire (*fig.* 2), ou sur un bouton *b* retenu sur l'élongis (*fig.* 1).

Ces bielles, en tirant les leviers des pales, forcent ces dernières à prendre les positions les plus avantageuses pour prévenir la perte de travail provenant de l'obliquité de la surface poussante.

Ce résultat est obtenu en faisant osciller le collier C_1^c, autour d'un point a, situé à une certaine distance du centre A de l'arbre de couche. On peut, du reste, modifier quelquefois cette distance à l'aide de l'agencement représenté par la fig. 1.

Les roues articulées procurent sur les roues ordinaires une bonification de rendement que l'on estime à 0,1 ; bonification due à ce que les aubes entrent dans l'eau en faisant avec la surface de cette dernière un angle plus petit que ne le font les aubes fixes.

En résumant les observations et les résultats de la pratique, on arrive à ces conclusions :

1° A diamètre égal, et pour une immersion moyenne donnée, les roues articulées ont un plus grand nombre de pales trempantes et par suite une plus grande surface propulsive, ce qui constitue une nouvelle cause de supériorité de rendement, outre celle due à la moindre obliquité des aubes.

2° A égalité de surface immergée, elles peuvent avoir un plus petit diamètre que les roues ordinaires et moins de largeur. Ce dernier avantage permet l'emploi de machines à rotation plus rapides et par suite moins lourdes.

Notons en passant que, dans les roues à aubes fixes, un certain accroissement de vitesse est peut-être obtenu lors de l'entrée des pales, par leur tendance à élever l'avant du navire et par suite à diminuer la résistance de la carène ; mais cette diminution doit être tellement faible qu'on peut la négliger sans inconvénient.

Le prix de revient des roues à aubes articulées est beaucoup plus élevé que celui des roues à aubes fixes. Il est vrai que cette augmentation est grandement compensée par l'économie de combustible et par la différence dans le prix d'achat des machines qui, avec les pales articulées, est beaucoup moindre, puisque, pour la même vitesse à obtenir, on peut employer des appareils mécaniques d'une force moins grande.

A l'économie de combustible il faut ajouter l'augmentation de l'espace laissé aux approvisionnements par l'emploi de machines moins volumineuses.

Les roues articulées sont très-lourdes, exigent de grands soins et des visites fréquentes pour être maintenues en bon état, ce qui est souvent impossible à la mer. Elles sont moins solidement agencées que les roues ordinaires ; leurs avaries sont plus fréquentes et plus dangereuses, car il suffit de la rupture d'une des pièces du système pour compromettre gravement les autres, ou pour paralyser le mouvement de l'ensemble. Le démontage partiel est long et difficile, inconvénient qui se présente lorsqu'on veut marcher à la voile. Il est vrai que, dans ce cas, on peut affoler les roues, mais il en résulte toujours une résistance plus grande que celle occasionnée par les roues ordinaires dont les aubes sont démontées.

Sur les navires destinés à remorquer, les roues articulées ont un grave inconvénient : le diamètre, à l'extérieur des aubes, restant le même que lorsque le remorqueur marche seul, la vitesse de l'aube diminue en même temps que celle du remorqueur, et, par suite, il y a diminution de la force développée par la machine. Cet inconvénient n'existe pas avec les aubes fixes, car on peut les remonter sur leur rayon, dans de certaines limites, de manière à laisser à la machine une vitesse qui, s'écartant peu de la vitesse de régime, diminue très-peu la puissance développée.

Nous citerons l'exemple d'un aviso de 160, remorquant un vaisseau :

Avec une immersion de pales de 0^m 50, la machine donnait onze tours de roues, et le vaisseau filait 3ⁿ 1/2. En remontant les aubes, la machine donna quinze tours et le sillage atteignit quatre nœuds.

De toutes ces considérations, il résulte que les roues articulées sont bonnes pour des bâtiments à grande vitesse destinés à faire de courtes traversées, tels que les yachts, etc., parce qu'alors le tirant d'eau varie peu et que les avaries sont d'autant moins fréquentes que le fonctionnement est de moindre durée.

Au point de vue de l'installation le long du navire, les roues présentent deux dispositions : elles sont à chaise sur l'élongis (*fig. 2*), ou en porte-à-faux (*fig. 1*).

Dans la première disposition, l'arbre sortant du navire va s'appuyer par son extrémité sur un palier que porte l'élongis.

Dans la seconde disposition, une chaise est appliquée en dehors, sur la muraille du bâtiment, et supporte l'arbre.

Les roues en porte-à-faux sont très en vogue aujourd'hui, surtout avec les aubes articulées. Dans ce dernier cas, il y a moyen d'employer comme excentrique un simple collier monté sur un bouton fixé à l'élongis. Ceci permet de restreindre les dimensions du collier, et d'arriver par tâtonnements, en déplaçant le bouton d'excentrique, à trouver le meilleur angle d'entrée qui convienne à la marche du navire. De plus, les roues à aubes en porte-à-faux étant solidement maintenues sur la muraille du bâtiment, elles sont moins sujettes aux dénivellements. Elles permettent en outre une diminution dans les dimensions, et par suite dans le poids des tambours.

Pour terminer ce qui est relatif aux roues, nous dirons qu'à notre avis, le système des roues à aubes fixes de M. Dupouy, et en porte-à-faux, résume, pour de longues campagnes, toutes les conditions de solidité, de simplicité, de facilité de démontage et de réparations.

Roues à pales verticales. — Système américain.

(Planche XXVI.)

Le système de roues à pales verticales, américain (*fig.* 3, 4, 5), diffère peu du système à pales articulées anglais.—En 1863, nous suivions M. le vice-amiral Reynaud à bord d'un bâtiment muni du premier de ces deux systèmes. Les avantages de rendement accusés par les mécaniciens du bord ne pouvaient être constatés que par des essais comparatifs que nous n'avions pas les moyens de faire.

Dans le fleuve où nous naviguions alors, le système me parut être d'un bon emploi; mais dans une forte mer, telle que nous la rencontrions souvent avec la frégate la *Guerrière* aux approches de New-York, il aurait présenté, à notre avis, les inconvénients résultant particulièrement d'un manque de solidité dans l'ensemble.

Nous sommes porté, par cette raison, à préférer pour la mer l'installation dans laquelle tout le mécanisme tourne d'un seul bloc, à celle où chaque pale a une mobilité indépendante[1]. D'ailleurs, le système américain est très ingénieux et doit avoir des avantages notables dans les fleuves ou dans une mer calme.

Propulseurs héliçoïdes.

Depuis que l'hélice a été employée à la propulsion des navires, de nombreuses modifications y ont été apportées. Les unes n'ont

---

[1] Voir à ce sujet le récent ouvrage de M. Flachat, *Navigation à vapeur transocéanienne.*

été qu'éphémères; d'autres ne sont adoptées que par quelques ingénieurs.

Les tentatives d'hélices à surfaces tournantes n'ont pas réussi.

Il est bien certain aujourd'hui que la forme héliçoïdale géométrique, admettant un pas d'entrée sur 1/4 ou 1/5 de la largeur de l'aile, est la meilleure.

Chacun sait qu'une des causes de perte de travail dans les hélices est produite par l'action centrifuge, ce qui est facile à expliquer: en effet, l'hélice en choquant l'eau tend à la pousser normalement à la surface poussante; or, cette poussée se décompose en deux parties : l'une, dans la direction de la quille, est la seule qui soit efficace pour la marche du navire ; l'autre, dans la direction de l'aile, est sans effet pour la propulsion ; cette dernière est due à l'action centrifuge.

Afin d'éviter les effets de la force centrifuge, M. Vergne, officier de vaisseau, imagina de placer des barettes sur la surface de l'aile et concentriquement au moyeu (*fig*. 6, *pl*. XXVI).

L'hélice Vergne ne répondit pas aux avantages qu'on en attendait, parce que, sans doute, la force centrifuge peut être arrêtée par un obstacle, mais non empêchée de se produire absolument; de là naissent des réactions nuisibles dans un autre sens au rendement du propulseur à mouvement de rotation continue.

Afin d'obvier à l'inconvénient de l'action centrifuge, un inventeur a imaginé deux hélices (*fig*. 7 et 28, *pl*. XXVI), que nous décrirons ci-après.

Des expériences n'ayant pas été faites sur ces deux nouveaux systèmes, nous ne pourrons que les décrire.

Le rendement des hélices a pu atteindre jusqu'à présent 0, 75; il ne reste par conséquent que peu de chose à gagner pour diminuer le recul.

Le nombre d'ailes a une influence réelle sur le rendement, ainsi que sur les trépidations. Les expériences faites à diverses époques ont donné les résultats suivants :

Les hélices à quatre ailes déployées (*fig*. 9) ont un bon rendement et une rotation régulière.

Les hélices à trois ailes ont accusé le meilleur rendement, mais une rotation moins régulière que les précédentes.

Celles à deux ailes ont donné un aussi bon rendement que les hélices à quatre ailes, mais leur rotation est très-saccadée et fatigue la machine, par suite de l'irrégularité de la poussée.

Les hélices à 5 et à 6 ailes ont un mouvement de rotation

très-doux, très-régulier, mais leur rendement est inférieur à celui des précédentes.

Les hélices Mangin à ailes doubles (*fig*. 10, *pl*. XXVI) ont une valeur de rendement intermédiaire à celle des hélices à 5 et à 6 ailes, et leur poussée est la même que celle des hélices ordinaires à deux ailes.

D'après cela, les hélices à 4 ailes paraissent dans les meilleures conditions de rendement, de régularité de rotation, et conviennent parfaitement aux grands navires à grande vitesse, tels que les cuirassés qui ne sont pas appelés à faire de grandes traversées ; ces navires d'ailleurs sont tous munis d'hélices à quatre ailes en porte-à-faux (*fig*. 9, *pl*. XXVII).

Nous sommes porté à croire que les hélices ont à peu près dit leur dernier mot, qu'elles sont arrivées à un degré de perfectionnement qu'on ne pourra guère dépasser, et que, comme propulseurs sous-marins, elles ont le mieux satisfait aux exigences de la grande navigation.

En se plaçant exclusivement au point de vue pratique, on peut dire que ce propulseur agissant par réaction, toute la force qu'il dépensera pour projeter l'eau dans un autre sens que celui de la direction opposée à celle de la marche du navire sera une force perdue.

A défaut du résultat d'expériences sur les systèmes exposés, nous appuierons notre appréciation sur les probabilités du mouvement du liquide déterminé par les formes ou par les dimensions de l'opérateur, lorsqu'il fonctionne.

Disons tout d'abord que, de tous les systèmes figurant à l'Exposition, aucun ne s'écarte d'une manière originale du principe général : *Rotation continue d'une surface gauche plus ou moins prononcée;* que le progrès acquis depuis dix ans est peu sensible, et qu'il est à regretter de ne pas voir figurer au Champ-de-Mars un plus grand nombre de modèles ou de dessins des systèmes dont on trouve des indications insuffisantes, soit dans les ouvrages spéciaux, soit dans les brevets d'invention.

M. Saland, de Clermont-Ferrand (Puy-de-Dôme), a exposé un nouveau modèle d'hélice (*fig*. 7 et 8), dont la disposition a pour but d'empêcher l'effet centrifuge de l'eau sur les ailes. En effet, les hélices, telles qu'elles sont installées, tendent, dans le mouvement de rotation, à repousser l'eau qui leur fait résistance de la direction du centre à l'extrémité des ailes ; ainsi est diminué sensiblement l'appui des forces qui doivent pousser le navire dans le sens voulu. Il faudrait donc leur donner une forme telle, qu'étant mises en mouvement, l'eau frappée prît au contraire une direction des extrémités au centre ; ainsi le mouvement s'opérerait pour ainsi dire dans un écrou solide. Or, si les hélices proprement dites produisent un effet centrifuge sur les ailes en tournant autour de leur axe, on peut obtenir l'effet contraire en prenant l'extrémité d'une aile comme centre, et en faisant tourner cette aile autour de ce centre. L'eau, comme dans le premier cas, sera dirigée du centre à l'extrémité des ailes, mais cette fois la direction du courant étant opposée à la direction du courant produit par une surface héliçoïde disposée comme d'habitude sur l'arbre de rotation, l'eau ira de l'extrémité au centre de l'aile.

L'hélice proposée se compose donc de portions de surfaces héliçoïdales dont les extrémités sont tournées vers le centre.

L'idée de l'inventeur peut être bonne dans l'application, mais les résultats d'expériences nous manquent pour l'apprécier par comparaison. Deux petits modèles sont exposés : l'un à génératrice droite et l'autre à génératrice courbe.

Empêcher la force centrifuge de se produire ou en circonscrire les effets est chose possible, et dans cet ordre de faits, le système à barrettes de M. Vergne promettait théoriquement des résultats qui n'ont pas été vérifiés par la pratique. Mais malheureusement, ainsi que nous l'avons déjà dit, cette force ne tend pas moins à se produire, et quand l'obstacle existe, la réaction qu'il occasionne vient amoindrir l'action utile du propulseur. Cette observation s'applique à tous les propulseurs héliçoïdes à cuiller essayés jusqu'à ce jour.

Il serait imprudent d'établir une opinion absolue à ce sujet, mais il est à souhaiter que quelques expériences plus concluantes que celles qui ont été faites jusqu'à aujourd'hui viennent éclairer les intéressés.

Nous revenons volontiers à parler de l'hélice du système de M. Mangin, ingénieur de la marine, qui se compose de deux plans d'ailes superposées (*fig.* 5) ; elle rend presque autant d'effet utile qu'une hélice à deux ailes de même surface. Le principal avantage qu'elle offre est d'être entièrement masquée par l'étambot A.

Sur la frégate la *Guerrière* (bâtiment mixte) qui atteignait une vitesse de 12 à 13 nœuds à la voile comme à la vapeur, il nous suffisait, pour marcher à la voile seulement, de placer l'hélice dans le sens de l'étambot, et à cette vitesse le frein ne fatiguait pas et n'a jamais manqué. C'est à juste titre que l'hélice *Mangin* peut être appelée l'*hélice marine*.

Pour les bâtiments de guerre dont la vapeur est le seul moteur, tels que les navires cuirassés, l'hélice à 4 ailes croisées paraît être le meilleur propulseur. Un magnifique exemple figure à l'Exposition : c'est l'hélice du *Friedland* ; les ailes sont ajustées et clavetées dans un moyeu sphérique, et le travail d'aclavement de l'ajustage est représenté par un petit modèle comprenant le tour et la barre d'alézage de l'invention de M. X..., du port de Cherbourg.

En Angleterre on poursuit en ce moment des expériences pour reconnaître quel est le pas de l'hélice le plus avantageux pour un diamètre et une fraction de surface donnée. Le moyen le plus expéditif qu'ils emploient dans ce but est de retenir les branches sur le moyeu par un pas de vis, ce qui permet de faire varier l'angle formé par la surface hélicoïde et l'axe de rotation, en plaçant des cales d'épaisseurs différentes entre le vide laissé par le dessous du collet terminant la partie filetée de l'emmanchement et son portage sur le moyeu, vidé qui augmente avec l'augmentation de cet angle.

Ce moyen ne donne pas une hélice géométrique régulière, on le comprend du reste, mais il est acquis qu'un propulseur ainsi formé a très-sensiblement le même effet utile que si sa surface était engendrée par la génératrice de définition géométrique.

En France, les belles expériences de MM. Bourgois et Moll, et les conclusions logiques tirées des différents faits de la navigation signalés à M. Dupuy de Lôme, directeur du matériel, ont définitivement fixé la relation qui doit exister entre les éléments de l'hélice propulsive.

Nous n'avons vu à l'Exposition universelle que les quelques modèles d'hélice offrent les particularités bien tranchées dont nous allons parler ci-après. En nous bornant à ce qui précède sur les hélices déjà connues et dont les spécimens figurent également à l'Exposition, nous voulons éviter de redire d'une manière insuffisante, à coup sûr, ce qui est exprimé avec des considérations théoriques et pratiques dans les travaux publiés par M. le vice-amiral Labrousse et M. le vice-amiral Pâris.

Roue à hélice produisant des effets différents dans son mouvement de rotation. — Système Perreaux.

La roue à hélice dont il s'agit a pour caractère particulier la mobilité des palettes qui la composent, mobilité qui permet de leur faire prendre toutes les inclinaisons possibles, et par conséquent, de leur donner une force extrême, ou moyenne, ou nulle ; de produire des actions opposées ; de faire avancer ou reculer le navire sans qu'on soit obligé de changer le sens dans lequel la roue à hélice tourne. Elle rend donc inutile le mécanisme de débrayage.

Mécanisme. — L'arbre *mn* est perforé suivant son axe dans toute sa longueur pour recevoir une tige *g* destinée à faire mouvoir les palettes. Cet arbre est appuyé à une extrémité sur un coussinet retenu aux parois du navire, et de l'autre il est en communication avec la machine motrice.

La tige en fer passant dans l'intérieur de l'arbre est destinée à donner le mouvement aux palettes par son action de va-et-vient. C'est à l'aide d'une crémaillère *m'* fixée sur cette tige et d'une roue dentée, placée à la partie inférieure de chaque palette *n'* (*fig.* 12), que l'on obtient les différentes inclinaisons.

A l'autre extrémité de la tige est fixée par un coussinet une longue crémaillère *l*, s'engrenant avec un pignon. C'est par ce dernier et à l'aide d'une manivelle fixée sur son axe, et d'un cercle gradué C, placé derrière la manivelle, que l'on donne progressivement aux palettes des inclinaisons différentes, (*fig.* 13). Soit un cercle dont les deux moitiés sont divisées en 180° ; quand l'aiguille sera portée d'un nombre de degrés quelconque du côté gauche A, l'inclinaison des palettes deviendra telle que le navire avancera lorsqu'elles tourneront. Si, au contraire, l'aiguille est portée d'un degré quelconque du côté B, l'inclinaison des palettes sera inverse à la précédente, et le navire reculera.

Il est à remarquer que les changements d'inclinaison seront obtenus graduellement et sans choc, et qu'en se rapprochant de 90° du côté B, les palettes prendront la position la plus propre à arrêter la marche du navire (*fig.* 14), et par conséquent la plus favorable pour préparer son recul, puisqu'elles présenteront leur plus grande surface comme résistance à l'entraînement en avant.

Dans le cas où l'on voudrait se servir exclusivement des voiles, il faudrait porter l'aiguille à 0°, parce que dans cette situation les palettes prendraient une position telle qu'elles offriraient à la résistance de l'eau la surface représentée par leur épaisseur (*fig*. 15).

L'axe de chacune des palettes divisant la surface en deux parties symétriques, la manœuvre pour les incliner dans un sens ou dans l'autre ne paraît exiger que l'emploi d'une petite force et le mouvement doit être doux et régulier.

Construction de l'hélice à ailes mobiles. — La principale pièce est un double cône en acier forgé d'une seule pièce, s'ajustant sur l'arbre de transmission et pouvant recevoir deux palettes portant les engrenages indiqués.

Les crémaillères m' m' (*fig*. 12), destinées à produire les variations de position des palettes et s'engrenant avec les pignons n' n', qu'elles portent, sont fixées sur une pièce en fer ou en acier d'une longueur égale à leur course, ce qui paraît assurer la solidité nécessaire à ce système de propulseur mobile.

Pour préserver les engrenages de l'introduction entre eux des corps étrangers, une chemise au tambour ajusté sur l'arbre les recouvre entièrement.

Le système de M. *Perreaux*, ainsi que celui de M. Maudslay, de Londres, consiste, en somme, à changer la direction des ailes afin de diminuer la résistance pour la marche à la voile. Ces systèmes, bien que très-ingénieux, ne sont pas assez *marins* pour être employés avec avantage. En effet, ils ont un arbre creux, dans l'intérieur duquel passe un arbre plein faisant tourner les ailes à l'aide de leviers ou d'engrenages, l'eau pénètre dans le mécanisme, et, à un moment donné, l'oxydation ou le gauche survenu peut forcer ou retenir fixe la position des ailes.

Le défaut de solidité pour l'usage à la mer nous paraît évident.

Hélice-gouvernail de M. de Montagu.
(Planche XXVIII.)

Nous avons examiné un dessin accompagné d'une notice de l'hélice-gouvernail, par M. de Montagu. L'idée de faire servir le mécanisme qui donne le mouvement au propulseur à la mise en action d'un évolueur, est sans doute excellente. Aussi des marins et des ingénieurs s'en sont-ils préoccupés. Mais de grandes difficultés se dressent devant son application. M. de Montagu les lève avec une facilité qui nous paraît être une grande erreur de sa part. Il admet de prime abord que, sur un bâtiment en bois, on peut construire toute la partie arrière en fer, de façon à donner la plus grande solidité possible ; puis, en enveloppant l'hélice gouvernail, placée au-dessous de l'arbre de l'hélice propulsive, d'un cercle denté pouvant s'engrener avec une roue placée sur l'arbre de cette dernière à la façon d'une roue avec une vis sans fin, il conclut que ces deux propulseurs fonctionnant ensemble ou isolément à volonté, et chacun d'eux de la manière la plus efficace pour leur emploi respectif, l'évolueur exigerait un appareil isolé de la force d'un dixième de l'appareil moteur. Il nous paraît que ce serait là un système encombrant près du moteur principal et que la complication s'aggraverait par la transmission du mouvement à l'évolueur au moyen de bielles placées en partie dans l'eau.

Le projet de M. de Montagu n'a pas la qualité essentielle de tout ce qui est destiné à l'usage du navire naviguant à la mer : la solidité et la simplicité. Quoi qu'il en soit, nous croyons rapporter ici une partie de la notice même dont l'inventeur a fait accompagner son projet. Il y a en germe quelques idées productives.

En considérant l'immense progrès accompli dans la marche des navires par l'emploi de l'hélice de propulsion, on s'étonne que, sous le rapport de la facilité et de la rapidité des évolutions, le navire à vapeur soit resté inférieur au navire à voiles. Quelle est la cause de cette infériorité ?

La voici en quelques mots :

Pour acquérir toutes les qualités de vitesse qu'il possède, le navire à vapeur a dû se dépouiller de la mâture à voiles carrées dont les inconvénients étaient pour lui plus grands que les avantages ; or, la mâture à voiles carrées était un puissant moyen d'évolution, agissant efficacement dans tous les cas où le gouvernail ne produit aucun effet, et lui venant en aide en toutes circonstances (excepté en calme plat), pour accélérer et accomplir l'évolution voulue.

Donc, en perdant ce puissant moyen d'évolution sans le remplacer par un autre, le navire à vapeur devait se trouver, et se trouve, en effet, dans l'impossibilité d'opérer, dans les mêmes conditions d'espace et de temps, les évolutions que le navire à voiles accomplit rapidement et presque sur place.

Voilà la cause parfaitement connue de l'infériorité dont nous venons de parler ; il faut y porter remède et au plus tôt, car la position où s'est trouvé le *Great-Eastern*, privé de l'usage de son gouvernail mis hors de service par un coup de mer, démontre la nécessité de pourvoir les navires à vapeur d'un nouvel organe d'évolution approprié à leur construction.

Quel sera cet organe ?

Réponse. — Une hélice dont l'axe de rotation sera perpendiculaire au plan de la coupe longitudinale et verticale du navire.

En principe, voilà le moyen trouvé.

Quant à l'application, elle peut se faire ainsi qu'il suit :

Commençons d'abord par lever une objection relative aux navires construits en bois ; cette objection est que la solidité du navire en bois, déjà compromise par l'hélice de propulsion, ne comporterait pas l'établissement à proximité d'une autre hélice. Ce serait parfaitement vrai si le bois, dans la partie du navire que doivent occuper les deux hélices, ne pouvait être avantageusement remplacé par le fer. Cette substitution locale du fer au bois n'ayant que des avantages et pas d'inconvénients, l'objection susénoncée reste sans valeur. On peut donc, au moyen de cette transformation partielle, minime comme dépense, pourvoir les navires à hélice construits en bois d'un organe d'évolution dont le besoin se fait vivement sentir, et dont les avantages, faciles à comprendre, ne permettent pas de prendre en considération sérieuse les frais de construction.

Ainsi, étant admis que le fer a été substitué au bois dans la partie des œuvres vives que doivent occuper les deux hélices, le cadre de l'hélice d'évolution sera au-dessous de l'arbre de couche de l'hélice de propulsion, et près de l'espace réservé à son mouvement de rotation.

La transmission du mouvement de rotation qui doit animer l'hélice gouvernail sera fournie par la machine qui commande l'hélice de propulsion ou par une petite machine isolée.

Dans le premier cas, si les quatre ailes de l'hélice-gouvernail forment les bras d'une roue H, située selon l'axe longitudinal d'un navire, le mouvement lui sera communiqué par une deuxième roue A, perpendiculaire à la première et placée sur l'arbre de l'hélice propulseur.

Les dents de ces deux roues sont obliques par rapport à leur axe, de manière à produire l'entraînement à la façon d'une vis sans fin.

Un manchon fou placé sur l'arbre de l'hélice propulseur reçoit les deux roues A et B.

La roue B est commandée par la roue C, calée sur l'arbre longitudinal *cd*, traversant le contre-étambot dans un presse-étoupes.

Le mouvement est transmis de l'arbre de l'hélice propulseur à l'arbre *cd*, par deux systèmes de roues GK, permettant de changer à volonté le sens de la rotation de l'hélice gouvernail.

Le premier système est fixé sur l'arbre *cd*; le second peut glisser sans tourner sur l'arbre de l'hélice propulseur. L'engrenage se fait soit directement entre les roues G, soit indirectement par une roue intermédiaire entre les roues K.

Dans le deuxième cas, avec une machine isolée d'une force égale à un dixième environ de la force de la machine motrice, on pourra communiquer le mouvement de la manière suivante qui, par sa simplicité, sera sans doute préférée à la manière précédente :

L'hélice-gouvernail ayant toujours quatre ailes noyées dans un moyeu, reçoit à chaque extrémité de ce moyeu une manivelle ; ces deux manivelles, calées à angle droit, sont commandées par deux bielles dont les têtes sont assemblées sur deux coulisseaux animés d'un mouvement de va-et-vient par l'action des tiges de pistons d'une machine à deux cylindres.

Un manchon en tôle protége la tête des bielles et les glissières pour éviter les battements et les remous que produirait leur mouvement dans l'eau.

Les tiges des pistons traversent les parois du navire dans des boîtes à étoupes très-étanches. Le dessin (*fig*. 16) indique encore un autre moyen de transmettre le mouvement à l'hélice gouvernail : sur l'axe longitudinal *cd*, serait calée une roue conique Q s'engrenant avec une roue horizontale *h*, dont l'arbre vertical serait l'axe d'un cabestan que l'on pourrait faire tourner à bras d'homme.

Ce dernier moyen serait employé pour les manœuvres de port.

Palmipède-gouvernail du lieutenant-colonel Evelyn.
(Planche XXVIII.)

Le palmipède-gouvernail anglais du lieutenant-colonel Evelyn, ne paraît pas être établi de manière à éviter les inconvénients signalés par les propulseurs de cette nature proposés jusqu'à ce jour. En effet, sans tenir compte de la barre verticale sur laquelle se produit la force faite par le propulseur tournant, on voit au premier coup d'œil que la faible partie arrière qui maintien le système serait fortement ébranlée si, par exemple, il fallait faire fonctionner ce système imméditement dans un sens perpendiculaire à l'axe longitudinal du bâtiment, c'est-à-dire par le travers.

Relativement à ce qui doit se produire pendant le mouvement, on peut apprécier que, si la pale est verticale, elle se meut dans le liquide sans produire d'effet ; si, au contraire, elle est horizontale, elle tend à lever ou à faire plonger l'arrière du bâtiment sans produire un effet de poussée dans le sens de la marche. Donc, il faut que sa position soit entre la verticale et l'horizontale.

Prenons la moyenne de ces deux points et supposons la pale placée à 45°, c'est-à-dire suivant la bissextrice de l'angle formé par ces deux positions, et nous verrons alors qu'il y a une grande décomposition de force.

Dans le dessin (*fig.* 17 à 20), les lettres ont la signification suivante :

A est l'arbre tournant, traversant et servant de guide à la pagaie sur sa partie rectangulaire ; B, est l'enveloppe qui embrasse la partie rectangulaire de l'arbre et qui porte deux tourillons C, D, pour recevoir le propulseur. La partie supérieure de ce parallélipipède rectangle porte un collier circulaire, afin de permettre au système entier de tourner à l'extrémité de la traverse E, F, qui reçoit le pied de la bielle motrice.

L'inventeur résume comme il suit les avantages de son système :

« 1° Accroissement considérable de la puissance du gouvernail tout en facilitant sa manœuvre.

2° Toutes les parties de la surface de la pagaie produisent un égal effet : absence d'action centrifuge, et par conséquent la dispersion latérale du liquide n'a pas lieu.

3° Diminution du recul par la raison que la pression de la pagaie propulsive s'excerce toujours dans la ligne suivie par le vaisseau, c'est-à-dire dans le prolongement du plan longitudinal. Quand la pagaie fonctionne sous un angle de 45°, toute l'eau déplacée par son action doit être chassée horizontalement sur l'arrière.

4° Les risques de voir paralyser le propulseur par l'embarras des débris des naufrages, engins de pêche, amarres dans les ports, rivières, etc., sont évités par l'absence de révolution du propulseur.

5° L'élévation de la température des diverses parties de l'appareil n'est pas à redouter, puisque les parties mobiles, qui seules sont susceptibles d'échauffement, sont constamment dans l'eau.

6° Le propulseur n'oppose que peu ou point de résistance à la marche du navire, quand on emploie tout autre moyen de locomotion que son appareil à vapeur, soit voilure, amarres, etc., car au repos, la pagaie équilibrée prend naturellement la position horizontale. »

Notre appréciation est loin d'être aussi favorable au propulseur dont il s'agit, et bien que le modèle qui figure à l'Exposition, et qui fonctionne par l'action d'un mouvement de montre, ne permette pas d'établir des chiffres démonstratifs, nous croyons être dans la vérité en disant que la vitesse de la pagaie est beaucoup trop accélérée pour l'allure ordinaire de nos machines marines ; que si l'arrière de nos bâtiments se trouve ébranlé par l'action d'un propulseur à effet continu (l'hélice), à plus forte raison il le sera avec ce système, surtout lorsque la pagaie travaillera comme évolueur, puisque tout l'effort se fera sur cette espèce d'étambot tournant ; que l'effet utile sera bien inférieur à l'action du propulseur tournant, soit à cause de la décomposition des forces, soit à cause de la portion de course perdue, puisque le propulseur change la direction de son obliquité à chaque extrémité de course.

Propulseur hydraulique.

Le propulseur hydraulique consiste en un appareil à vapeur ordinaire dont les cylindres sont placés horizontalement dans le navire et qui imprime un mouvement de rotation continue à un arbre vertical à manivelles ou à vilebrequins ; cet arbre, placé dans l'axe du bâtiment et vers le centre à peu près, sert d'axe de rotation à une pompe rotative dans le corps de laquelle il descend en traversant un presse-étoupes placé sur le couvercle.

La prise d'eau de cette pompe est au fond du cylindre, directement au-dessous de l'appareil rotatif qui remplace le piston et le clapet dans les pompes ordinaires. La prise d'eau est formée d'une certaine quantité de trous placés dans la carène du bâtiment.

L'eau est refoulée par le travail de la pompe dans deux canaux ou conduits formés de deux gros tuyaux qui vont l'un à tribord et l'autre à bâbord, déboucher à l'intérieur, au-dessous de la flottaison en traversant les murailles du bâtiment ; ces tuyaux sont terminés par un raccord mobile, disposé de telle sorte que l'axe de l'orifice de sortie soit parallèle au plan longitudinal du navire ; ils sont emmanchés sur les conduits à l'aide d'un joint glissant ; un mécanisme très-simple, dont les principales pièces sont un pignon s'engrenant avec une portion de couronne dentée fixée sur les tuyaux à l'intérieur du navire, permet de faire tourner leur extrémité extérieure dans un plan perpendiculaire au plan longitudinal.

On comprend qu'avec un pareil système, le bâtiment sera poussé en avant ou en arrière, ou tournera sur place, selon que les orifices d'évacuation seront tournés tous les deux vers l'avant ou vers l'arrière, ou bien l'un sur l'avant et l'autre sur l'arrière. On pourrait même avec cette dernière manœuvre suppléer au gouvernail si celui-ci était avarié, et dans tous les cas, on lui prêterait ainsi un concours efficace.

Cet engin de locomotion présente des avantages secondaires qui sont :

1° De faciliter les évolutions du navire comme il vient d'être dit ;

2° De pouvoir être appliqué aux bâtiments ayant un très-faible tirant d'eau ;

3° D'être à l'abri ou à peu près de l'action des projectiles de guerre et des chocs nuisibles, car on peut donner facilement à la partie extérieure une résistance suffisante ;

4° De ne pas laisser la crainte de voir son action paralysée dans un moment critique, comme il peut arriver aux propulseurs tournants qui rencontrent des cordages ou des corps durs dans leur mouvement.

Malheureusement le rendement des propulseurs hydrauliques, du moins celui des systèmes essayés, est bien inférieur à ce qu'ont donné les roues à aubes et les hélices. La cause est due très-probablement aux remous qui se produisent aux environs de l'endroit où les veines liquides refoulées rencontrent et choquent la masse d'eau extérieure, et aux changements brusques de direction des colonnes d'eau refoulées. Un navire anglais muni d'un moyen de propulsion de ce système paraît avoir atteint des résultats satisfaisants. La question n'est donc pas encore condamnée complétement par la pratique.

CHAPITRE CINQUIÈME

TIROIRS

POMPES ET APPAREILS FUMIVORES

Par M. HUBAC

Mécanicien principal de 2ᵉ classe.

Tiroir de la machine à trois cylindres de Maudslay.

(Planche XVII.)

Des appareils en grandeur naturelle et des modèles d'appareils du type de la machine à trois cylindres *Friedland* ont été présentés par l'usine du Creuzot, par celle des Forges et Chantiers de la Méditerranée et par MM. Maudslay Son's et Fields. Ces machines se recommandent toutes par la perfection de l'ajustage des pièces et le fini du travail. Un modèle des appareils de la *Vestale* (300 chevaux), construit par M. Maudslay et qui a déjà figuré à l'Exposition de Londres, présente quelques détails intéressants.

Chaque cylindre a deux tiroirs en coquille à double orifice à compensateur, et qui sont inclinés en ardoise comme l'indique la figure 1, planche XVII ; de cette façon, l'appareil occupe moins de place en hauteur, les bandes des cylindres ont moins d'étendue et les tiroirs restent plus longtemps étanches. Ceux-ci diffèrent des tiroirs ordinaires à double orifice, en ce qu'ils ont un troisième orifice A (*fig.* 3), qui ne sert que pour l'introduction, tandis que les autres servent alternativement pour l'introduction et pour l'évacuation. La bande du cylindre porte également un troisième orifice A', destiné seulement à l'introduction. Cette disposition a pour but d'augmenter la section maxima d'ouverture à l'admission de manière à pouvoir obtenir des détentes variées par le tiroir lui-même, sans occasionner des étranglements de vapeur.

Dans le mécanisme de transmission du mouvement aux tiroirs, il y a un arbre spécial comme dans les machines du type à bielle renversée du système Dupuy de Lôme, ou du système Mazeline ; chacun de ces organes est conduit par un seul excentrique calé sur l'arbre commun. Les excentriques qui conduisent les deux distributeurs du même cylindre ont les rayons d'excentricité dans le même plan. Tous les tiroirs ont la même course.

Le mécanisme de renversement de marche comporte quatre roues dentées d'un égal diamètre ; la première roue A (*fig.* 4), est montée sur l'arbre des manivelles ; par l'intermédiaire des deux roues B et C, montées sur le même support mobile xy, elle transmet son mouvement de rotation à la quatrième roue D, montée sur l'arbre commun aux tiroirs. Les centres des roues intermédiaires B et C portées par le montant xy, peuvent être déplacés sans que ces roues cessent d'engrener avec les roues extrêmes A et B. Ce déplacement est obtenu au moyen d'un système de leviers que commande une vis ; celle-ci reçoit son mouvement de rotation d'une roue à manettes M, par l'intermédiaire de deux pignons d'angle. La partie inférieure x du support xy, décrit un arc de cercle autour d'un point fixe O, tandis que la partie supérieure est guidée par un coulisseau K, se mouvant dans un arc fendu dont la position a été combinée avec celle de l'arc xx', décrit par le pied du support xy, de manière à maintenir constantes les distances vm et qn.

La machine étant stoppée, si le montant xy se trouve à son point inférieur de suspension pour la marche en avant, il faut l'élever pour que le mécanisme se mette en mouvement dans le sens de la rotation en arrière. Dans ce mouvement du support, la roue A restant fixe, la roue B éprouve un déplacement angulaire dans le sens de la flèche, et transmet son mouvement à la roue C, qui, elle-même, le transmet à la roue D; de plus, la roue C, en s'élevant, fait éprouver à la roue D une augmentation de déplacement angulaire dans le même sens que celui produit par l'élévation de la roue B. La somme des deux déplacements angulaires de la roue D, doit être égale à l'angle du toc des deux excentriques qui seraient montés sur l'arbre des tiroirs, dans le cas où le renversement de marche se ferait avec un secteur ; ou bien encore, le déplacement angulaire total de la roue D, doit être précisément égal à celui qu'éprouverait le rayon d'excentricité avec une mise en train du système Dupuy de Lôme ou du système Mazeline.

Si nous supposons que le piston est au point mort, sa manivelle sera en P′q sur l'arbre moteur, ou en vP si nous la reportons sur l'arbre des tiroirs ; avec un tiroir en coquille, le rayon d'excentricité occupera la position VT en avance sur la manivelle vP du piston.

Le déplacement angulaire de la roue D doit amener ce rayon d'excentricité en vT′, de telle sorte que l'angle PvT′ soit égal à l'angle PvT ; de cette façon, le rayon d'excentricité pour la marche en arrière occupera, par rapport à la manivelle du piston, la même position que celle qu'il occupait par rapport à cette manivelle lors de la marche en avant, c'est-à-dire qu'il sera en avance du même angle ; la rotation en arrière aura donc lieu.

Il est à remarquer que, lors de la marche en avant, le mouvement de rotation de la roue A tend à soulever tout le système, et que si le support xy se soulève, les roues B, C, D éprouvent un déplacement angulaire dans le sens du renversement de marche.

Cette circonstance exige une grande solidité de tenue des leviers de manœuvre, afin que le sens de la rotation ne puisse pas être changé accidentellement. Le renversement de marche peut se faire avec une grande facilité sans stopper la machine, puisque le mouvement de rotation de l'arbre de couche tend de lui-même à déterminer ce changement.

L'usure qui se produit inévitablement sur les dents des roues, met l'arbre des tiroirs en retard sur l'arbre moteur et tend par suite à diminuer l'angle de la régulation. On peut remédier à l'influence de cette usure lorsqu'elle est sensible, en ne mettant pas le support xy à sa suspension extrême.

Avec ce mécanisme de renversement de marche, on peut obtenir divers degrés de détente, suivant la position que l'on fait occuper au support xy. Le changement d'introduction n'est obtenu que par un changement de l'angle de la régulation, qui augmente quand on veut augmenter le degré de détente ; or, dans ce cas, les avances à l'introduction et à l'évacuation augmentent aussi, ce qui réduit considérablement le degré maximum de détente que l'on peut produire. Il y a même lieu de croire qu'avec ce système, la détente ne peut pas être poussée plus loin qu'avec un secteur conduisant un tiroir ; car, avec ce dernier mécanisme, la diminution de la course compense en partie l'augmentation des avances produites par l'augmentation de l'angle de la régulation ; ce qui n'a pas lieu avec la mise en train Maudslay, puisque la course du tiroir est invariable. Mais, d'un autre côté, il est avantageux que la course du tiroir ne change pas quand on veut augmenter le degré de détente, parce que, de cette façon, les sections d'orifice sont moins réduites et la vapeur est moins étranglée à son entrée dans le cylindre.

Tiroir des machines à deux cylindres et à bielle renversée de MM. Rawenhill, Hodeson et Cie.

(Planche XVII.)

Le modèle de la machine ci-dessus qualifiée rappelle le type du Creusot ; mais les condenseurs tubulaires ont deux turbines, comme dans la machine à fourreau de Penn, mues par une petite machine spéciale à deux cylindres et à pilon, qui rejettent l'eau de la condensation par contact. Les tiroirs de l'appareil moteur sont sur le côté ; le mécanisme de renversement de marche est un secteur dont la bielle de suspension est attachée à la tige de piston d'un petit cylindre à vapeur (*fig.* 7) qui sert à manœuvrer le secteur lorsqu'on veut opérer le renversement de marche.

L'organe de détente variable est conduit par un excentrique à calage fixe et à déclanche ; le changement d'introduction s'obtient en faisant varier la course au moyen d'un système de leviers, comme dans la machine à fourreau de Penn.

Dans le modèle présenté par Maudslay, la condensation se fait par mélange ; les tiroirs sont sur le côté des cylindres et le mécanisme de renversement de marche est un secteur. Pour chaque cylindre, l'obturateur de détente variable est un piston creux à mouvement continu de rotation ; ce mouvement lui est transmis par l'arbre moteur au moyen de quatre engrenages droits et de trois paires d'engrenages coniques. Les engrenages coniques servent seulement à la transmission du mouvement, à cause du changement de direction des axes ; les quatre roues droites sont disposées de la même façon que celles de la mise en train de la machine à trois cylindres du même constructeur (Voir page 122) ; de sorte qu'elles servent à opérer un décalage de l'axe de l'organe de détente, et à mettre son mouvement en avance sur celui de l'arbre lorsqu'on veut augmenter le degré de détente.

Le piston de détente (*fig.* 8) est ajusté à frottement doux dans une boîte cylindrique sur le fond de laquelle vient s'adapter le conduit de vapeur. La vapeur est donc en permanence dans l'intérieur du piston de détente, mais elle ne peut pénétrer dans la boîte à tiroir T, qu'autant que l'un des deux orifices rectangulaires que porte le piston se trouve en regard d'un orifice semblable que porte le bas de la boîte à détente. Si on suppose que le calage de la détente soit réglé pour que l'orifice se ferme lorsque le piston est aux 0,6 de sa course, et qu'on prenne l'organe de détente dans la position de la figure 8, le piston de détente aura encore à décrire l'arc AB pour venir fermer l'orifice ; et lorsque l'arête A sera venue en B, le piston sera aux 0,6 de sa course. Si, à l'aide du mécanisme formé par les quatre roues dentées (mécanisme qui est semblable à la mise en train Maudslay), on fait éprouver au piston de détente et dans le sens de sa marche un déplacement AA' sans que le piston à vapeur change de place, lorsque la rotation se produira, l'arête qui est en A' venant en B, fermera l'orifice avant que le piston ait atteint les 0,6 de sa course, et par suite le degré de détente sera augmenté.

A cause de l'obliquité de la bielle du piston à vapeur, si on veut que la détente ferme au même point des deux courses du piston, les deux orifices de l'organe de détente ne doivent pas être diamétralement opposés. L'organe de détente de la machine Maudslay fonctionne tout aussi bien pour la marche en arrière que pour la marche en avant ; il faut seulement changer la suspension de son mécanisme au moment du renversement de marche.

Description du mouvement des tiroirs dans la machine à grande vitesse du système Allen[1].

(Planche XVIII.)

La machine horizontale à bielle directe, système Allen, a été construite pour pouvoir fonctionner immédiatement avec une grande régularité, quelque soudaines que soient les variations de la résistance. Ce résultat est obtenu par une disposition particulière du mécanisme de distribution de vapeur.

Elle a un double tiroir d'introduction et un double tiroir d'évacuation ; tous les tiroirs reçoivent leur mouvement d'un seul excentrique monté sur l'arbre de couche. Les tiroirs A et B (*fig.* 10) sont affectés à l'évacuation, et chacun d'eux est logé dans un compartiment spécial ; ils sont fixés sur la même tige, par conséquent ils ont un mouvement commun. Sur la figure 10, qui correspond à la position du piston à mi-course, le tiroir A permet l'évacuation de la vapeur qui se trouve dans le haut du cylindre, le tiroir B démasque complétement l'orifice du bas du cylindre, en fermant la communication X avec le condenseur.

Au-dessus de la boîte des tiroirs d'évacuation, se trouve une deuxième boîte qui contient les tiroirs d'introduction E, F ; ces deux derniers fonctionnent comme des tiroirs en coquille ; le conduit de vapeur débouche entre les deux.

Sur l'arbre de couche (*fig.* 9) se trouve monté un seul excentrique K, dont le chariot porte un arc dans lequel s'engage le coulisseau N, qui donne le mouvement aux tiroirs d'introduction. Le chariot est suspendu en P, par un levier articulé sur un support fixe ; la partie supérieure du chariot porte en M, le bouton sur lequel vient s'attacher la bielle qui doit donner le mouvement aux tiroirs d'évacuation.

Comme les tiroirs sont sur le côté du cylindre, les bielles qui viennent s'articuler en M et en N ne sont pas directement reliées aux tiges ; la bielle MM', qui s'articule en M, donne au levier MM'' un mouvement d'oscillation autour du point fixe R ; la bielle M''M''' vient s'articuler en M''' sur la tige des tiroirs d'évacuation. Le coulisseau N est attaché à l'extrémité d'une bielle à fourche NG, qui le fait monter ou descendre dans la rai-

---

[1] L'ensemble et les détails de cette machine ont été décrits à la page 92.

nure, suivant l'action d'un régulateur à force centrifuge, qui conduit la bielle NG ; en un point H de cette bielle, se trouve le bouton d'attache d'une bielle HH', qui, à l'aide d'un levier qui oscille également autour du point fixe R, transmet son mouvement à une bielle inférieure H''H''', articulée sur la tige des tiroirs d'introduction. Pendant la rotation, le secteur reçoit de l'excentrique un mouvement de va-et-vient horizontal, mais il ne se relève pas ; par suite, le jeu des tiroirs d'évacuation n'est jamais altéré. Le coulisseau N occupe le sommet de la rainure lors de l'introduction maxima qui vaut 5 dixièmes de la course ; si la résistance à vaincre diminue, la vitesse de rotation s'accroît, les boules du régulateur s'écartent, et le coulisseau descend dans la rainure du chariot. Cet abaissement du coulisseau met les tiroirs d'introduction en avance et fait diminuer leur course ; par ces deux causes, l'introduction cesse plus tôt. Lorsque le coulisseau descend jusqu'en N', les tiroirs E F, ne donnent plus qu'un demi-dixième d'introduction.

L'avantage que présente ce système de distribution de vapeur, consiste d'abord en ce que les fonctions des tiroirs d'évacuation ne changent jamais. D'autre part, l'abaissement du coulisseau dans la rainure produit sur le tiroir le même effet qu'une augmentation de l'angle de la régulation, ce qui fait augmenter les avances à l'introduction et la période de détente. Mais lorsque le coulisseau se rapproche du point P autour duquel le chariot a un mouvement d'oscillation, la course de ce coulisseau diminue, et il en est de même de la course des tiroirs d'introduction. Or, la diminution de la course fait augmenter le degré de détente tout en diminuant les avances ; les deux changements que subit le tiroir s'ajoutent pour faire augmenter la détente, mais ils agissent en sens contraire pour faire varier l'avance à l'introduction ; ces deux effets contraires doivent se compenser, au moins en partie, puisque la machine peut fonctionner à 0,05 d'introduction seulement.

Les régulateurs ordinaires ne font que rétrécir le passage de la vapeur, tandis qu'avec le régulateur de la machine Allen, c'est une véritable détente qui se produit.

Tiroir de la machine horizontale à bielle directe, de M. Ernest Ansaldi.

(Planche XIX.)

Cette machine, dite machine sans points morts, a deux cylindres placés l'un dans l'autre ; les pistons ont la même surface, l'un est annulaire et l'autre circulaire. La vapeur est distribuée dans le cylindre extérieur A (*fig.* de 11 à 17) par un tiroir en coquille ordinaire que conduit un excentrique. Le cylindre intérieur B a un tiroir pour l'introduction et un tiroir pour l'évacuation ; ces deux tiroirs sont mus par des cames ; l'introduction fixe se fait pendant les 0,5 de la course.

La machine a trois manivelles. Les deux manivelles extérieures ont les axes dans le même plan et sont placées du même côté de l'arbre ; elles appartiennent au cylindre A, dont le piston porte deux tiges qui viennent se fixer sur la même traverse horizontale ; sur cette traverse sont articulées les bielles égales des manivelles extérieures. La manivelle intermédiaire est à angle droit sur les deux autres, et appartient au cylindre B ; elle est reliée à la tige du piston de ce cylindre à l'aide d'une bielle qui vient s'articuler sur une petite traverse horizontale ; cette bielle, ainsi qu'une partie des glissières de sa traverse (*fig.* 13, 14, 15), passent dans l'intérieur d'un œil pratiqué dans la traverse du cylindre A. Les deux traverses et les axes de leurs glissières sont dans le même plan horizontal, mais la course de la traverse du cylindre extérieur est un peu plus éloignée du couvercle des cylindres, que la course de la traverse du cylindre intérieur. Les pistons sont à garnitures métalliques du système ordinaire.

La régulation du tiroir de distribution au cylindre intérieur ne présente rien de particulier, puisqu'il est affecté à l'introduction et à l'évacuation, et qu'il est conduit par un excentrique ordinaire. Les figures marquées I, II, III, IV (Pl. XX) montrent la régulation des tiroirs du cylindre intérieur B. La came en trait continu est celle qui conduit le tiroir d'introduction, celle en points ronds conduit le tiroir d'évacuation. Le tiroir d'introduction a sa tige reliée à un cadre qui porte deux galets et qui embrasse la came ; toutes les lignes menées par le centre de l'arbre et limitées aux bords de la came sont égales. La différence qui existe (*fig.* 16) entre le rayon maximum R et le rayon minimum r de la came est égale à la course des galets, et par suite à celle du tiroir, parce qu'il est conduit directement ; en partageant cette différence pn en deux parties égales, pq, qn, et en décrivant les circonférences qui ont pour rayon op, oq, on, on a les arcs sur lesquels doivent glisser les galets. Pour limiter ces arcs, on mène deux diamètres perpendiculaires xy, VZ, et la came théorique obtenue a la forme $a\,b\,c$, cd, $x\,z\,f\,g\,a$; mais, comme les galets ne pourraient monter brusquement de b en c, par exemple, les parties rectilignes de la came sont remplacées par des courbes qui, étant en principe des doubles paraboles rapportées, ont été rectifiées avec le galet, afin que le centre de ce galet se déplace avec un mouvement uniformément varié.

Lorsque le tiroir est à demi course, il recouvre exactement les deux orifices d'introduction ; son mouvement est intermittent, sa course se fait en deux marches égales, et il reste immobile pendant tout le temps qu'une portion d'arc de la came passe sous le galet. Le tiroir d'évacuation est conduit d'une manière semblable, mais sa came n'a que deux portions d'arc de cercle et ce tiroir fait sa course en une seule marche ; il reste immobile pendant une demi-révolution de la manivelle.

La machine de M. Ansaldi fonctionne exactement comme si elle avait deux cylindres séparés, dont les pistons agiraient sur des manivelles calées à angle droit. Elle doit présenter des difficultés sérieuses d'entretien et de graissage ; le serrage des garnitures du piston annulaire doit être très-difficile à exécuter. Les seuls avantages qu'elle paraisse avoir sont : d'occuper moins de place qu'une machine à deux cylindres de même puissance, et de présenter une moins grande surface au contact de l'air.

Tiroir d'une machine horizontale de M. Bourdon.

(Planche XX.)

Sur une petite machine horizontale, M. Bourdon a disposé un tiroir destiné à diminuer considérablement la pression avec laquelle la vapeur tend à l'appliquer sur la bande du cylindre. Cette disposition a donc pour but d'éviter l'emploi des compensateurs dont le fonctionnement est quelquefois si défectueux que les pertes qu'ils occasionnent dépassent le bénéfice qui devrait résulter de leur application.

Le tiroir de M. Bourdon fait lui-même l'office de boîte à tiroir ;

il est maintenu sur les bandes du cylindre par deux glissières (*fig.* 20); mais ces deux glissières sont plutôt destinées à le guider qu'à l'appliquer contre le cylindre. Les figures 18 et 19 représentent les deux positions qu'il occupe au moment où l'introduction va commencer; dans la figure 18, la vapeur va pénétrer par l'orifice du bas, et, dans la figure 19, elle va s'introduire par l'orifice du haut.

La vapeur arrive de la chaudière par le conduit V, pratiqué dans le massif de la bande du cylindre; elle s'introduit d'une manière permanente dans le compartiment A ménagé dans l'intérieur du tiroir, de sorte que le véritable tiroir d'introduction est la partie MN. La distance CD est égale à la hauteur de l'orifice d'introduction; la distance BK est assez grande pour que dans sa course le tiroir ne bouche jamais le conduit V. Cette disposition diffère de la disposition habituelle, en ce sens que la boîte à tiroir se déplace en même temps que le tiroir lui-même; d'ailleurs, la régulation du tiroir peut être celle que l'on voudra, parce qu'il reçoit son mouvement d'un excentrique ordinaire.

Si on veut connaître quelle est la force avec laquelle le tiroir est appliqué sur la bande du cylindre, il faut évaluer en centimètres carrés les surfaces planes HH', B'D', K'C', EE'. La surface HH' est soumise à la pression atmosphérique, les surfaces B'D' et K'C' sont soumises à la pression de la vapeur, la surface EE' est soumise à la pression du condenseur. Si la vapeur arrive dans le tiroir avec une pression P centimètres de mercure, et qu'il y ait une pression de p centimètres au condenseur, la force qui applique le tiroir sur la bande du cylindre vaudra : $1^k033 \times (76 \times HH' - P(B'D' - K'C') - p \times EE')$. Les dimensions du distributeur MN sont déterminées par les conditions de la régulation et par les dimensions des orifices du cylindre; la distance CD est connue puisqu'elle vaut la hauteur de l'orifice; la distance BK est déterminée dans sa valeur minima par la course du tiroir; si l'arrête K vient au bord de l'orifice V lorsque le tiroir est à fin de course à gauche, et que l'arête B vienne sur l'autre bord de l'orifice V lorsque le tiroir est à fin de course à droite, la valeur minima de BK sera égale à la course du tiroir, plus la hauteur de l'orifice du conduit V.

Machine à foyer clos de Sawh, de Boston.

(Planche XXI.)

La machine de M. Sawh, qui a fonctionné à l'Exposition, est à foyer clos et travaille avec les produits directs de la combustion; elle a deux cylindres verticaux à fourreau, qui aspirent l'air par leur partie supérieure annulaire et l'envoient dans le foyer, où il sert à la combustion du charbon. Le mélange gazeux provenant de la combustion est distribué par des tiroirs, au-dessous des pistons qu'il fait monter (*fig.* 21, 22, 23, 24).

Pour l'allumage, le foyer est mis en communciation directe avec la cheminée par le robinet B ; la porte de charge C et la porte D du cendrier (*fig.* 24) sont ouvertes, mais tout doit être fermé dès qu'on veut mettre la machine en route, parce que lorsqu'elle fonctionne, elle fournit elle-même l'air nécessaire à la combustion. Le tiroir d'introduction et d'évacuation pour chaque cylindre est mû par un cameron qui lui donne un mouvement intermittent; il n'y a évidemment à introduire et à évacuer que pour le bas des cylindres; l'évacuation se fait dans la cheminée.

La machine étant au repos, pour la mettre en état de fonctionner, on ouvre le robinet B et les portes C et D (*fig.* 33) ; on charge les grilles, puis on allume. Dès que le charbon est en partie allumé, la machine peut être mise en route. A cet effet, on ferme le robinet B et les portes C et D, puis on ouvre le registre R ; les gaz de la combustion étant portés à une haute température, prennent une pression très-élevée et la machine part (le manomètre est timbré à 10 atmosphères et la machine fonctionne à 6 atmosphères); à compter de cet instant, la machine fournit elle-même l'air nécessaire à la combustion. Les cylindres ne travaillent utilement que pendant la montée de la course du piston, comme ceux des machines à simple effet. Le piston d'un cylindre ne descend que parce que le piston de l'autre cylindre monte et l'entraîne à l'aide du balancier xy (*fig.* 21). Lorsqu'un piston monte, sa face inférieure qui est circulaire est soumise à l'action des produits de la combustion, la face supérieure refoule l'air dans le foyer et par conséquent supporte la même pression par unité de surface que la face inférieure ; mais, comme cette face supérieure est annulaire et beaucoup plus petite que la face inférieure, l'effet total qui pousse le piston de bas en haut est supérieur à l'effort total qui agit de haut en bas, et le piston monte. Pendant la descente du piston, l'aspiration de l'air se fait par la partie annulaire où la pression devient un peu inférieure à la pression atmosphérique, tandis que la face inférieure du piston éprouve une résistance un peu supérieure à la pression atmosphérique, bien que l'évacuation soit ouverte; par suite, la descente du piston occasionne une dépense de travail qui diminue l'effet utile de l'appareil. Le refoulement de l'air s'opère par un tuyau très-petit, ce qui fait que cet air arrive dans le foyer avec une grande vitesse et qu'il se mélange intimement avec les gaz du charbon; et comme la température du foyer est très-élevée, la combustion est presque parfaite. Sur le tuyau de l'air se trouve une petite soupape qui empêche l'entrée du gaz du foyer dans la partie annulaire du cylindre lorsque le piston descend, et qu'il aspire une nouvelle quantité d'air atmosphérique.

Si on arrête la machine, la combustion cesse, mais le charbon reste incandescent pendant longtemps à cause de la haute température à laquelle il est porté. Si la machine ne devait rester stoppée que peu de temps, il serait convenable d'ouvrir le robinet B et la porte du foyer C, afin de laisser dégager les gaz du charbon, qui sans cela pourraient faire explosion lorsque la machine mise en route de nouveau enverrait de l'air dans le foyer; pour cette raison, il semble que l'emploi du coke doit être préférable à l'emploi de la houille.

La machine à foyer de Sawh pourrait fonctionner à la détente; elle ne porte qu'un régulateur à force centrifuge qui fait manœuvrer une petite valve placée sur le tuyau d'arrivée des gaz au cylindre; cette valve rétrécit le passage des gaz lorsque la résistance à vaincre diminuant, la vitesse de rotation s'accroît.

Les cylindres et le foyer ont à leur partie inférieure des portes autoclaves qui servent au nettoyage des parties basses, où viennent s'accumuler les résidus de la combustion. Toutes les parties inférieures de l'appareil sont revêtues d'une maçonnerie en briques réfractaires, pour diminuer les pertes de chaleur dues au rayonnement et au contact de l'air extérieur.

Légende des figures.

xy — Balancier oscillant sur lequel agissent les pistons.
KK' — Levier fixé sur l'arbre du balancier yx.
Ra — Bielle à l'aide de laquelle le mouvement d'oscillation du levier KKK'

se transforme en mouvement circulaire sur la manivelle *o, a* et sur l'arbre *o, o, o* (*fig.* 21 *bis*).

R — Valve de mise en communication du foyer avec la boîte à tiroir.
T — Boîtes à tiroir.
I — Arrivée des gaz au-dessous des pistons (*fig.* 21).
A — Soupape d'aspiration d'air.
m — Orifice de sortie de l'air refoulé par la montée du piston.
E — Conduit d'évacuation des gaz pendant la descente des pistons.
V — Volant monté sur l'arbre de couche.
F — Foyer.
B — Communication du foyer avec la cheminée, fermée en marche.
C — Porte de charge. } Ces portes sont fermées en marche.
D — Porte de cendrier. }
ff — Trous pratiqués sur les tubes d'arrivée de l'air dans le foyer.
r — Petit robinet de communication de la chambre de prise de gaz avec la cheminée; l'ouverture du robinet suffit pour que la pression tombe instantanément de deux atmosphères.

Machine de M. Frot.

M. Frot, ingénieur de la marine, a eu l'idée de faire fonctionner une machine ordinaire avec un mélange de vapeur d'eau et de gaz ammoniac; l'application en a été faite sur une locomobile construite par M. Claparède, pourvue d'un condenseur tubulaire. Le plein de la chaudière se fait avec de l'eau ammoniacale du commerce à 21 degrés de concentration; dès que la vaporisation se produit, on a dans le coffre de la chaudière un mélange de vapeur d'eau et de gaz ammoniac. C'est ce mélange qui est distribué dans un cylindre ordinaire, pour agir sur le piston, et qui est ensuite évacué dans un condenseur tubulaire, où une pompe spéciale prend le liquide résultant de la condensation, pour le renvoyer dans la chaudière. D'après l'inventeur, l'économie qui doit résulter de l'emploi des vapeurs ainsi combinées, est de $2/3$ sur la dépense d'une machine de même puissance et fonctionnant avec la vapeur d'eau seulement. La cause de cette économie considérable provient évidemment de la facilité avec laquelle l'ammoniac se dégage de l'eau pour redevenir gaz libre.

Sur la petite locomobile qui a fonctionné à l'Exposition, et qui n'avait pas été construite exprès, l'emploi du mélange de vapeur d'eau et de gaz ammoniac paraissait très-avantageux, car on avait réduit de $1/3$ la surface de grille, et la production de vapeur était encore trop abondante, même lorsque la machine donnait toute sa puissance.

D'après les renseignements que nous avons pu obtenir, la chaudière ne paraissait pas avoir souffert du contact de l'ammoniac mélangé à l'eau. Le seul inconvénient que nous avons remarqué pendant le fonctionnement de la locomobile d'essai est une odeur sensible de gaz ammoniac. Nous nous sommes naturellement demandé si sur nos bâtiments, et avec des appareils d'une grande puissance, l'eau ammoniacale pourrait être employée. Il est certain, en effet, que dans les chambres occupées par les appareils à vapeur marins qui présentent un si grand nombre de joints, très-difficiles à rendre étanches, l'air ne serait bientôt plus respirable sans une ventilation énergique chassant le gaz ammoniac dès qu'il s'en produirait la moindre fuite.

Entrant plus avant dans la question, on peut se demander aussi comment on fera au moment de l'allumage des feux, et un peu plus tard au moment de la mise en marche de l'appareil, pour chasser l'énorme quantité d'air renfermé dans les coffres à vapeur, dans le tuyautage, les cylindres, le condenseur, etc., sans dépenser une grande quantité de gaz, et sans s'exposer à vicier l'air. L'emploi d'une petite chaudière fournissant seulement de la vapeur d'eau paraît nécessaire. Lorsque la machine sera en route, si, par une cause quelconque, il se produit des projections d'eau, les soupapes de sûreté des cylindres fonctionneront, et il faudra naturellement modifier leur installation pour que le liquide qu'elles laisseront échapper soit dirigé dans le condenseur au lieu de se répandre dans la chambre des machines.

Il y a encore bien des obstacles à l'emploi du mélange de vapeur d'eau et de gaz ammoniac sur nos bâtiments ; mais l'outillage de construction se modifie tous les jours, et la question d'application de ce mélange peut se réduire à une question de joints. D'ailleurs, l'inventeur a probablement prévu tous les obstacles et s'est mis en mesure de les lever.

Pompe aéro-hydrique.

(Planche XXII.)

Parmi les pompes qui ont fonctionné à l'Exposition, nous en avons remarqué une dont l'originalité est remarquable ; c'est la pompe dite Aéro-hydrique, système Zaroubine (section russe).

Cette pompe se compose d'une série de cylindres A et B (*fig.* 25) montés dans le prolongement l'un de l'autre et séparés par une cloison ; la cloison porte à sa partie supérieure un clapet en caoutchouc *b* et à sa partie inférieure un tuyau plongeur *a*. Le cylindre inférieur qui plonge dans le réservoir d'eau, étant marqué n° 1, tous les cylindres de numéro impair communiquent par leur partie supérieure avec un tube C, qui conduit à une pompe d'aspiration et de refoulement d'air, mais qui n'a pas de clapets.

Les cylindres qui portent des numéros pairs, communiquent par leur partie supérieure avec un tube D dont le sommet est ouvert à l'air libre.

Le système venant d'être monté, tous les cylindres sont pleins d'air ; si, après avoir fermé la communication des cylindres pairs avec le tube D, au moyen de robinets M N P, on fait l'aspiration dans le tube C, la pression diminuera dans tous les cylindres, et l'eau s'élèvera. Supposons que l'eau monte seulement dans le cylindre 1 : au refoulement de l'air dans le tube C, la pression s'élève dans les cylindres impairs, l'air passe de chacun de ces cylindres dans le cylindre supérieur de numéro pair, et l'eau qui est dans le cylindre 1, passe dans le cylindre 2.

Si, après avoir ouvert le robinet M, on fait une deuxième aspiration dans le tube C, l'eau passera du réservoir dans le cylindre 1 et du cylindre 2 dans le cylindre 3 ; au refoulement, l'eau montera du cylindre 1 dans le cylindre 2 et du cylindre 3 dans le cylindre 4, et ainsi de suite ; après quelques coups de piston, la pompe sera amorcée, et les robinets M, N, P, étant ouverts, la pompe pourra fonctionner normalement.

A l'aspiration de la pompe à air, l'eau passe du réservoir dans le cylindre 1, et des cylindres pairs dans les cylindres impairs, parce que la pression diminue dans les cylindres impairs tandis que dans les cylindres pairs la pression atmosphérique agit toujours.

Au refoulement, l'air qui est dans les cylindres pairs n'augmente pas de pression, tandis que dans les cylindres impairs, l'air comprimé chasse l'eau par le tuyau plongeur, et l'envoie dans le cylindre supérieur.

Cette pompe fonctionne donc comme une pompe aspirante et foulante à simple effet. Si la section du corps de pompe est exactement égale à celle d'un des cylindres A et B, la pression totale à exercer sur le piston de cette pompe est égale au poids variable de la colonne d'eau qui passe d'un cylindre dans l'autre : cette colonne a sa plus petite hauteur au commencement du refoulement, et sa plus grande à la fin. La pression peut être rendue très-faible en diminuant la hauteur des cylindres. Mais en diminuant la pression exercée par la pompe à air, on diminue la quantité d'eau rejetée par coup de piston ; donc, ce que l'on gagne en force on le perd en vitesse ou en chemin parcouru. En somme, le travail à faire dans un temps donné étant toujours représenté par un certain poids d'eau à élever, si cette pompe exige une faible dépense de force motrice, elle exige par contre une grande vitesse du piston de pompe à air. Il y a lieu de croire que la pompe de M. Zaroubine est inférieure, comme rendement, à une pompe aspirante et élévatoire, à cause des nombreux clapets qui produisent des étranglements, d'où résulte un accroissement de la résistance. Si les clapets ne fonctionnent pas également bien, un des cylindres peut se trouver désamorcé, et alors le rendement de la pompe est presque nul.

On pourrait dire que la pompe aéro-hydrique est une presse hydraulique dans laquelle la puissance agit sur le piston de pompe à air et la résistance sur la somme des sections des cylindres. Le seul avantage qu'elle paraît présenter consiste en ce qu'elle peut aspirer l'eau à toutes les profondeurs, et que la pompe motrice ou pompe à air étant située à l'orifice du puits peut être très-facilement entretenue.

Pompe Nillus.

(Planche XXII.)

Les pompes que M. Nillus a présentées à l'Exposition sont à simple effet, aspirantes et foulantes. Elles n'ont pas de cylindre proprement dit : elles se composent d'une boîte ABCD (*fig.* 26), formée de deux parties tronc-coniques jointes par leur grande base ; à leur jonction est maintenu un cuir embouti PMN, qui fait l'office de piston ; ce cuir est fixé par son milieu à l'extrémité d'une tige qui reçoit un mouvement rectiligne alternatif d'une bringue-balle ou de l'arbre d'une machine motrice. La partie inférieure de la boîte porte un siége muni d'un clapet sphérique D, dont le mouvement vertical est limité par un butoir à grillage EF ; cet ensemble forme le clapet d'aspiration de la pompe. Au-dessus du butoir EF, se trouve une tubulure K qui conduit à la boîte de refoulement R ; celle-ci est munie d'un clapet sphérique semblable au clapet d'aspiration ; les deux clapets sont en caoutchouc vulcanisé.

Lorsque la tige M*x* monte, le cuir PMN se relève en augmentant le volume de la partie inférieure de la boîte ; alors la pression diminue dans cette capacité, le clapet D se lève et l'eau monte. Lorsque la tige M*x* descend, le cuir PMN refoule l'eau qui se trouve au-dessous et la force à soulever le clapet R. Le presse-étoupe B a plutôt pour but de guider la tige, que d'empêcher l'air de rentrer ou l'eau de sortir.

Les pompes qui ont fonctionné à l'Expositon ont 1 mètre de diamètre ; elles fournissaient une grande quantité d'eau et leur rendement paraissait supérieur à celui d'une pompe ordinaire. Pour que le cuir embouti qui fait l'office de piston se conserve longtemps, il faut que la course de la tige M*x* soit relativement faible afin que sa vitesse ne soit pas très-grande.

Pour la confection de ces pistons, la toile pourrait remplacer le cuir, et dans ce cas on pourrait allonger la course et la porter de M en *y*, par exemple.

L'emploi des clapets sphériques donne, paraît-il, de très-bons résultats tant que la pompe fonctionne d'une manière continue ; mais si, après avoir fonctionné pendant quelques jours, la pompe reste inactive, le clapet, qui s'est légèrement ramolli à sa surface, prend l'empreinte des ouvertures du siége, puis, lorsque la pompe fonctionne de nouveau, si le clapet retombe sur son siége sans prendre exactement la place qu'il avait au repos, il ne ferme plus assez bien l'ouverture, et le rendement de l'appareil en est diminué.

Pompe Fourneyron.

(Planche XXII.)

Les pompes à double piston de M. Fourneyron ne sont pas précisement nouvelles ; il y a déjà longtemps qu'elles sont employées dans l'industrie et même exceptionnellement sur quelques bâtiments de la flotte. Sur le vaisseau la *Bretagne* une de ces pompes était employée comme pompe de cale.

Les deux pistons P, Q (*fig.* 27), sont dans le même cylindre, et chacun d'eux est muni de clapets s'ouvrant de bas en haut ; le piston inférieur Q a deux tiges, tandis que le piston supérieur n'en a qu'une.

Le mouvement est donné aux pistons par des manivelles diamétralement opposées A, C et B (*fig.* 28). Les manivelles A et C conduisent le piston inférieur Q, la manivelle B conduit le piston supérieur P ; ces organes marchent constamment en sens contraire l'un de l'autre.

Le cylindre de la pompe n'a ni clapet d'aspiration ni clapet de retenue ; lorsque les deux pistons s'écartent, le vide se fait entre les deux, et les clapets du piston Q se lèvent pour laisser passer l'eau que pousse la pression atmosphérique ; lorsque les deux pistons se rapprochent, la pression augmente entre les deux, le clapet du piston P se lève et l'eau passe au-dessus de ce piston, tandis que la montée du piston Q produit au-dessous de lui une aspiration qui amène l'eau dans le bas du cylindre. A la course suivante des pistons, l'eau qui est dans la partie inférieure du cylindre passe au-dessus du piston Q, tandis que celle qui est au-dessus du piston P est élevée par lui. La pompe de M. Fourneyron fonctionne comme une pompe aspirante élévatoire ; elle présente, sur les pompes ordinaires, l'avantage d'exiger un travail continu, au lieu d'un travail intermittent. Lorsqu'une pompe aspirante élévatoire ordinaire fonctionne, pendant la montée du piston l'effort à exercer est égal au poids du cylindre d'eau qui a pour base ce piston, et pour hauteur la distance verticale du niveau de l'eau dans le réservoir au niveau du déversoir ; pendant la descente de cet organe, il n'y a pas d'autres efforts à exercer que celui qui est nécessaire pour vaincre les frottements et l'inertie des clapets. Une seule pompe aspirante élévatoire n'utiliserait pas bien le travail continu d'une petite machine à vapeur, tandis que ce travail convient très-bien au fonctionnement de la pompe Fourneyron.

Lorsque le piston Q descend, le piston P monte ; le travail nécessaire pour effectuer la descente du premier est très-faible, tandis que celui que nécessite la montée du second dépendant de la colonne d'eau que ce piston soulève, peut être très-grande,

Lorsque le piston Q monte, le piston P descend ; le travail nécessaire pour effectuer la montée du premier dépend de la colonne d'eau qu'il soulève, et peut par suite être très-grand, tandis que la descente du piston P exige un très-faible travail. Si le milieu du cylindre est à mi-distance entre le niveau de l'eau dans le réservoir et l'orifice de déversement, le travail dépensé pendant la montée de chacun des pistons sera le même et cette pompe pourra être mue par une machine à vapeur qui pourra très-bien conserver son mouvement régulier de rotation.

Pompe noria de Bostier, de Londres.

(Planche XXII.)

La noria de M. Bostier se compose d'une série de pistons *a, a, a* (*fig.* 29) montés sur une chaîne sans fin du système Gall qui s'enroule sur deux pignons A et B ; le pignon A est placé au-dessus du réservoir supérieur, tandis que le pignon B est noyé dans le réservoir inférieur où on puise l'eau. Les axes de ces deux pignons sont placés de telle sorte, que, dans leur montée, les pistons rentrent dans un cylindre vertical M N, dont la partie inférieure évasée plonge dans le réservoir inférieur ; comme ces pistons marchent à frottement doux dans le cylindre M N, chacun d'eux soulève une colonne d'eau, qu'il mène dans le réservoir supérieur S. Les pistons étant peu distants l'un de l'autre, l'aspiration qu'ils produisent est très-faible, et le rendement de cet appareil est sensiblement égal au volume engendré par un des pistons ; de plus, le jet est continu, et quels que soient les corps en suspension dans l'eau, ils sont élevés, pourvu qu'ils puissent entrer dans le cylindre M N.

Chaque piston est formé d'une forte rondelle de cuir maintenue par deux plaques en fer que le cuir déborde d'une très-petite quantité ; c'est sur les plaques que sont fixées les chaînes qui relient les pistons. Chacun des pignons porte trois fortes entailles ménagées dans le sens des rayons et qui sont destinées à loger la partie saillante des pistons, afin que les maillons de la chaîne engrènent bien avec les dents des pignons.

Pompes rotatives.

(Planche XXIII.)

L'Exposition a présenté plusieurs modèles de pompes rotatives : les plus importants de ces appareils sont ceux de MM. S. Owens et Cie (Londres) et ceux de MM. Neut et Dumont, de Paris.

Les pompes rotatives du système Owens se composent d'une turbine A (*fig.* 30 et 31) formée de deux disques *m p, n q*, affectant la forme d'une lentille, reliés entre eux par des palettes *r r r...*, fortement courbées et ayant leur partie convexe tournée dans le sens de la rotation. L'espèce de lentille que forme la turbine est ajustée dans le massif du corps de la pompe ; elle porte à son centre deux grandes sections circulaires $h\,h$, $k\,k$; les distances $h\,K$ sont doubles des distances $m\,n$ et $p\,q$, qui mesurent la section de sortie. La turbine est montée sur un arbre qui lui donne un mouvement rapide de rotation ; dans ce mouvement, les palettes *r r r* font l'office de ventilateurs et raréfient l'air contenu dans le tuyau B, qui vient déboucher à l'intérieur même de la turbine ; l'air refoulé par les palettes circule dans le compartiment C et est expulsé par le conduit D. Lorsque la pompe est amorcée, l'eau qui rentre dans la turbine reçoit un mouvement rapide de rotation, et, grâce à la disposition des palettes, la force centrifuge devient assez grande pour que l'eau s'élève dans le tube D. D'après MM. Owens, ces appareils peuvent élever les eaux jusqu'à une hauteur de 70 mètres. La disposition adoptée dans ces pompes présente deux inconvénients : 1° l'aspiration étant très-forte vers la région k, K, de la pompe (*fig*. 30 et 31), les garnitures du presse-étoupe sont toujours sollicitées dans le même sens, et, lorsqu'elles sont un peu usées, l'air pénétrant dans l'appareil, l'aspiration devient d'abord très-faible, et puis le fonctionnement cesse lorsque la hauteur du tuyau d'aspiration est un peu grande ; 2° si l'arbre n'est pas bien maintenu dans le sens de son axe, la turbine prend du jeu dans son encastrement aux portées m, n, $k\,K$, $p\,q$, et, dès que ce jeu est un peu grand, l'eau refoulée dans le compartiment C retourne dans le conduit d'aspiration, où la pression est beaucoup plus faible.

Dans les pompes (*fig*. 32 et 32) construites par MM. Neut et Dumont, ces deux inconvénients sont évités : d'une part, la turbine est en porte à faux sur son arbre, et l'eau refoulée dans le compartiment C prévient toute rentrée d'air par le presse-étoupe ; d'autre part, cette même eau pousse constamment la turbine contre ses portées $m\,n$, $p\,q$, sur la boîte de la pompe. Il est vrai que l'usure peut être grande sur ces portées, en raison de la pression que supporte la turbine ; aussi, pour parer à cet inconvénient, l'arbre a lui-même une portée $h\,K$, qui est destinée à supporter une partie de l'effort ; la surface frottante est ainsi augmentée et l'usure est moindre.

Les pompes de MM. Neut et Dumont présentent encore une particularité : le compartiment C n'est pas circulaire, sa section est de plus en plus grande à mesure qu'on s'approche de l'orifice D de sortie; de cette façon, il n'est pas à craindre que l'eau refoulée dans le compartiment C se forme à l'état d'anneau permanent circulant avec la turbine dans l'intérieur de ce compartiment et gênant la sortie de l'eau refoulée par les palettes.

Les pompes rotatives de MM. Neut et Dumont fonctionnent d'ailleurs d'après le même principe que les pompes de MM. Owens, dont elles sont une modification, comme nous l'avons expliqué.

Détails et installations des tubes mobiles.

(Planche XXIII.)

L'emploi des tubes mobiles pour les générateurs de vapeur, a pour but de faciliter le nettoyage intérieur et par suite de prévenir les causes de détérioration dues à la présence du sel, et de faire réaliser une économie de combustible.

Plusieurs systèmes ont été présentés à l'Exposition ; nous avons remarqué le système Bérendorf et le système Langlois.

Tubes mobiles système Bérendorf. — Les tubes de M. Bérendorf (*fig.* 34) n'ont ni bagues ni rivures; ils peuvent être en cuivre ou en fer. Les deux extrémités du tube ont une épaisseur un peu plus grande que le tube lui-même, et s'emmanchent à frottement dans les trous des plaques de tête ; ces trous sont légèrement coniques dans le même sens l'un de l'autre ; les diamètres sont un peu différents. L'emmanchement de chaque tube se fait au moyen d'une tringle en fer L (*fig.* 34) taraudée des deux bouts, et portant à chaque extrémité une rondelle M M' de forme différente et les écrous m m'. Le tube devant s'emmancher dans le sens de la flèche, la rondelle M porte sur le fond qui a le plus petit alésage, tandis que la rondelle M' porte sur le bout du tube qui a un diamètre un peu plus grand. En tournant l'écrou m' on fait avancer le tube, dont les renflements tournés viennent s'ajuster dans les trous alésés ; il est nécessaire de frapper quelques coups de marteau sur l'écrou m' pendant que ce serrage s'effectue ; ces coups de marteau facilitent l'opération, et c'est pour les recevoir sans inconvénient pour les filets que l'écrou m' a une forme différente de celle de l'écrou m.

Pour retirer les tubes, l'inverse doit être fait ; c'est-à-dire que la rondelle M et l'écrou m doivent être placés du côté où l'alésage est le plus grand.

Les tubes de M. Bérendorf sont actuellement employés sur près de cinquante générateurs représentant une force de 20,000 chevaux. Le démontage et la mise en place s'effectuent avec une grande facilité, et, pour peu que l'alésage des trous soit bien fait, il n'y a pas de fuites.

Néanmoins, leur application sur nos chaudières marines nécessiterait l'emploi de plusieurs tirants, pour consolider les plaques de tête qui ont plus d'étendue que celles de tous les autres générateurs de vapeur.

Tubes système Langlois. — Les tubes mobiles de M. Langlois sont des tubes ordinaires portant à une de leurs extrémités un ajutage en bronze K (*fig.* 35); cet ajutage a une partie taraudée qui s'engage dans les trous de la plaque de tête, et une petite collerette *m* qui vient appuyer sur cette plaque ; l'autre extrémité du tube rentre juste dans un trou alésé pratiqué sur la deuxième plaque de tête et s'y trouve maintenue par une bague ordinaire.

L'extrémité du tube qui porte l'ajutage en bronze *k* est dans la boîte à fumée, tandis que l'autre extrémité est dans la boîte à feu.

La partie saillante de l'ajutage porte quatre entailles dans lesquelles s'engagent les tenons d'une clef C qui sert à visser le tube sur la plaque de tête. Avant de mettre un tube en place, il faut frotter les filets de l'ajutage K et ceux de la plaque de tête avec du blanc de zinc, puis emmancher le tube de manière que l'extrémité A vienne se présenter devant le trou de la plaque de tête arrière ; ensuite, avec la clef à tenons C, faire tourner le tube pour engager les filets.

Le blanc de zinc qui est en excédant sur le taraudage vient se placer sous la collerette *m* de l'ajutage et sur la plaque de tête et contribue à faire là un joint très-étanche.

Lorsque le tube est vissé à bloc, l'extrémité A reçoit la bague en acier ; cette bague est mise en place avec un mandrin.

Pour démonter un tube, il faut commencer par enlever la bague de l'extrémité A ; on se sert pour cette opération d'un outil B, dit *arrache-bagues;* il est formé d'une griffe F, dont les bouts appuient sur la plaque de tête, et d'un boulon G H qui traverse cette bride et qui porte à son extrémité H une petite traverse mobile autour d'un axe ; on incline cette traverse pour la faire passer dans le tube, puis on la redresse de manière que ses extrémités viennent appuyer sur le bord intérieur de la bague. L'outil ayant alors la position représentée figure 35, si on serre l'écrou, le boulon marche et entraîne la bague avec lui. Après que la bague est enlevée, on dévisse le tube à l'aide de la clef à tenons ; le blanc de zinc, dont les filets sont frottés avant la mise en place du tube, empêche le taraudage de s'oxyder et le tube vient facilement.

Comme le diamètre du taraudage est plus grand que le diamètre extérieur du tube, ce dernier s'enlève sans aucune difficulté, dès que les filets de l'ajutage K sont sortis du taraudage de la plaque de tête.

Nous répéterons ici ce que nous avons dit à propos des tubes du système Bérendorf : si les chaudières sont garnies de tubes mobiles à l'exclusion des tubes fixes, ils doivent avoir les plaques de tête consolidées à l'aide de quelques tirants, car, à la suite d'un nombre plus ou moins grand de démontages, il peut très-bien arriver que les parties A des tubes ne soient pas assez forcées dans les trous de la plaque de tête pour l'empêcher de céder sous l'effort de la vapeur.

Nous considérons l'emploi des tubes mobiles comme devant être très-avantageux pour la marine.

Si nos chaudières ne devaient pas être pourvues exclusivement de tubes mobiles, on pourrait cependant, sans compromettre la sûreté de l'appareil, les intercaler en assez grand nombre dans les séries de tubes fixes, pour faciliter considérablement le nettoyage de ces derniers, et gagner ainsi un temps précieux.

Description des fumivores.

(Planche XXIV.)

La question de fumivorité n'est pas seulement une question de propreté, elle est aussi et surtout une question d'économie, car ce qui colore les produits de la combustion n'est autre chose que du carbone en poussière qui n'a pas été brûlé, soit à cause d'un manque d'air, soit à cause d'une température de foyer trop peu élevée.

En pratique, il passe dans les cendriers de nos chaudières deux fois autant d'air que ce qu'il en faudrait pour brûler complétement le charbon qui est sur les grilles ; mais cet air ne se mélange pas assez intimement avec le combustible et surtout avec les gaz, pour les brûler en entier ; de sorte qu'il se présente ici le double inconvénient d'un excès d'air qui refroidit la masse gazeuse, et d'un manque réel d'air pour la combustion. Parmi les systèmes présentés à l'Exposition, pour prévenir ce double inconvénient, nous signalerons le système Thierry et le système Turck.

Dans chacun d'eux, l'air est projeté avec une grande vitesse sur la masse gazeuse qui s'élève au-dessus du charbon ; il se produit alors un remous considérable, à la faveur duquel les éléments combustibles sont mis en contact avec l'oxygène et brûlent complétement.

Fumivore Thierry. — Dans le fumivore de M. Thierry, la vapeur est amenée dans un tube en fer A (*fig.* 36) placé un peu en arrière de la porte du foyer et logé dans l'espèce de coude que forme le foyer en se rétrécissant à l'origine de son ouverture.

Le tube A porte une série de petits trous par lesquels la vapeur, s'échappant avec une grande vitesse et rencontrant l'air qui s'introduit par les trous ménagés sur la porte du foyer, se mélange avec le gaz et se précipite avec lui dans la masse gazeuse dégagée du combustible en feu. Les trous placés sur le tube A sont disposés de manière que l'air entraîné par la vapeur atteigne les gaz du charbon en divers points de la longeur du foyer, afin que le mélange se fasse plus tôt et plus promptement. M est un petit robinet qui sert à mettre la vapeur dans l'appareil ; N est un robinet de purge. Pour faire fonctionner le fumivore Thierry, il faut commencer par le purger en ouvrant les deux robinets M et N ; lorsqu'il ne sort plus d'eau par ce dernier, il faut le fermer et régler l'ouverture du robinet M. Le degré d'ouverture du robinet M doit être combiné avec celui du cendrier suivant la quantité de charbon qui est sur la grille, de manière à obtenir une flamme très-brillante ; on atteint ce résultat après quelques tâtonnements.

Au moment de charger un foyer, on doit fermer le fumivore et ne le rouvrir qu'après l'opération.

Comme le charbon frais jeté sur la grille dégage en très-peu de temps une très-grande quantité de gaz, et que, par suite, il faut admettre dans le foyer une plus grande quantité d'air, il convient de laisser la porte du fourneau entr'ouverte jusqu'au moment où le charbon de la nouvelle charge commence à être allumé.

La vapeur qui arrive dans le tube A doit être aussi sèche que possible, parce que, si elle entraîne de l'eau, sa vitesse de sortie de l'appareil est moins grande ; d'ailleurs, la présence de l'eau sur le charbon est nuisible à la combustion, et sa vaporisation absorbe une certaine quantité de chaleur en pure perte.

Fumivore Turck. — L'appareil fumivore de M. Turck (*fig.* 37) n'est autre chose qu'un Giffard simplifié. La vapeur arrive dans l'instrument par un tube V et se répand dans le compartiment B, qui est terminé par une partie conique C ; la sortie de la vapeur est réglée au moyen d'une tige conique A, que l'on manœuvre comme la tige du Giffard alimentaire. La veine de vapeur qui se forme à l'orifice C se précipite par l'orifice de sortie F de l'appareil, entraîne l'air contenu dans le compartiment D qui entoure le cône C de toutes parts, et le projette dans l'intérieur du foyer ; lorsque l'injecteur fonctionne, il se produit un courant d'air très-fort par les orifices EE qui font communiquer le compartiment D avec l'atmosphère.

L'appareil complet d'un foyer comporte au moins trois injecteurs qui projettent l'air en divers points de la longueur de la grille.

Dans l'injecteur Turck, comme dans le fumivore Thierry, il faut que la vapeur employée soit bien sèche.

Grilles fumivores.

Grille creuse de M. Hill. — La grille de M. Hill est formée de barreaux creux de la forme extérieure ordinaire. Chaque barreau porte sur le côté une série de trous a, a, a (*fig.* 38) destinés à déterminer un courant d'air dans l'intérieur ; de cette façon, il est continuellement refroidi, et par suite il résiste mieux à l'action du feu.

On ne se rend pas bien compte pourquoi M. Hill donne à sa grille le nom de fumivore, car l'air qui s'échappe par les trous a, a, a, vient se mélanger avec la veine principale qui circule entre deux grilles consécutives, et, dès lors, cet air ne se mélange pas mieux avec le charbon que lorsqu'on emploie une grille ordinaire. D'un autre côté, pour que les barreaux de la grille de M. Hill soient suffisamment résistants, il faut leur donner au talon une largeur plus grande que celle du talon d'un barreau de grille ordinaire, et, par suite, pour une même surface de grille, l'air n'est pas mieux divisé.

Grille de M. Langen, de Cologne. — M. Langen, de Cologne, a exposé un foyer cylindrique dans lequel la grille est en trois parties étagées P, P′, P″ (*fig.* 39). La rangée P″ est horizontale, leš deux rangées P, P' ont une petite surface horizontale et sont terminées par une surface inclinée plus longue que la partie horizontale. Le plan de la rangée P" est dans l'axe du foyer. Les barreaux de grille sont en fonte d'une seule pièce, et les rangées P et P' sont tenues seulement par le talon.

Le plan de grille formé par les rangées P et P' a une inclinaison beaucoup plus grande qu'un plan de grilles ordinaires, de sorte que l'air frappe sur la grille avec une inclinaison moindre, pénètre avec plus de vitesse au milieu du charbon et la combustion se fait mieux.

CHAPITRE SIXIÈME

MACHINES A 2 & 3 CYLINDRES

POUR

LES GRANDS BATIMENTS ET POUR LES PETITES EMBARCATIONS

Par M. L. MOUCHE

Mécanicien principal de deuxième classe.

Un spécimen de tous les chefs-d'œuvre de l'art et de l'industrie avait trouvé place au Champ-de-Mars ; la machine à vapeur marine y figurait aux premiers rangs. C'est qu'il faut le dire, les majestueux appareils moteurs destinés au vaisseau le *Friedland* et à la frégate la *Sapho* fonctionnaient avec une admirable précision et imposaient aux visiteurs cette admiration mêlée d'effroi qui saisit l'esprit devant les grandes masses se mouvant avec l'aveuglement de la matière, toujours en révolte contre l'agent qui la force à sortir de l'état de repos. Cette admiration, qu'il nous soit permis de le dire, nous la ressentons toutes les fois que nous avons à diriger les opérations préliminaires et la manœuvre des grands appareils à vapeur qui nous sont confiés.

On nous pardonnera d'apporter jusqu'ici les impressions d'un enthousiasme réfléchi ; pour nous, l'exposition des machines marines, sorties des usines françaises, caractérisait la puissance industrielle et maritime du pays.

Machines marines, système Woolf.

Chacun connaît les principes du mouvement dans une machine à vapeur ; nous nous dispensons donc de les rappeler ici. Nous commencerons l'examen de quelques-unes des machines marines présentées au Champ-de-Mars, par celle du système Woolf dont le type est représenté par les appareils destinés au *Friedland*.

Dans ce système, avant d'entrer dans les cylindres, avant même de sortir des chaudières, la vapeur passe dans un récipient situé à la base de la cheminée ; par son contact avec les gaz chauds de la combustion qui traversent ce récipient elle y acquiert une température de beaucoup supérieure à celle de saturation, de sorte que, sans nouvelle dépense de combustible, elle se surchauffe et par le fait accumule un excès d'énergie.

A ce sujet il est nécessaire de ne pas oublier que dans les machines à feu, l'agent mécanique, c'est la chaleur, que la vapeur n'est qu'un intermédiaire entre la force et la résistance ; on peut dire, par comparaison, que la vapeur, c'est le levier placé entre la main et le corps qu'il s'agit de déplacer, tandis que la chaleur, c'est la force elle-même.

La vapeur surchauffée dans les conditions ci-dessus atteint jusqu'à 158° de température ; sa tension absolue est alors de 209 centimètres de mercure ; elle a donc pris un excès de chaleur de 27°032, puisque la température de la vapeur saturée à 209 centimètres de mercure est de 130°968. Cette haute température, qui pourrait avoir des conséquences désastreuses dans les cylindres en volatilisant les matières lubrifiantes et en occasionnant, par suite de ce fait, des rayures sur les parois, est utilisée sans inconvénient et d'une façon très-ingénieuse : des chemises sont disposées autour des deux cylindres extrèmes, la vapeur est forcée de les traverser en y laissant 10° environ de température au profit de celle qui viendra travailler en détente. Ainsi est préparé le bon fonctionnement dans les cylindres extrèmes.

L'appareil dont nous parlons (*pl.* XXIX, *fig.* 1, 2 et 2 *bis*), a été construit par l'usine d'Indret, d'après les dispositions d'ensemble de M. Dupuy de Lôme et les plans détaillés de M. Sabattier ; il est muni de trois cylindres de même diamètre ; les pistons à vapeur ont également la même course, leur diamètre est de 2^m 10, qui est celui des machines à deux cylindres, dont la puissance est égale à celle des machines à trois cylindres et leur course est de 1^m 30 ; on les voit en C,C,C, sur la figure 1. La vapeur, après avoir traversé les chemises R (*fig.* 2) ou enveloppes des cylindres extrêmes dans lesquelles elle est entrée par deux tuyaux de conduite (*fig.* 1), l'un V, au cylindre de l'avant, et l'autre à celui de l'arrière, se rend dans deux boîtes de distribution placées entre le cylindre central et chacun des cylindres extrêmes. Une valve ou registre, manœuvrée par la tringle T', règle l'arrivée dans le cylindre central. La disposition de cette valve est très-heureuse ; elle permet de maintenir une haute température aux cylindres détenteurs, lors même que la machine est stoppée.

Un tiroir en D, du type Dupuy de Lôme, distribue la vapeur dans le cylindre principal où elle s'introduit pendant les 0,80 de la course du piston ; elle se détend ensuite dans le même récipient pendant les 0,07 environ de cette même course et évacue dans les cylindres extrêmes par le tuyau E.

Cette vapeur, qui a perdu environ 9 centimètres de tension et 10° de température, n'en conserve pas moins un excès de chaleur, de sorte que le rayonnement a moins d'action sur elle, et par suite il devient possible de la soumettre à une détente plus grande que si elle n'avait que la température de saturation.

Elle évacue dans les cylindres extrêmes lorsque le piston central est arrivé aux 0,95 ou 0,96 de sa course ; les pistons des cylindres extrêmes sont à ce moment-là dans les positions suivantes : la manivelle milieu, au moment où commence l'évacuation, a encore 21°4 à parcourir avant d'arriver au point mort ; les deux autres sont calées à 135° de la première ; il en résulte que celle de l'avant a déjà parcouru 113°4 et celle de l'arrière 23°4 ; quand le courant de vapeur afflue dans le cylindre avant, celui-ci est presque sur le point d'être fermé à l'introduction, puisque cette fonction du tiroir a lieu à 126° ; sa manivelle a donc parcouru 113° sous l'influence de la vapeur contenue dans les espaces neutres formant réservoir avec le cylindre central et 13° seulement avec la vapeur renouvelée. Quant au cylindre arrière, son piston a dépassé sensiblement le point mort lorsque l'évacuation du milieu commence.

Nous reviendrons tout à l'heure sur cette observation.

La vapeur, ainsi que nous l'avons dit, agit d'abord en affluence, puis en détente dans le cylindre milieu et évacue dans les tuyaux EE ; deux tiroirs D, semblables au premier, la distribuent ensuite dans les cylindres de détente (*fig. 2*).

Dans ces derniers elle est introduite pendant les 0,78 de la course ; elle se détend pendant les 0,15 environ et elle est évacuée ensuite dans un condenseur spécial à chaque cylindre, par les tuyaux E'E'.

L'ensemble du mécanisme des tiroirs de distribution est très-simple ; les bielles sont directes et des manivelles les conduisent ; l'arbre est en trois parties (ce qui simplifie la main-d'œuvre), il reçoit le mouvement de la machine par une transmission à engrenage, formée de deux roues d'égal diamètre ; les tiges sont guidées par des glissières g, rapportées sur les couvercles.

Les pistons à vapeur PPP portent trois tiges ; deux d'entre elles TT (*fig.* 1) sont fixées à la traverse J (*fig. 2 bis*) dont la partie inférieure s'engage dans des rainures pratiquées sur la glissière G ; la troisième tige t' (*fig.* 2) conduit le piston de la pompe alimentaire dont la boîte est marquée b (*fig.* 1 *et* 2 *bis*).

La tige inférieure T porte un bras l (*fig.* 2) venu de forge avec elle, qui mène la pompe à air. La tige de la pompe alimentaire t', celle du piston à vapeur T et celle T' de la pompe à air sont dans le même plan.

Les condenseurs C'C' (*fig. 2 bis*) sont rapportés sur la plaque de fondation et forment chacun avec elle un seul récipient comprenant la pompe à air p' et la bâche b'' ; l'air et l'eau passent par les clapets de pied $c'c'c'$ et sont refoulés dans la bâche en traversant les orifices des clapets de tête c ; ces fluides sont rejetés à l'extérieur du navire en suivant le tuyau de décharge D' qui est muni du diaphragme d ; le robinet d'injection i reçoit l'eau par le tuyau T'. Un trou d'homme H, placé à la partie supérieure du condenseur, permet de visiter cet organe. Les condenseurs sont reliés entre eux par deux fortes tiges longitudinales I, I qui traversent leur partie supérieure ; le reniflard r est comme à l'ordinaire placé au bas des condenseurs.

Dans les organes de la condensation il a été apporté une modification qui nous paraît très-importante : les pompes à air étaient jusqu'à présent, comme toutes les pompes d'ailleurs, munies d'un piston se mouvant dans un corps de pompe ; M. Dupuy de Lôme en a pour ainsi dire changé les fonctions en donnant à l'un de ces deux organes les dimensions de l'autre et réciproquement, et dès l'abord, on se demande quel est le bénéfice qui a pu en résulter pour le bon fonctionnement de la pompe. Il est une vitesse maxima au delà de laquelle le rendement des pompes est très-faible et même nul, et les pompes à air, qui puisent dans un milieu où la pression ambiante est très-petite, sont particulièrement exposées à cet inconvénient ; on a donc cherché avec raison à assurer la marche utile de ces appareils, et pour cela, on a placé les clapets suivant un plan incliné et un peu au-dessus du corps de pompe afin de faciliter la descente de l'eau de condensation, puis on a percé un orifice de refoulement pour l'évacuation des gaz qui pouvaient influencer le vide, etc. Dans les machines du *Friedland*, une importante amélioration, suivant nous, a été ajoutée à toutes celles qui ont été faites jusqu'aujourd'hui : la vitesse des pistons est très-grande, elle atteint jusqu'à 3m95 à mi-course pour une vitesse de 56 révolutions à la minute ; l'eau de condensation dans une pompe ordinaire est astreinte à venir dans le corps de pompe même remplir l'espace laissé libre derrière le piston ; elle est gênée dans ses mouvements par les dimensions exiguës du corps de pompe et elle ne remplit jamais complétement cet espace ; ici, rien de pareil n'a lieu; le piston p' est un plongeur qui se meut dans le condenseur lui-même, et par suite tout l'espace qu'il laisse libre est rempli par l'eau de condensation ; de là, diminution notable de l'influence sur le vide, due à l'excès de vitesse dans les pompes à air à double effet.

L'arbre moteur A (*fig.* 1) fabriqué par l'usine des Forges et Chantiers de la Méditerranée, a trois manivelles M,M,M, venues d'une seule pièce avec lui et calées de la manière suivante : les deux extrêmes sont à 90° l'une de l'autre, et la manivelle centrale est placée suivant la bissectrice de cet angle, ou plutôt sur le prolongement de cette bissectrice ; l'arbre a quatre portées, et malgré les difficultés d'exécution d'une pièce de cette nature et de ces dimensions, il est parfaitement réussi.

Les tronçons d'arbre formant la ligne entière sont reliés par deux joints universels ; on en voit un en J (*fig.* 1) ; il lie l'arbre moteur à l'arbre intermédiaire.

Les fonds F et les couvercles F' des cylindres (*fig.* 2) sont creux ; à leur centre est un trou d'homme sur le bouchon duquel est placée la soupape de sûreté. Nous aurions préféré voir cette soupape dans la partie basse du cylindre, car c'est là où s'accumule l'eau provenant de la vapeur condensée ; une manœuvre un peu trop précipitée de la machine ne permet pas toujours à cette eau d'atteindre le centre du cylindre, sans occasionner préalablement un choc plus ou moins fort sur le couvercle lui-même.

Les couvercles des cylindres sont emboîtés par l'arrière, c'est-à-dire du côté opposé à celui par où passent les tiges ; les joints de l'autre couvercle que l'on nomme habituellement fond du cylindre, ferment de dehors en dedans.

Nous signalerons une addition bien inspirée, celle de deux puissantes pompes de cale qui reçoivent leur mouvement du piston central et qui peuvent puiser dans le bâtiment jusqu'à 2.000 mètres cubes d'eau par heure. Les pistons de ces pompes $p''p''$ (*fig. 2 bis*) sont pleins, avec garnitures végétales serrées par des presse-étoupes ; les tuyaux d'aspiration $a'a'$ débouchent sous les clapets d'aspiration a ; l'eau refoulée soulève les clapets r' et se rend dans l'espace R″, d'où elle va à la mer par les tuyaux R′R′ (*fig. 1*) ; une soupape de sûreté s' (fig. 1), appuyée sur son siége par un ressort, donne passage à l'eau, dans le cas où par imprudence les robinets des tuyaux n'auraient pas été ouverts.

La mise en marche est à train épycicloïdal ; elle est du système Mazeline, modifié.

Cette belle et imposante machine, de la force nominale de 1.000 chevaux, est capable de produire sur les pistons 4.000 chevaux de 75 kilogrammètres : pour réaliser cette puissance, il faut que les manivelles fassent 57 révolutions par minute. Son poids, accessoires et propulseur compris, est de 415 tonnes. Les chaudières, la cheminée et les surchauffeurs pèsent ensemble 280 tonneaux, et en y ajoutant les 115 tonnes d'eau que contiennent ces chaudières à leur niveau normal, on a un poids total de 810 tonneaux métriques.

Distribution de vapeur aux cylindres extrêmes ; calage à 120°. — La distribution de vapeur aux cylindres extrèmes paraît être irrégulière au premier abord : le cylindre central évacue dans les cylindres de détente au moment où la manivelle de l'avant est à 113° ; il semble donc que la vapeur ne puisse pas agir efficacement dans le premier de ces récipients, puisque la fermeture à l'introduction a lieu lorsque la manivelle a parcouru un angle de 13° après le commencement de l'évacuation centrale qui fait l'admission dans les cylindres extrèmes, et qu'il y a eu précédemment 113° de parcourus. Cette appréciation *à priori* est inexacte ; le fait démontre que l'évacuation a lieu d'une manière continue, du cylindre milieu aux cylindres extrèmes ; seulement elle n'est pas instantanée comme lorsqu'elle se produit dans le vide. L'ouverture à l'évacuation est calculée pour que cette fonction puisse avoir lieu pendant toute la révolution de la manivelle. Il y a toujours un des deux orifices communiquant avec le tuyau collecteur, et par suite avec les cylindrès de détente ; ces orifices étant découverts entièrement pendant un espace de temps assez grand, il en résulte plus d'égalité dans la contre-pression qu'on ne serait porté à le croire. Un indicateur placé sur les tuyaux collecteurs dont nous venons de parler, nous a permis de prendre les courbes représentées par les figures 8 et 9 de la planche XXXI ; la variation de tension n'est pas très-grande comme l'on voit.

Quant à la distribution aux trois cylindres, le calage étant à 135° et à 90°, elle se fait dans les meilleures conditions possibles : si on représente les positions respectives des manivelles par des rayons placés dans le cercle de révolution de ces manivelles et qu'on marque autour de celui-ci des arcs dont la grandeur corresponde aux périodes d'admission et d'évacuation dans chaque cylindre, on obtient l'épure démonstrative d'une régulation parfaitement établie.

Suppression des réservoirs intermédiaires. — Au début, on avait muni ces appareils d'un réservoir cylindrique en tôle, terminé par deux calottes demi-sphériques ; le volume de ce réservoir était double de celui d'un cylindre de la machine, de sorte que la vapeur, à la sortie du cylindre central, évacuait dans le réservoir ; de là elle était distribuée en temps opportun dans les cylindres extrèmes par l'intermédiaire des tiroirs. Des expériences faites à bord de la *Savoie* en 1866 ont abouti à ces conclusions, que le réservoir n'était pas indispensable pour le bon fonctionnement, qu'il occasionnait une légère augmentation de consommation de charbon, mais que les diagrammes obtenus étaient aussi réguliers sans réservoir qu'avec le réservoir.

On s'explique ces résultats par la perte de chaleur que le rayonnement du réservoir occasionnait et par la perte de travail qui en était la conséquence forcée. Les réservoirs ont donc été supprimés, depuis cette époque, dans les machines en construction, mais pas d'une manière absolue, puisque les boites à tiroirs, les tuyaux de conduite aux cylindres extrêmes et en général tous les espaces neutres forment un volume assez grand pour en tenir lieu. A bord de la *Valeureuse*, ce volume égale presque celui d'un des cylindres ; il est de 3 mètres cubes 7230, celui de chaque cylindre étant de 4 mètres cubes 502.

Il en est de même dans la machine du *Friedland*, à peu de chose près.

Les espaces neutres forment donc réservoir, mais ils ne régularisent pas aussi bien la distribution de vapeur, nous le croyons du moins, comme les récipients spéciaux dont étaient munies les premières machines à trois cylindres du système Woolf. Les raisons qui ont motivé leur suppression sont sans doute l'encombrement et le rayonnement considérable auquel ils donnaient lieu.

La question d'encombrement n'est certes pas à négliger, mais à bord d'un navire comme le *Friedland*, l'espace que pourrait occuper un réservoir d'une capacité double ou triple même de celle d'un cylindre, ne tire pas à conséquence. Quant au rayonnement, il est toujours possible, sinon de l'empêcher, du moins de l'atténuer considérablement. Sans l'intermédiaire d'un réservoir, les fluctuations de pression de la vapeur, au moment de l'évacuation, sont sensibles ; il existe ainsi deux périodes de compression dans un coup de piston. Elles seraient diminuées, si la vapeur évacuait dans un récipient spécial. Les chutes de vapeur n'affectent pas beaucoup les diagrammes du cylindre avant, parce que la grande vitesse du piston, dans ce moment, fait que les volumes élémentaires engendrés sont suffisants pour recevoir toute la vapeur qui afflue, sans qu'il y ait variation de tension ; mais il n'en est pas de même pour le cylindre arrière, où les courbes d'indicateur accusent fortement, par un soubresaut, l'énergie de la nouvelle vapeur.

Calage des manivelles dans les machines à trois cylindres. — Les machines anciennes, du même type que celles dont nous parlons, celles de la *Magnanime* ou de la *Valeureuse* par exemple, ont leurs manivelles calées sur l'arbre de couche à 120° l'une de l'autre, tandis que dans le type *Friedland*, la manivelle du piston central fait avec chacune des manivelles extrêmes un angle de 135°, et celles-ci font entre elles un angle de 90°.

Ce changement n'a pas été fait sans qu'on ait préalablement reconnu qu'il apportait un avantage soit au bénéfice de la régularité de l'effort sur la manivelle, soit au point de vue de la régularité de la marche de l'appareil ou de la production de travail. C'est ce que nous allons essayer de vérifier.

Quand on stoppe la machine de la *Savoie,* dont en ce moment nous avons la direction, la manivelle centrale (calage à 120°) s'arrête toujours au point mort ; c'est une conséquence de la manière dont la vapeur afflue dans les cylindres : celui du milieu, dans ce cas, agit presque comme s'il était seul, et l'avance à l'introduction qui y est plus grande que dans les autres (deux centièmes et demi de la course du piston), contribue à ce que la machine s'arrête un peu avant le point mort, mais à un point qui en est très-voisin.

Ceci n'a aucune importance fâcheuse pour l'appareil en marche, mais pour la mise en fonction, amènerait des inconvénients sérieux, si on n'avait pas pourvu les cylindres extrêmes d'un tuyau de conduite spécial, qui leur distribue la vapeur sans qu'elle passe préalablement dans le cylindre milieu. On se sert de ce tuyau pour les manœuvres de la machine et pour sa mise en marche seulement.

Dans tous les appareils du type *Savoie*, il existe une pareille installation ; mais les manivelles actionnées par les pistons des cylindres extrêmes étant calées à 120° l'une de l'autre, ainsi que nous venons de le dire, ces cylindres ne sont pas dans de bonnes conditions pour que leurs pistons fonctionnent sans le concours de celui du milieu, c'est-à-dire comme ceux d'une machine ordinaire à deux cylindres. Il est vrai que les tiroirs des cylindres extrêmes ouvrent tous les deux à la vapeur, lorsque le cylindre central a son piston au point mort, mais il y a lieu de remarquer que le bras de levier de la force qui agit en ce moment sur chaque manivelle est très-petit ; d'ailleurs, l'orifice du cylindre avant est sur le point de fermer à ce moment-là, il en résulte pour la machine une certaine hésitation à se mettre en mouvement, et il est constant que le calage à 135° et à 90° a une supériorité à ce point de vue. En outre, avec ce calage, dans le cas où une avarie quelconque paralyserait le cylindre milieu, la machine, à part l'excès d'introduction, se trouverait dans des conditions identiques à celles d'une machine à deux cylindres.

Examinons maintenant l'influence du nouveau calage quant à la régularité de l'effort exercé sur les manivelles.

La puissance qui agit sur les pistons se transmet aux manivelles par une bielle ; cette bielle, qui, dans la machine du *Friedland*, a quatre fois la longueur de la manivelle, agit sur celle-ci avec des bras de leviers différents suivant la position qu'elle occupe ; en outre, la tension élémentaire de la vapeur dans le cylindre subit des changements avec les diverses positions des pistons, ou plutôt suivant les diverses fonctions des tiroirs ; on peut donc poser cette question : *Quel sera à chaque instant l'effort développé tangentiellement à la circonférence décrite par la manivelle ?* Si nous parvenons à déterminer cet effort pour chaque manivelle isolément, qu'ensuite nous le rapportions à une seule d'entre elles, pour chaque degré de la ciconférence qu'elle décrit dans son mouvement, la marche sera d'autant plus régulière que l'effort trouvé sera lui-même plus régulier.

Il est évident que si on combine ces trois efforts, de telle sorte que les maxima sur une manivelle aient lieu simultanément avec les minima sur une autre, on pourra arriver à un résultat d'autant plus régulier que les combinaisons auront été faites dans ce sens d'une façon plus heureuse. Il y a donc un calage préférable à tout autre. Nous allons chercher à nous en rendre compte en rapportant un diagramme d'indicateur sur chaque manivelle.

Dans les calculs qui vont suivre, nous ne tiendrons pas compte, à chaque chemin élémentaire de la manivelle, de l'inertie des pièces à mouvement alternatif; nous savons que la résistance ou puissance développée par cette inertie n'est pas à négliger dans un calcul rigoureux; mais pour le résultat comparatif auquel nous voulons atteindre, il est permis de ne prendre en considération que la poussée de la vapeur sur les pistons.

En appelant φ l'angle variable que fait la manivelle à chaque instant avec la ligne d'axe des cylindres, F la force variable sur le piston, x celle qui a pour bras de levier la manivelle elle-même et θ l'angle du pied de bielle, on a :

$$\frac{x}{F} = \frac{\sin(\theta + \varphi)}{\cos \theta},$$

b, étant la bielle, et m la manivelle, l'angle θ est tel que :

$$\operatorname{Sin} \theta = \frac{m}{b} . \sin \varphi;$$

θ et φ étant liés par la relation ci-dessus, il nous sera toujours possible de déterminer le premier en fonction du second; si donc nous faisons passer celui-ci par tous les états de grandeur de $0°$ à $360°$, nous aurons les valeurs de $\frac{x}{F}$.

Notons en passant que $\frac{x}{F} = 1$ pour

$$\varphi = 64° \, 1' \, 30''$$
$$= 90°$$
$$= 295° \, 58' \, 30''$$
$$= 270°$$

et que $\dfrac{x}{F}$ est maximum pour

$$\varphi = \ 76^\circ\ 43'\ 15'';$$
$$= 283^\circ\ 16'\ 45''$$

admettons donc que $\dfrac{x}{F}$ nous soit connu pour toutes les valeurs de φ dans le cas actuel, c'est-à-dire où $b = 4^m$ et traçons avec les diverses grandeurs de $\dfrac{x}{F}$ la sinussoïde ADCEK *(fig. 4, pl.* XXX et *4 bis, pl.* XXXIV).

Sur une ligne quelconque AB, portons 60 divisions égales, sur lesquelles nous élèverons des perpendiculaires à AB (le nombre de ces divisions est arbitraire, nous avons pris 60 pour avoir des angles de 6° chacun). Prenons ensuite une grandeur quelconque, soit 0^m050, que nous ferons l'unité de longueur et égale à AV'; sur chaque verticale prenons *in, om, st* égales à la valeur du rapport $\dfrac{x}{F}$ correspondant au nombre de degrés de φ, marqués par la position de la verticale et faisons passer une courbe par les points $i, o, t...$, ce sera la sinussoïde directrice AD de la figure 4, planche XXX.

Cette courbe est la même, en tant que l'unité ne change pas, pour toutes les machines dont le rapport $\dfrac{b}{m} = 4$, comme sur la *Savoie*. D'ailleurs la régulation étant à très-peu près la même pour toutes les machines à trois cylindres et en particulier pour les appareils du *Friedland* et de la *Savoie* que nous considérons ici, des résultats obtenus nous pourrons déduire des conséquences en appliquant à la *Savoie* l'importante modification du calage du *Friedland*.

Soient ADC et CEB les deux branches de cette sinussoïde *(fig. 4, pl.* XXX), soient deux diagrammes d'indicateur *(fig. 5, pl.* XXX) pris sur la *Savoie* le 23 mai 1866, au cylindre arrière en dessus et en dessous du piston, dans des conditions identiques à celles où fonctionnait la machine du *Friedland;* divisons *(fig.* 5) en soixante parties égales une circonférence ayant pour diamètre, sur la ligne atmosphérique, la distance entre les deux tangentes à la courbe et projetons les divisions sur la ligne ; élevons ensuite, à chaque pied de projection, des ordonnées à cette courbe ; puis rapportons les longueurs de ces ordonnées à la ligne AC, chacune à son point

respectif, nous obtiendrons un nouveau diagramme, $Ar'' v''$....
(*fig. 4 bis*), dont les ordonnées seront les pressions, et les abcisses les valeurs des angles φ.

Soit $r''v''$...(*fig. 4 bis, pl.* XXXIV) les points où les ordonnées coupent la courbe des efforts F sur le piston ; des pieds de chaque ordonnée, avec des rayons nr'', mv''...rabattons les points r'', v''... en r', V'..; joignons les points r et v, situés sur les perpendiculaires à l'unité de distance, aux points r', V'..; des points i, o, t.. où la courbe directrice est coupée par les ordonnées, menons ii', ou... parallèles à rr', vV';... ensuite rabattons ni' en ni''...la courbe qui reliera tous les points tels que i'', u'... sera telle, que pour chacun de ces points, l'ordonnée mesurée à l'échelle de l'indicateur, donnera l'effort que nous avons désigné par x, c'est-à-dire l'effort s'exerçant tangentiellement au mouvement, sur la manivelle prise pour bras de levier.

Nous procéderons de la même manière pour obtenir la courbe des efforts pendant la montée du piston ; seulement nous prendrons le diagramme correspondant, obtenu en dessous, au même coup de piston ; CEB, sera cette branche de courbe (*fig. 4*).

Si nous en faisons autant pour le cylindre central, avec les diagrammes *fig.* 6, *pl.* XXX, et pour le cylindre avant, avec les courbes d'indicateur *fig.* 7, *pl.* XXX prises au même instant, nous aurons pour chaque cylindre la courbe des moments, ou, ainsi que nous l'avons dit, la courbe des efforts sur la manivelle prise pour bras de levier.

En reportant ces trois valeurs sur une ligne unique, ou, ce qui revient au même, sur une manivelle unique, en ayant soin de conserver le calage respectif des manivelles, on aura la ligne limite des trois efforts à la fois.

Rapportons donc (*fig.* 3, *pl.* XXX) d'abord sur la manivelle centrale les deux courbes du cylindre avant et du cylindre arrière, avec l'angle de calage ancien, de 120° ; nous aurons la courbe ABCD...JKL, qui sera la courbe des moments.

Si maintenant nous admettons le calage nouveau et que nous rapportions de la même façon les trois courbes précédemment trouvées, mais avec des angles de manivelle de 90° et 135°, nous aurons (*fig.* 3) la courbe supérieure en points et en croix, comme limite des efforts sur la manivelle.

Si y est la plus grande ordonnée, y' la plus petite petite et ym l'ordonnée moyenne de la courbe limite ABCD... JK, le coefficient de régularité pourra être exprimé par :

$$\frac{y^m}{y - y'}$$

La régularité est d'autant plus grande que ce coefficient est lui-même plus grand. En comparant la courbe pointillée supérieure à celle-ci, nous trouvons que le coefficient de régularité diminue de beaucoup, et que par suite il y a perte.

Il n'y aurait donc aucun avantage, sous le rapport de la régularité du mouvement, avec le calage nouveau; les calculs que nous avons faits sont, il est vrai, basés sur des données prises ailleurs que sur les machines du *Friedland*, mais malgré cela nous sommes portés à croire qu'il y a moins de régularité avec le changement de calage adopté dans ces appareils. Les avantages que nous avons signalés ci-avant (pages 7 et 9), sont probablement ceux qui ont motivé la modification.

Chocs des pièces en mouvement. — Consommation de combustible. — La marche des machines du *Friedland* est très-douce; on reproche cependant à quelques appareils du même type, celui de la *Magnanime* par exemple, de donner lieu à des chocs très-violents à chaque extrémité de course du piston central. Dans les machines de la *Valeureuse* il se produit par moments des chocs assez forts, qui se déplacent suivant la vitesse de la machine. On est porté à attribuer ces chocs à l'inégalité d'action des trois pistons. Quand la marche est à toute vitesse et avec une forte pression, le rapport entre l'ordonnée moyenne du cylindre milieu et celle des cylindres extrêmes se rapproche de l'unité; il s'en écarte d'autant plus (au bénéfice du cylindre milieu) que la vitesse et la pression sont moins grandes. A très-petite vitesse, les cylindres extrêmes font l'office de condenseurs. A l'allure de vingt tours, le diagramme donné par les cylindres extrêmes n'est plus une surface, c'est une ligne.

Le travail dans le cylindre milieu est d'autant plus grand, par rapport à celui produit dans les autres, que la vitesse est moindre; ceci viendrait à l'appui de l'opinion des mécaniciens qui attribuent les chocs à l'inégalité d'action des pistons, car c'est principalement à petite vitesse qu'ils se font le plus sentir. Dans tous les cas, et c'est notre avis, ces chocs pourraient avoir tout aussi bien pour cause un défaut d'exécution dans le tournage de l'arbre moteur. Il est assez difficile d'arriver à un travail de main-d'œuvre parfait sur toutes les nombreuses portées d'une pièce aussi volumineuse et aussi compliquée.

Il arrive quelquefois que l'axe de l'arbre n'est pas rigoureusement une ligne droite, ou bien que les soies n'ont pas leur axe dans le même plan ; dans ce cas, il faut tenir les palliers un peu desserrés ; ce qui expliquerait que le changement d'allure ou de direction du mouvement peut occasionner des chocs se répercutant en divers endroits suivant le sens de la marche. Les défauts que nous signalons ne se produisent pas d'une façon générale, mais on les a constatés dans plusieurs machines à trois cylindres.

Il est à remarquer que les mouvements d'écartement entre les cylindres et les condenseurs, que l'on constate dans presque toutes les grandes machines à deux cylindres, sont ici insignifiants.

Ces machines réalisent une économie de combustible assez grande. A ce sujet nous citerons des chiffres de consommation faite à diverses époques et nous les comparerons avec ceux donnés par des machines d'égale puissance et de types différents.

On se base très-souvent sur les dépenses de combustible accusées par les essais de recette pour prévoir celles qui seront faites plus tard. L'appréciation paraît être plus spécieuse qu'exacte ; il n'est pas rare de voir une machine obtenir aux premières expériences une vitesse à laquelle elle ne peut jamais plus atteindre. Pendant les essais, les constructeurs font faire le service de chauffe par leurs chauffeurs, qui sont très-habiles; on ne songe guère alors à économiser le combustible : il faut avant tout produire le nombre de tours prescrit, et remplir les autres conditions du marché qui sont tout autres que des questions d'économie de charbon.

Quoique le résultat des expériences comparatives de la *Savoie* et de la *Revanche* n'accuse pas une supériorité en faveur de la première, il n'est pas moins vrai que la supériorité, au point de vue de l'économie de combustible, est réelle. La première de ces machines est du même type que celle du *Friedland*, et la deuxième est à trois cylindres avec introduction directe dans les trois. De Toulon à Rochefort, les deux frégates ont navigué de conserve. Le tonnage des deux navires est le même, et la vitesse a été la même pendant tout le trajet ; on peut donc établir la comparaison des consommations réciproques. Le tableau ci-après résume les résultats de la traversée. Toutefois, nous ferons remarquer que les consommations comparatives se rapprochent d'autant plus que la vitesse est plus grande.

Les chiffres de ce tableau (p. 161) font voir que l'avantage

DATES.	NOMBRE de chaudières.		MILLES au loch.		HEURES de marche.		CHARBON CONSOMMÉ en tonneaux. — Total.		TOUR D'HÉLICE. — Total.		CHARBON par mille.		TOURS par minute et par nœuds.	
	Savoie.	Revanche.	Savoie.	Revanche.	Savoie.	Revanche.	Savoie.	Revanche.	Savoie.	Revanche.	Savoie.	Revanche.	Savoie.	Revanche.
12 août....	4 puis 6	4	»	»	» »	» »	7.50	5.00	»	»	»	»	»	»
12 au 13...	4 puis 6	4 puis 5	258	258	25h15	25h15	45.58	66.75	56.611	57.250	176.66	258.91	3.66	3.70
13 au 14...	6	6	260	260	24 10	24 10	40.09	66.73	53.200	56.370	134.19	256.66	3.40	3.61
14 au 15...	6	6	236	236	24 19	24 19	41.45	60.90	55.190	56.250	175.64	258.05	3.90	3.97
15 au 16...	6	6	223	223	24 13	24 13	41.76	59.20	55.008	56.820	187.27	265.46	4.00	4.28
16 au 17...	6	6	208	208	24 01	24 01	46.84	60.50	54.852	56.220	225.19	290.00	4.39	4.50
17 au 18...	6	6	224	224	23 49	23 49	48.29	60.00	55.460	55.570	215.58	267.85	4.12	4.13
18.........	6	6	»	»	» »	» »	6.00	1.25	»	»	»	»	»	»
18 au 19...	6 puis 8	6 puis 8	257	257	24 »	24 »	66.00	74.00	58.030	58.110	256.61	287.94	3.76	3.77
19.........	6 puis 8	6 puis 8	»	»	» »	» »	6.00	6.00	»	»	»	»	»	»
19.........	8	8	»	»	» »	» »	»	»	»	»	»	325.91	»	3.80
Moyennes et totaux..........			1.666	1.666	169h47	169h47	330.01	448.08	387.351	396.590	197.49	268.96	3.88	3.97

est à la machine de la *Savoie*, et qu'il est très-important. En effet, en y comprenant les consommations faites lorsque la machine était stoppée et que les feux étaient au fond des fourneaux, on trouve que la machine du système Woolf, c'est-à-dire celle du même type que le *Friedland*, ne consomme que les 0,76 du combustible nécessaire à la machine à trois cylindres ordinaires, dans les circonstances de navigation que nous avons citées.

Avec les machines à deux cylindres telles que celles de la *Guienne*, le bénéfice est moindre à grande vitesse mais plus grand à petite vitesse.

La consommation de matières grasses est plus forte dans les appareils à trois cylindres que dans ceux à deux cylindres; il est à désirer que les installations pour le lubrifiage des tresses et des surfaces frottantes des tiroirs y soient mieux disposées. Au cylindre central, les tresses se brûlent d'autant plus facilement que la température de la vapeur est plus élevée. Il faudrait que les corps gras pussent pénétrer au cœur même des garnitures.

En ce qui concerne les chaudières, nous avons acquis la conviction que, malgré la haute tension de la vapeur, il sera possible d'en conserver l'intérieur dans un état de propreté aussi satisfaisant que celui qui est entretenu dans les générateurs produisant la vapeur à une température moins élevée. Jusqu'aujourd'hui, à bord de la *Savoie*, la concentration de l'eau des chaudières a été maintenue entre $2\ ^1/_2$ et $3°$ du pèse-sel réglementaire, et nous avons la certitude qu'il ne sera pas nécessaire de descendre au-dessous de cette dernière limite pour empêcher la précipitation des sulfates de chaux contenues dans l'eau de mer.

La conclusion de ce qui précède est, pour nous, que les machines à trois cylindres du type de M. Dupuy de Lôme réalisent une économie notable de combustible, lorsqu'elles ne marchent pas à grande vitesse. C'est uniquement comme mécanicien appelé à diriger la conduite, l'entretien et les réparations de ces appareils que nous avons exposé nos observations. La question du prix de revient, de poids et d'encombrement est en dehors de notre appréciation.

Machine à trois cylindres, du Creuzot.

L'usine du Creuzot a exposé plusieurs machines qui rivalisent par le fini du travail avec celles qui proviennent des usines anglaises les plus renommées et leur sont même supérieures sous ce rapport; cet établissement a affirmé une fois de plus la réputation qu'il a conquise dans la grande industrie des machines motrices et qu'il mérite à si juste titre.

La machine de l'*Océan* est un de ses produits à citer. Elle est du même type que celle du *Friedland*, quelques détails seulement diffèrent. Sa puissance nominale est de 950 chevaux, comme celle du *Friedland*; elle est capable de développer sur les pistons 4,000 chevaux de 75 kilogrammètres. Les dimensions des principales pièces sont les mêmes que celles de cette dernière machine. Le diamètre de chaque cylindre est de 2^m10 et la course du piston de 1^m30. Le nombre de tours maximum qu'elle est appelée à réaliser est de 57.75 par minute.

Elle est destinée à conduire une hélice Mangin à quatre ailes de 6 mètres de diamètre et 8^m50 environ de pas.

La mise en marche est à train épicycloïdal.

La distribution de vapeur se fait de la même manière qu'aux machines à trois cylindres de M. Dupuy de Lôme, c'est-à-dire par les arêtes intérieures des tiroirs de distribution. Les orifices s'ouvrent en grand, tout aussi bien pour l'introduction que pour l'évacuation; la durée du temps pendant lequel ils restent ouverts diffère seule pour ces deux fonctions; les dimensions de ces orifices sont assez grandes pour qu'il n'y ait pas d'étranglements de vapeur.

Les tiroirs sont conduits par un arbre spécial à vilebrequin, en trois parties, reliées entre elles par des tourteaux. Une bielle leur transmet le mouvement de la manivelle correspondante.

Les glissières de la tige des tiroirs sont doubles et placées sur les couvercles des boîtes à tiroir.

Les cylindres extrêmes sont munis de chemises, dans lesquelles la vapeur passe avant d'entrer dans le cylindre milieu. Le couvercle et le fond s'emmanchent tous les deux de dehors en dedans.

Les bâtis diffèrent un peu de ceux du *Friedland*; la liaison des condenseurs aux cylindres serait ici plus intime, et donnerait par suite à tout l'ensemble beaucoup plus de résistance dans les gros temps.

La forme des tiroirs est de celles dites en D; ils se composent de deux blocs distincts, reliés entre eux par une tige qui passe dans une gaîne. Un segment métallique appuie sur le dos du tiroir; il est pressé sur cet organe par des garnitures végétales, qui reçoivent à leur tour le serrage par l'intermédiaire d'un presse-étoupes à lanterne.

Deux soupapes sont placées sur les boîtes à tiroir des cylindres extrèmes pour y introduire directement la vapeur pour la manœuvre de mise en marche.

Les condenseurs sont doubles; entre les deux compartiments de chacun d'entre eux se meut le pied de la grande bielle. Les glissières de ces bielles sont en deux parties rapportées sur la partie inférieure des condenseurs et fixées par des boulons.

Les pompes à air sont à plongeur; leur disposition est préférable à celle des pompes du *Friedland*. Ici le plongeur se meut dans un presse-étoupes, dont les garnitures sont en chanvre; il n'y a donc pas à craindre pour le vide les effets de leur usure; le mouvement est donné à leur piston par un bras faisant partie de la tige inférieure des pistons à vapeur. La tige inférieure du piston central conduit de la même manière une pompe de cale de très-grande dimension. Ce magnifique appareil, dont nous ne donnons qu'une description succincte à cause de sa grande conformité avec celui du *Friedland*, a fait l'admiration de toutes les personnes qui s'occupent de machines marines. Le seul reproche que les Anglais, nos rivaux en industrie, aient cru devoir lui adresser, c'est la perfection dans les détails, perfection qu'ils considèrent comme de la superfluité; quant à nous, moins positifs que nos voisins, nous admirons le beau dans l'art industriel comme dans toutes ses manifestations.

Machines à deux cylindres, système Woolf.

La maison Claparède, usine de Saint-Denis, a exposé une machine renversée à bielle directe du type de Woolf, connue dans la marine sous le nom de machine à pilon. La puissance nominale de cet appareil est de 60 chevaux de 225 kilogrammètres.

La vapeur arrive de la chaudière avec une tension de 5 atmosphères; elle est admise (*fig.* 12) dans le cylindre C par les arètes extérieures du tiroir D; là, elle travaille à pleine pression pendant les 0,40 (moyennement) de la course du piston et se détend pendant les 0,348; elle se rend ensuite dans un grand réservoir placé à la partie supérieure du condenseur, en passant par l'intérieur du tiroir à coquille. Le réservoir R (*fig.* 13) communique avec la chemise du cylindre C'. La vapeur le traverse, enveloppe le cylindre de détente en le réchauffant, et pénètre ensuite dans l'intérieur de ce deuxième cylindre par l'intermédiaire d'un tiroir D′ également à coquille.

Le volume du réservoir, y compris celui de tous les espaces neutres, est de quatre fois environ celui du cylindre; la tension de la vapeur y est encore de $2^{atm}40$, de sorte qu'on peut très-bien l'utiliser.

La vapeur, comme nous venons de le dire, est distribuée dans le cylindre C′ par un tiroir à coquille; l'introduction a lieu pendant les 0,81 de la course du piston et la détente se produit des 0,81 aux 0,93; après cette limite, il y a évacuation dans un condenseur tubulaire.

La pression dans le condenseur est moyennement de 19 centimètres de mercure, c'est-à-dire que le baromètre accuse un vide de 57 centimètres.

Les cylindres Cc et C′ ont les mêmes diamètres; le travail qui se produit dans chacun d'eux, pendant un temps donné, est à peu près le même, quand la tension de la vapeur aux chaudières est à la hauteur de régime. Si cette tension baisse, l'égalité du travail partiel cesse au bénéfice du cylindre où la vapeur afflue de la chaudière; si elle augmente, c'est le contraire qui a lieu.

Les tiroirs à coquille D′D sont conduits par les secteurs Stephenson S,S′.

L'évacuation E, du cylindre C′, se fait, ainsi que nous l'avons dit, dans un condenseur à surface; de là, la vapeur condensée se rend dans le compartiment F. Une pompe aspirante et foulante P sert de pompe à air; elle est à simple effet. Cette pompe extrait l'eau douce provenant de la condensation et la renvoie dans le tuyau T′, d'où elle se rend dans un réservoir pour servir de nouveau à l'alimentation.

Une deuxième pompe P′, de même diamètre que la pompe à air (*fig*. 12), sert de pompe d'injection; elle envoie dans le condenseur et autour des tubes l'eau nécessaire pour condenser la vapeur; cette eau est prise facultativement à la mer par le tuyau T′ ou à la cale, et refoulée, en dernier lieu, à la mer par le tuyau T.

Ces deux pompes (*fig*. 12), reçoivent chacune leur mouvement d'un balancier B, B′, qui est mu par un bouton faisant partie de la traverse du piston. (On voit ce bouton en b; *fig*. 13.)

Les pistons à vapeur p et p' (*fig*. 12) sont en fer forgé et de la même pièce que leurs tiges; la garniture est composée de deux segments métalliques isolés.

Les divers récipients de vapeur R, sont entourés d'une enveloppe *e* (*fig.* 13), laissant entre elle et ces récipients un espace que l'on remplit avec des corps non conducteurs de calorique.

Deux soupapes à lanterne, mues à l'aide de leviers, servent à établir la communication entre les chaudières et les cylindres pour la manœuvre de la machine, au départ seulement.

La glissière G est en fonte de fer; elle est embrassée entièrement par le coulisseau *g* (*fig.* 13), fixé à la traverse A de la tige du piston; elle est clavetée à l'extrémité de la tige.

Les grandes bielles H (*fig.* 12) reçoivent le serrage à leurs pieds par des clavettes à écrous; leur tête est à pallier. Leur rapport avec la manivelle est $\dfrac{b}{m} = 4$.

Les manivelles MM' (*fig.* 12) sont en fer et venues de forge avec l'arbre N; elles sont équilibrées. L'arbre est muni à ses portées de deux collets s'encastrant dans des rainures semblables, pratiquées dans des coussinets *c,c*, en bronze et garnis de métal antifriction.

Les bases des bâtis en fonte BB servent de plaque de fondation; les palliers sont de la même coulée que les bâtis.

Les cylindres sont supportés par quatre colonnes en fer forgé qui reposent sur les bâtis.

Le volant de mise en train V est fixé sur un arbre vertical L', qui traverse une douille à frottement doux; la douille est terminée de chaque côté par un tourillon qui repose dans un pallier, de sorte que la bielle peut osciller librement autour de l'axe de ces tourillons.

L'extrémité supérieure de la bielle est filetée et s'engage dans un écrou attenant au tube I; celui-ci est relié aux petites manivelles *m,m*, par deux tourillons.

Lorsqu'à l'aide du volant V, on fait monter ou descendre le tube I, l'arbre L, sollicité par les manivelles *m,m*, transmet son mouvement au levier qui manœuvre le secteur.

Le bout de l'arbre porte trois pompes, dont une pour la cale et deux pour l'alimentation; celles-ci puisent dans un réservoir spécial qui reçoit l'eau envoyée par la pompe à air P.

Les tiroirs dont nous donnons la régulation ci-après (*fig.* 14 *et* 15) sont conduits chacun par deux excentriques et la coulisse Stephenson.

L'angle de calage de l'excentrique du cylindre à vapeur est de 144°; celui du cylindre de détente est de 139°.

Les manivelles sont calées sur l'arbre de couche à 108° l'une de l'autre.

La course des pistons est de 0^m50; celle du tiroir de distribution du cylindre à pleine vapeur est de 0^m22 et celle du tiroir de détente de 0^m11 seulement.

Les condenseurs à surface sont en faveur ; aujourd'hui, un grand nombre de machines en construction en seront pourvues et la plupart des machines exposées par les Anglais en étaient munies.

Il y a donc un intérêt important à chercher les raisons d'une préférence bien manifeste, principalement en Angleterre, et à voir si ces appareils offrent tous les avantages qu'on leur attribue. Le plus grand bénéfice est sans contredit l'économie de combustible; les extractions étant une cause de perte considérable de chaleur (un dix-huitième environ de la chaleur totale), leur suppression aboutit évidemment à une moindre dépense de charbon pour une même dépense de vapeur. Quant à l'avantage de procurer une plus grande durée à l'appareil évaporatoire, les avis sont partagés.

Par suite de l'usage du condenseur de ce système, les tôles sont fortement corrodées à l'intérieur des chaudières, particulièrement aux points voisins de l'alimentation, par un agent chimique dont la nature n'est pas bien définie, mais qui proviendrait, pense-t-on, de la décomposition des corps gras envoyés forcément dans les chaudières avec l'eau d'alimentation. La même eau, retournant continuellement aux chaudières, se charge de parcelles métalliques, de matières grasses, etc., en traversant les cylindres et les condenseurs, et les dépose nonseulement dans les chaudières, mais encore dans les tubes du condenseur. Ces corps étrangers, qu'ils soient en suspension dans le liquide ou qu'ils soient déposés sur les surfaces des récipients, causent des désordres graves; les chaudières ont de continuelles ébullitions; les clapets d'alimentation et les autres organes se gomment avec le cambouis qui se dépose inévitablement sur leurs portées.

On a trouvé tout récemment un moyen très-heureux d'éviter ces inconvénients et particulièrement celui de l'usure rapide de la chaudière : c'est de mêler à l'eau distillée une très-petite quantité d'eau de mer. Les paquebots transatlantiques font usage depuis quelque temps de ce procédé bien simple et en accusent les meilleurs résultats : de loin en loin, une extraction à la main abaisse suffisamment la concentration de l'eau ainsi mélangée.

Le travail de servitude, dans une machine à condenseur à surface, est sensiblement augmenté par l'emploi de la pompe d'injection. Quelques constructeurs ont essayé d'établir le courant d'eau refroidissante par le seul déplacement du navire en marche et par la différence de densité entre l'eau froide du dehors et celle sensiblement chauffée dans l'appareil en touchant les surfaces extérieures des tubes. Ce moyen, employé pour les distillateurs dont les produits sont destinés à l'approvisionnement d'eau douce à bord des navires, n'a pas réussi dans l'application à la machine motrice : il a fallu revenir à l'injection forcée soit par une pompe, soit par une turbine. La machine dont nous parlons a un condenseur à surface très-bien conditionné ; la vapeur passe dans les tubes, et l'eau refroidissante au dehors. Ces tubes sont en cuivre rouge étamé ; ils ont 2 centimètres environ de diamètre ; ils sont libres dans leurs plaques de tête qu'ils débordent un peu ; le joint est rendu étanche par l'interposition d'une feuille de caoutchouc qui vient embrasser tous les tubes et qui est percée de trous d'un diamètre un peu plus petit que le diamètre de ces derniers ; elle est mise en place à grand frottement et serrée ensuite par une deuxième plaque sur la plaque de tête ; des portes de regard permettent de nettoyer les tubes lorsque cette opération est nécessaire.

Avec ce condenseur l'appareil peut fonctionner à 5 atmosphères, sans qu'il y ait à craindre les dépôts de sel dans les chaudières. Pour les machines marines du type Woolf, cet avantage est inappréciable en ce que le chauffage à l'eau de mer ne permet pas de dépasser $2^{atm}1/10$ environ sans inconvénients sérieux pour l'intérieur des chaudières ; à $3^{atm}5/10$ de tension, même avant cette limite, les extractions sont inefficaces, parce que le sulfate de chaux se précipite instantanément à la température de 140°, laquelle correspond à la tension précitée. Aussi, à cause des avantages inhérents aux condenseurs à surface, est-il question de les appliquer aux machines à trois cylindres qui sont en construction. Nous croyons que si les inconvénients signalés plus haut n'étaient pas suffisamment évités par l'addition d'une petite quantité d'eau de mer dans l'alimentation, comme on le pratique à bord des navires transatlantiques, on arriverait à un résultat satisfaisant en employant des épurateurs placés sur le parcours de l'eau d'alimentation, ainsi que cela a été déjà fait sur quelques appareils de cette nature.

Calage des manivelles à 108°. — Il nous reste à voir si le calage des manivelles de l'arbre de couche, adopté par M. Claparède, offre quelques avantages sur celui à 90°, employé généralement pour les machines à deux cylindres à pression affluente.

Les figures 14 et 15, planches XXXII et XXXIII, nous donnent les épures de régulation des tiroirs, pour les cylindres de détente et de vapeur ; de chaque côté sont placés des diagrammes pris en dessus et en dessous des pistons. Les données numériques et les échelles de réduction sont les suivantes :

Course des pistons 0^m500. Échelle de $^1/_4$.

Course des tiroirs 0^m220 et $0,110$. Échelle de $^1/_4$.

Développement des circonférences : Échelle de $^1/_2$ millimètre par $1°$.

Pressions : Échelle de 7 millimètres $^1/_2$ par atmosphère.

Les surfaces hachées représentent le travail de la vapeur sur les pistons.

. Les courbes $A'B'C'D'E'$ ($fig.$ 14) et ABCDE nous donnent les efforts perpendiculaires à la manivelle, pour le cylindre de détente d'abord, et le cylindre à vapeur ensuite.

$A''B''C''D''E''F''$ est la courbe limite des deux efforts ; ces lignes ont été obtenues en prenant un effort moyen. Ainsi que nous l'avons fait précédemment, nous allons rapporter un diagramme d'indicateur sur chaque manivelle, et nous pourrons alors nous rendre compte si le calage de 108° est préférable à celui de 90° employé généralement.

Soit ($fig.$ 11, $pl.$ XXXI) $xyuzv$, la sinussoïde directrice, et $x'y'u'z'v'$, cette même courbe ($fig.$ 10, $pl.$ XXXI) ; rapportons à la première les diagrammes du cylindre de détente $klmn$ et $k'l'm'n'$, pris au même coup de piston, sur les deux faces de cet organe ($fig.$ 22, $pl.$ XXXVI) ; rapportons également à la seconde sinussoïde $x'y'u'z'v'$ les diagrammes du cylindre à vapeur ($fig.$ 15, $pl.$ XXXIII) $ghij$ et $g'h'i'j'$; traçons ensuite la courbe, somme des deux efforts, nous aurons ABCDEFG, pour le calage de la machine, c'est-à-dire à 108° ($pl.$ XXXI, $fig.$ 10).

Si nous calons à 90° nous voyons que la ligne pointillée, $abcdejg$, qui est obtenue avec cet angle, nous donne une régularité bien plus grande.

En présence de ce résultat, nous nous demandons s'il n'y a pas eu erreur dans la construction des diagrammes théoriques qui ont été mis à notre disposition, ou si ceux que l'on obtiendrait avec le calage de 90° pourraient différer assez de ceux-ci pour occasionner une erreur aussi grande de notre part.

Dans tous les cas, nous sommes porté à croire qu'il serait préférable de caler à 90°, la grandeur du réservoir permettant de maintenir une pression assez uniforme à la vapeur qui agit dans le cylindre de détente.

Nous croyons que l'élégante machine que nous venons de décrire et dont le dessin des chaudières a été donné par M. Joublin (page 100 de la *Revue maritime*) a de l'avenir. Sa dépense en charbon n'excèdera pas 1ᵏ443 par cheval de 75 kilogrammètres sur les pistons; elle réalisera donc des économies de combustibles très-appréciables.

Machine conduisant deux hélices.

Dans les notes qui précèdent nous avons groupé les machines du type Woolf; nous allons maintenant revenir sur nos pas et décrire la machine du *Cerbère*, que l'usine du Creuzot a exposée à côté de celle de l'*Océan* (*fig.* 16, 17 et 18, *pl.* XXXIV).

Cette machine est destinée à un garde-côte cuirassé; une du même genre est montée à bord du *Taureau*, navire qui n'a pas la même destination. Ces quatre cylindres sont ici en regard, au lieu d'être adossés comme dans la première; elle doit faire fonctionner deux hélices. L'ensemble se compose de deux parties symétriques essentiellement indépendantes, de sorte que le mouvement de chaque hélice peut avoir lieu à volonté soit dans un sens, soit dans l'autre, soit même avec des vitesses différentes. Pour un navire de combat ces avantages sont inappréciables; la rapidité des évolutions est assurée autant que possible. Il n'y a pas à craindre ce qui est arrivé pendant les expériences du *Taureau*: le courant de vapeur s'établissait de préférence dans un des groupes de cylindres, l'autre en était influencé au point de retarder beaucoup la manœuvre; chaque groupe de cylindres dans l'appareil du *Cerbère* est muni de son registre; sa manœuvre est par suite tout à fait indépendante de l'autre groupe.

Une soupape d'arrêt N, planche XXXIV, est placée sur les tuyaux de conduite, à l'extrémité de la machine; elle est mue par un petit volant v'.

La vapeur arrivant des chaudières par un tuyau A′ traverse l'orifice laissé ouvert par la soupape d'arrêt, afflue dans une chemise c qui entoure le cylindre, réchauffe ce récipient et se rend dans la boîte V où se trouve une valve de distribution;

elle passe ensuite dans le tuyau T″ et se rend enfin dans la boîte à tiroir, où elle est distribuée dans le cylindre par un tiroir à coquille *t*, placé sur le côté de chaque cylindre à vapeur.

Cette disposition des tiroirs que le Creuzot emploie ordinairement, a l'avantage de permettre à ces organes de distribution de s'écarter de la plaque de friction, lors d'une forte projection d'eau, pour laisser celle-ci s'écouler au condenseur.

Mais d'autre part, l'absence de compensateur entraîne comme conséquence un grand frottement sur les plaques.

Le mouvement est donné à chaque tiroir par deux excentriques à bielles renversées ; ces bielles sont reliées entre elles par la coulisse Stephenson *s* ; celle-ci entraîne un bouton attenant aux tiges *t′ t′* du tiroir, lesquelles sont guidées à leur tour par deux glissières *g*, *g*, rapportées sur le côté du condenseur ; les tiges comprennent l'arbre de couche, entre leur écartement.

La manœuvre des secteurs se fait de dessus le condenseur ; des supports LL′ LL′ reçoivent un arbre A muni en son milieu d'une roue à manette R, et à ses extrémités d'une roue d'engrenage conique, transmettant son mouvement à un pignon claveté sur la vis *v* ; cette dernière s'engage dans un écrou *é* sur lequel est fixée la bielle de suspension du secteur *s*. Les supports L′ L servent en même temps de guide à l'écrou *e″*.

Les cylindres ont un fond et un couvercle mobiles tous les deux et se fermant de dehors en dedans comme à l'ordinaire ; ces dernières pièces sont creuses et munies d'un robinet réchauffeur. Les écrous des tiges des pistons à vapeur, s'encastrent dans les fonds aux points morts du bas.

Les garnitures métalliques sont formées de trois segments ; le mouvement du piston se communique à l'arbre moteur par une bielle en retour *b*, et par deux tiges dont l'une porte un bras qui conduit le piston de pompe à air.

L'évacuation des cylindres se fait par le tuyau E dans les condenseurs ; des purgeurs sont placés en *r′*, *r* au fond des cylindres.

La soupape de sûreté S, du couvercle, est au bas du plateau ; celle du fond *s′* est au centre même et sur le trou d'homme du cylindre.

Les injections sont à tiroir et mues par les leviers *i*, *i* ; les purges, ainsi que les injections sont sous la main du mécanicien qui est à la mise en train ; elles sont conduites par le levier K K.

Les condenseurs C′ et les bâches B, laissent entre eux un intervalle dans lequel se meut le pied de la grande bielle, comme sur la machine de l'*Océan* ; mais les glissières ne sont pas rapportées comme celles de ce dernier appareil ; elles font partie intégrante du condenseur et de la bâche. On les voit en G G (*fig*. 18).

Les coulisseaux sont placés à l'extérieur des jougs, c'est-à-dire que les bras J des traverses sont entre les coulisseaux et les tourillons.

La pompe à air p' est à double effet ; son piston se meut dans un corps de pompe P' ; les produits de la condensation sont aspirés à travers les clapets de pied c, et refoulés par ceux de tête b, pour se rendre dans la bâche B.

Les pompes alimentaires p, ainsi que les pompes de cale, sont mues par un bouton b' placé sur l'avant de l'arbre moteur et excentré avec l'axe de cet arbre.

La détente est donnée par le secteur.

Cette machine réunit toutes les conditions de solidité et de perfection désirables ; elle n'est pas au-dessous de celle de l'*Océan* pour le fini des pièces, et nous sommes portés à croire que son fonctionnement ne laissera rien à désirer.

Machine à fourreau de M. Penn.

M. Penn a exposé la machine à fourreau de la *Sapho*, sloop de Sa Majesté Britannique (*fig*. 19, *pl*. XXXV). Nous donnons une esquisse de cette machine qui, suivant nous, mérite l'attention à cause de son mode de condensation de la vapeur. Le jury des récompenses lui a décerné une médaille d'or.

Les tiroirs sont à double orifice ; ils reçoivent leur mouvement de deux excentriques reliés par des bielles à une coulisse Stephenson. Un troisième excentrique à calage fixe conduit le tiroir à détente variable par un mouvement à déclanche.

La tige du tiroir est reliée à l'encoche de la bielle d'excentrique par un système de levier très-ingénieux, lequel permet de modifier l'introduction dans des limites très-suffisantes. La plaque de détente variable est à orifices multiples, ainsi que celles qu'emploie ordinairement le Creuzot.

Les pistons à vapeur P (*pl*. XXXV), dont la course est de 0^m915, sont à double fourreau ; les garnitures de ces fourreaux sont en toile de caoutchouc, serrées par une couronne en fonte de fer, baguée en bronze à l'intérieur. Quelque étanche que soit une garniture de cette nature, nous lui préférons cependant les garnitures métalliques employées dans les machines françaises du même type ; nous avons acquis cette conviction par l'expérience : la toile de caoutchouc produit un frottement plus grand que celui des segments métalliques convenablement serrés. Nous avons insisté pour opérer ce changement sur une machine à fourreau, de la marine, que nous avons conduite pendant six ans.

Le pied et la tête de bielle sont à pallier ; deux boulons seulement donnent le serrage à ces articulations, ainsi que cela a lieu sur nos machines à fourreau de 160 chevaux; l'articulation du pied se fait sur un tourillon en fonte dure ; le coussinet est en bronze. Si le changement de métal du tourillon a pour conséquence la disparition du choc que presque tous ces appareils ressentent à leurs pieds de bielle, ce sera un grand progrès réalisé, mais nous ne l'espérons guère.

Les bâtis sont solides et bien construits.

Les cylindres C ont 1^m778 de diamètre; ils sont chemisés pour remédier au refroidissement considérable qui est une cause d'infériorité pour ces machines. Le fond est creux et réchauffé par la vapeur ; le couvercle fait partie intégrante du cylindre ; il est également chemisé.

Les fourreaux F ont 0^m762 de diamètre.

Les pompes à air sont conduites directement par les pistons à vapeur ; le diamètre de leur piston est de $0^m\ 445$; elles puisent dans la base du condenseur les fluides provenant de la condensation; leurs dimensions sont assez grandes pour qu'elles puissent produire un vide suffisant et débarrasser le condenseur, dans le cas forcé de la condensation par mélange.

Les pompes d'alimentation reçoivent également leur mouvement du piston à vapeur ; elles ont $0^m 101$ de diamètre.

La vapeur qui a produit son effet se rend, du cylindre au condenseur, par le tuyau d'évacuation E; ce tuyau a ceci de particulier, que son presse-étoupes est remplacé par une collerette en cuir embouti.

Le condenseur C' de chaque cylindre est tubulaire, la vapeur est extérieure aux tubes et l'eau froide intérieure; la surface réfrigérante est de 523 mètres carrés, c'est-à-dire de $1^{mmlq}4970$ par cheval nominal ; l'appareil à condenser est cylindrique, son diamètre intérieur est de $1^m 144$ et sa hauteur $1^m 830$; il contient 4776 tubes en cuivre rouge étamé, de $0^m 02$ environ de diamètre. Les joints de ces tubes sont rendus étanches par des viroles en bois encastrées dans les plaques de tête sur la moitié de leur hauteur. Il y a dans la partie supérieure du condenseur un renflement qui fait suite au tuyau d'évacuation et qui permet à la vapeur de mieux se répartir sur la surface réfrigérante. Un épurateur est placé dans cette partie du condensateur. Un robinet d'injection aboutissant à ce point même sert à introduire de l'eau dans l'intérieur pour opérer la condensation par mélange, dans le cas possible où la turbine dont nous allons parler serait paralysée par une avarie. On peut également se servir du même robinet pour compenser les pertes, si toutefois la provision d'eau douce est épuisée.

L'eau froide est injectée dans l'intérieur des tubes par une pompe centrifuge p, pour chaque condenseur. Ces pompes, dont le diamètre est de $0^m 57$, fonctionnent avec une grande vitesse ; elles sont mues chacune par une petite machine à vapeur spéciale.

Nous croyons que la grande vitesse de ces machines auxiliaires doit être une cause d'avarie, et qu'il est préférable que la pompe d'injection soit conduite par la grande machine. Il arrivera souvent, dans les appareils de la *Sapho*, que la pompe centrifuge ne fonctionnera pas et que par suite la condensation devra forcément être faite par mélange.

Les pompes rotatives dont il est question peuvent servir au besoin pour étancher la cale.

La machine de la *Sapho*, dont la force nominale est de 350 chevaux, peut produire jusqu'à 2100 chevaux de 75 kilogrammètres sur les pistons, c'est-à-dire six fois sa puissance nominale ; ce chiffre nous paraît quelque peu exagéré.

Nous regrettons de ne pouvoir mettre en regard de la production de travail la consommation correspondante de combustible. Ces machines, remarquables par la simplicité de leur mécanisme, par leur légèreté et par le peu d'espace qu'elles occupent, ont l'inconvénient très-grand de consommer plus que les autres. Or, le poids du combustible en plus qu'il faut embarquer, et son encombrement, compensent et dépassent même de beaucoup l'avantage qu'on peut retirer d'une diminution du poids et du volume de l'appareil.

Nous ne parlons pas de l'augmentation des dépenses, suite naturelle de l'excès de consommation de charbon, quoique la question ne soit pas à négliger ; ce serait en dehors du cadre que nous nous sommes tracé.

Le rayonnement des fourreaux et la condensation qu'ils occasionnent par leur contact intermittent avec des milieux de température différente, sont la cause de cette grande perte de chaleur, et, partant, de combustible.

Malgré cela, nous ne pouvons qu'admirer cette machine comme un excellent appareil à vapeur dans l'espèce ; le condenseur est très-bien conçu ; ses formes permettent de nettoyer les tubes soit en dedans, soit en dehors, suivant le besoin. En outre, la machine entière ne pèse que 75 tonneaux. C'est un résultat inespéré eu égard à la force qu'elle peut développer.

Machine de M. Rennie pour embarcations.

Nous terminerons cette note un peu succincte sur les machines marines actuelles, par la description de deux types remarquables de machines destinées à des embarcations de grand échantillon.

La première (*fig*. 20, *pl*. XXXV), de M. Rennie, donne le mouvement à deux hélices ; sa force nominale est de 5 chevaux vapeur. Le mécanisme entier est placé sur les faces latérales de la chaudière, chaque arbre reçoit le mouvement d'un moteur à pilon à un cylindre. La tête de la tige du piston P porte une traverse formant glissière sur deux guides cylindriques m, m; le tiroir reçoit son mouvement de l'arbre moteur par deux excentriques, dont les bielles sont reliées par la coulisse Stephenson S. La manœuvre du secteur se fait à l'aide du levier L et de la petite bielle b. Un volant V est placé sur l'arbre porte-hélice, en deçà du tourteau E ; il est destiné à régulariser le mouvement.

La vapeur qui a produit son effet dans les cylindres C se rend par le tuyau E, facultativement, soit dans la cheminée H, soit dans un réfrigérant C″, où un courant d'eau froide la condense ; elle sert ensuite à l'alimentation.

Ce réfrigérant ne produit aucun avantage au point de vue du vide, car il n'est pas muni de pompe à air ; c'est à proprement parler un régénérateur d'eau douce. La condensation s'opère à quelques centimètres seulement, au-dessous de la pression atmosphérique.

L'eau refroidissante est envoyée dans le récipient C″, par une pompe centrifuge ou rotative T, qui reçoit son mouvement de l'arbre moteur par l'intermédiaire de deux engrenages n, n'; sa vitesse est très-grande, elle varie de 1.000 à 1.100 tours. Nous admettons difficilement qu'une pareille vitesse soit praticable sans inconvénient ; elle doit occasionner fatalement des avaries fréquentes, quelque parfait que soit le mécanisme de la turbine ; dans tous les cas l'usure des tourillons doit se produire très-promptement.

L'eau d'injection est introduite par le tuyau t ; elle traverse la pompe rotative, se rend ensuite par le tuyau T' dans l'intérieur des tubes qui sont enveloppés par la vapeur, et elle évacue après, un peu au-dessus de la flottaison, par le tuyau de décharge R.

L'eau provenant de la vapeur condensée est envoyée dans la chaudière par une petite machine spéciale c', placée également sur les faces latérales, mais du côté opposé au cylindre à vapeur. Cette petite machine manœuvre une pompe alimentaire q, qui envoie à la chaudière, par le tuyau t et la soupape a, l'eau d'alimentation. Un robinet r' sert à régler l'ouverture nécessaire pour remplacer la vapeur dépensée.

Un petit volant est placé sur l'arbre de la machine alimentaire dans laquelle la vapeur arrive en passant d'abord par une soupape d'arrêt v.

Une installation spéciale permet de fournir à la chaudière la quantité d'eau indispensable pour compenser les pertes que les fuites occasionnent toujours.

Un robinet A'' placé devant les chaudières, un peu au-dessus du niveau normal, sert à évacuer dans le réservoir d'eau, en dessous du réfrigérant, le trop plein de vapeur lorsque la machine est stoppée et à réchauffer l'eau qui doit plus tard servir à l'alimentation.

L'évacuation du petit cheval se fait de manière à ce qu'il se perde le moins d'eau possible.

Un robinet d'extraction est installé pour faire cette opération lorsqu'elle est nécessaire.

Cette machine a développé sur les pistons la force de 30 chevaux vapeur de 75 kilogrammètres, en évacuant dans la cheminée, et de 32 chevaux en évacuant dans le réfrigérant ; dans le premier cas en donnant 326 coups de piston par minute et 328 coups dans le second cas.

La vitesse correspondante de la chaloupe a été de 7 nœuds 9/10 et 8 nœuds.

On voit par ces résultats que l'emploi du condensateur ne procure ici qu'un bénéfice de 1/16 de la puissance, à cause de la diminution très-peu sensible de la contre-pression ; mais d'autre part, ce condensateur a l'avantage de permettre des parcours plus longs à l'embarcation, en diminuant la provision indispensable d'eau douce.

Un autre avantage qui nous paraît avoir une certaine importance, c'est la diminution du bruit que l'évacuation produit ordinairement dans la cheminée ; dans quelques circonstances de guerre, il peut être utile de dissimuler à l'ennemi la présence d'un canot, chose impossible avec les machines ordinaires d'embarcation et plus praticable avec celle-ci en faisant l'évacuation dans le condensateur.

Notre opinion est que cette machine est susceptible de recevoir certaines modifications qui la rendraient plus parfaite : par exemple il serait préférable que l'eau d'injection fût envoyée par une pompe de circulation dont la vitesse serait celle de la machine, ou même moindre ; en second lieu, l'addition du petit cheval est pour le moins une complication inutile. Un appareil Giffard et une pompe alimentaire bien entretenus seraient plus que suffisants pour les besoins des chaudières en pression. On pourrait donner à la cheminée des dimensions un peu plus grandes, afin que lorsque la machine fonctionne en évacuant dans le condensateur, il ne fût pas nécessaire d'ouvrir le jet de vapeur pour activer le tirage, ce qui cause des dépenses de charbon inutiles, des pertes d'eau douce, et, en dernier lieu, un bruit aigu, qui a bien souvent des inconvénients sérieux, tel que celui que nous venons de mentionner, dans les circonstances de guerre.

Malgré ces critiques, nous persistons à croire que ce petit appareil réalise un grand progrès ; il est d'ailleurs fort ingénieux quoiqu'un peu trop compliqué.

Machine de M. Field, pour embarcation.

La machine pour embarcation de MM. Maudslay et Field (*fig*. 21 *et* 22, *pl*. XXXVI) diffère sensiblement de la précédente; elle conduit deux hélices indépendantes, mais elle n'a pas de condensateur.

La chaudière est à flamme directe ; sur ses faces latérales et de chaque côté se trouvent placées les machines. Celles-ci ont chacune deux cylindres, C, C et sont tout à fait indépendantes. On peut les manœuvrer séparément. Comme on le voit sur la figure, leur mécanisme est d'une simplicité remarquable.

La vapeur arrive de la chaudière par les tuyaux T', dans lesquels elle afflue après avoir traversé les soupapes d'arrêt V V ; de là, elle se rend dans les boîtes à tiroir x x avant d'agir dans les cylindres où le tiroir la distribue à temps opportun.

Les tiroirs sont conduits par deux excentriques à calage fixe, dont les bielles sont reliées par le secteur Stephenson.

Chaque arbre de couche a ses manivelles calées à 90° l'une de l'autre.

La mise en train se compose, ainsi que dans presque toutes ces petites machines, d'un levier L, au moyen duquel on change la position de la coulisse. Les prises de vapeur sont placées sur le coffre D, l'évacuation se fait dans la cheminée par le tuyau T″.

La chaudière est pourvue d'une petite machine alimentaire A, placée sur un de ses côtés et sur l'arrière. Cette petite machine auxiliaire envoie l'eau d'alimentation dans l'intérieur par la soupape S.

Chaque arbre porte à son extrémité un bouton excentré m', qui donne le mouvement au piston d'une pompe alimentaire P'. L'eau que les deux pompes fournissent à la chaudière, traverse le récipient d'air P et pénètre dans l'intérieur par les soupapes d'alimentation S'. Un robinet R, placé sur la façade et un peu au-dessus du niveau, a les mêmes fonctions que dans la chaudière de Rennie, c'est-à-dire qu'il sert à débarrasser l'appareil évaporatoire de l'excès de pression quand la machine est stoppée et à réchauffer l'eau d'alimentation.

L'ensemble de cette machine d'embarcation ne laisse rien à désirer au point de vue de la simplicité du mécanisme et de la bonne exécution de ses détails.

Elle a, de plus que la précédente, un double cylindre pour chaque hélice, ce qui facilite d'autant la régularité du mouvement et la mise en marche ; mais elle n'a pas de condensateur.

Nous croyons que, malgré l'infériorité de la machine Maudslay dont il est question, sur celle de Rennie, infériorité qui résulte de l'absence de réfrigérant, elle n'est pas moins d'un excellent emploi pour embarcation ; elle a en sa faveur cette vérité de fait, que quelque ingénieux que puissent être les mécanismes très-compliqués, surtout en matière de machines marines, les plus simples sont toujours préférables, même avec une infériorité sensible de rendement.

En bornant ici notre compte rendu sur les machines à vapeur de l'Exposition, nous exprimons de nouveau le regret de n'avoir pu lui donner qu'un développement très-limité ; le peu de temps que nous avons pu consacrer à notre instruction ne nous a guère permis de puiser à ce grand spectacle tous les enseignements que nous aurions pu y trouver.

Extrait de la *Revue maritime et coloniale*.

Paris. — Imprimerie Paul Dupont, rue de Grenelle-Saint-Honoré, 45.

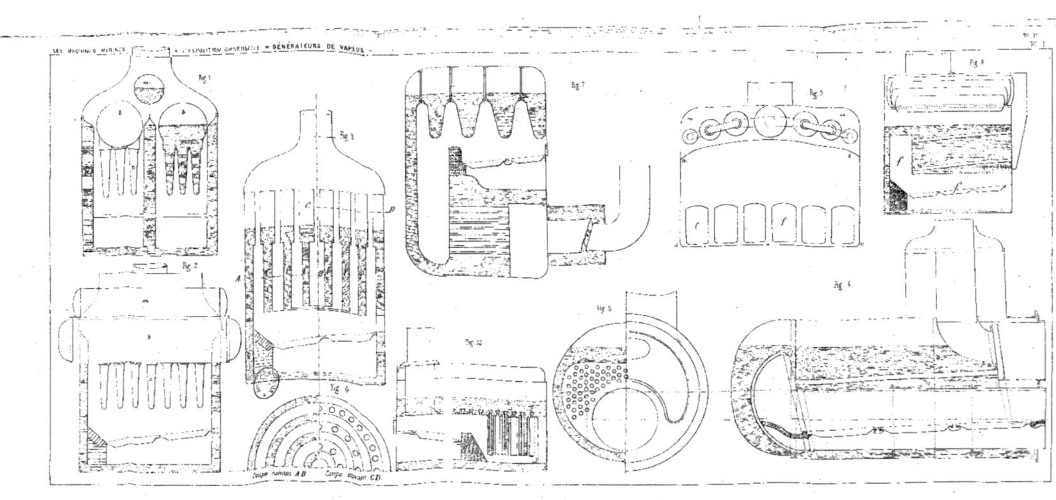

Fig. 1
Fig. 2
Fig. 3
Fig. 4
Fig. 5
Fig. 6
Fig. 7
Fig. 8
Fig. 9
Fig. 10
Coupe suivant AB
Coupe suivant CD

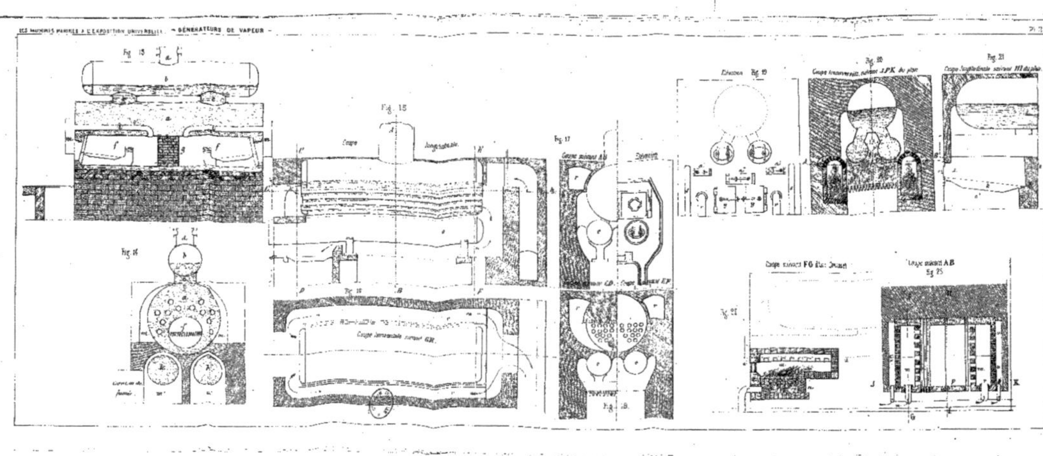

Fig. 13
Fig. 14
Fig. 15
Fig. 16
Fig. 17
Fig. 18
Fig. 19
Fig. 20
Coupe transversale, suivant J P K du plan
Fig. 21
Coupe longitudinale suivant H I du plan
Fig. 22
Coupe suivant F G du plan
Fig. 23
Coupe suivant A B
Coupe longitudinale
Coupe suivant A B
Détails

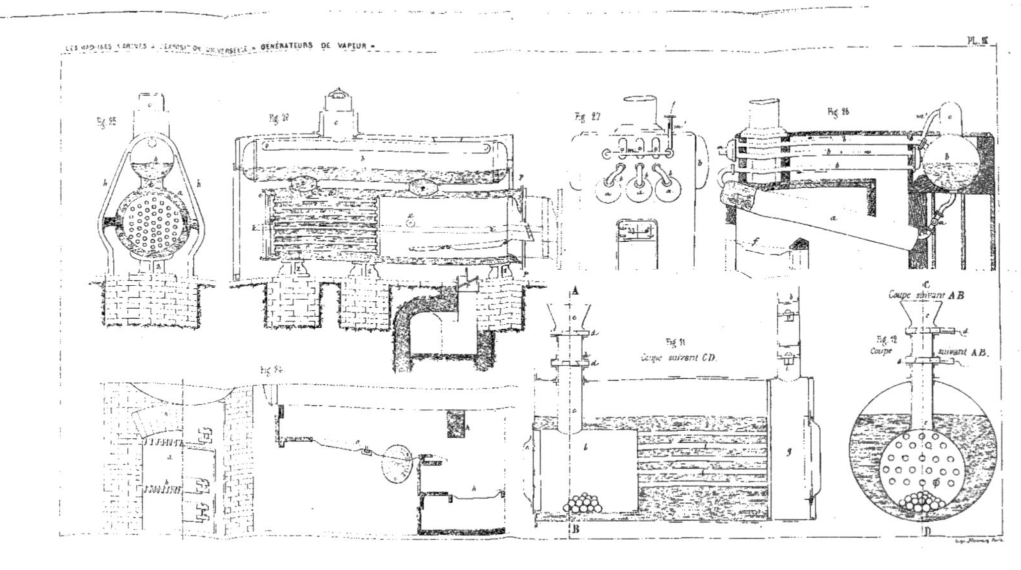

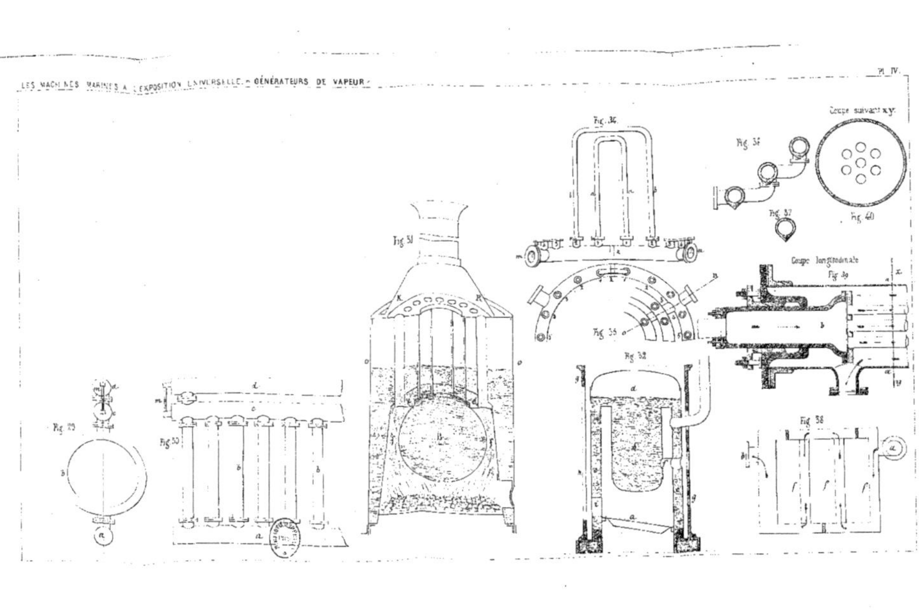
Fig. 36
Fig. 34
Fig. 37
Coupe suivant x y.
Fig. 40
Coupe longitudinale
Fig. 39
Fig. 35
Fig. 31
Fig. 32
Fig. 29
Fig. 30
Fig. 38

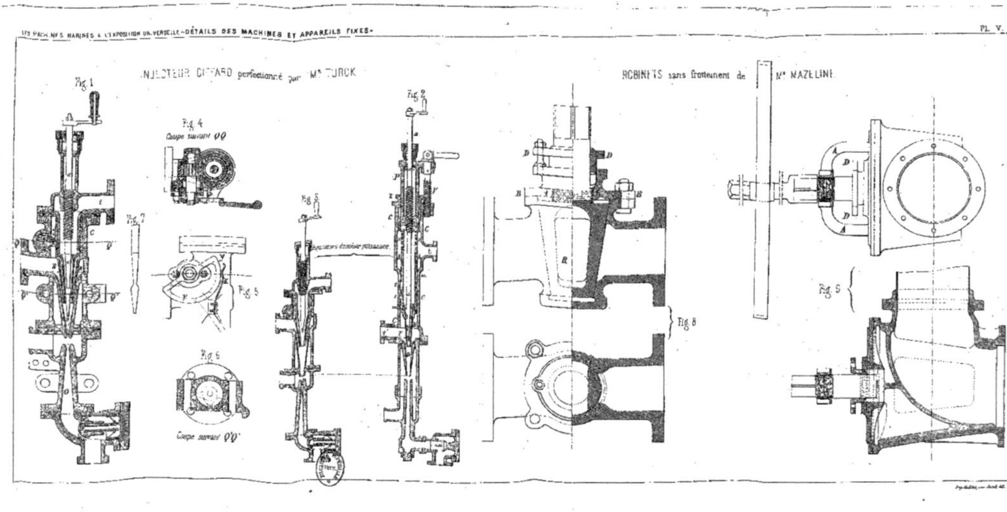
INJECTEUR GIFFARD perfectionné par Mr TURCK
ROBINETS sans frottement de Mr MAZELINE
Fig. 1
Fig. 2
Fig. 3
Fig. 4
Coupe suivant QQ
Fig. 5
Fig. 6
Coupe suivant O'O'
Fig. 7
Fig. 8
Fig. 9

PL. VI.

PRISE D'EAU D'INJECTION DE MACHINE A VAPEUR MARINE.
Système MONNIER.
Fig. 2
Fig. 4
Fig. 1
Fig. 3
Fig. 5
Coupe suivant x y.

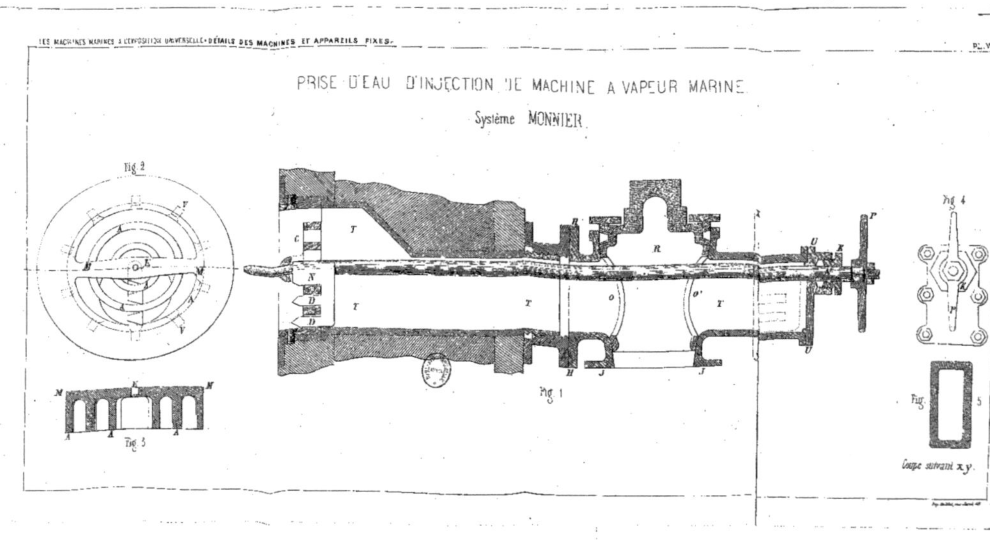

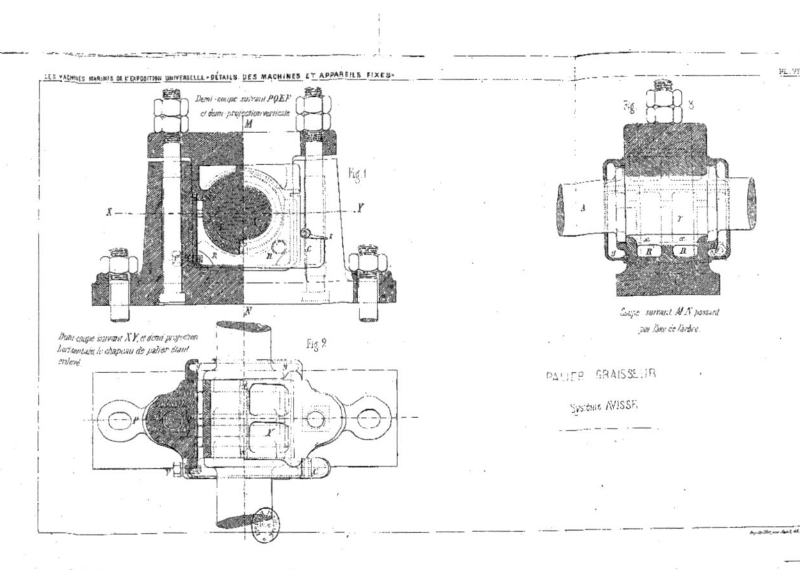

PALIER GRAISSEUR

Système AVISSE

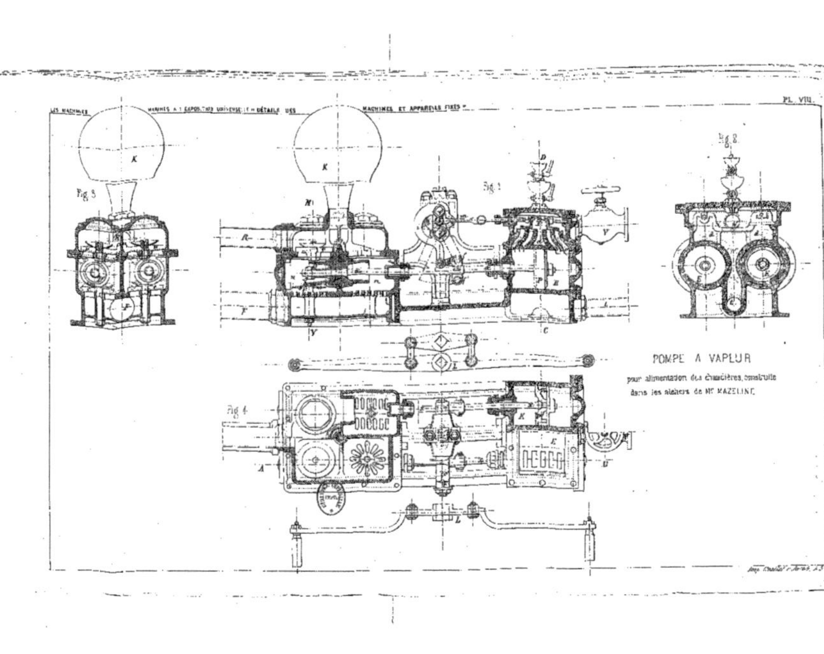

Imp. Chardon et frères, 30.

MACHINE A VAPEUR, Système JUCHEL.

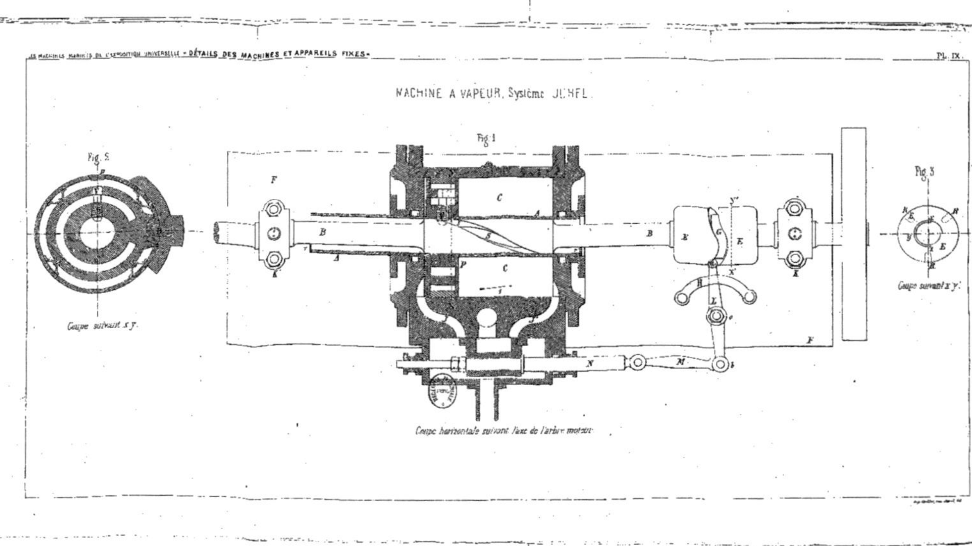

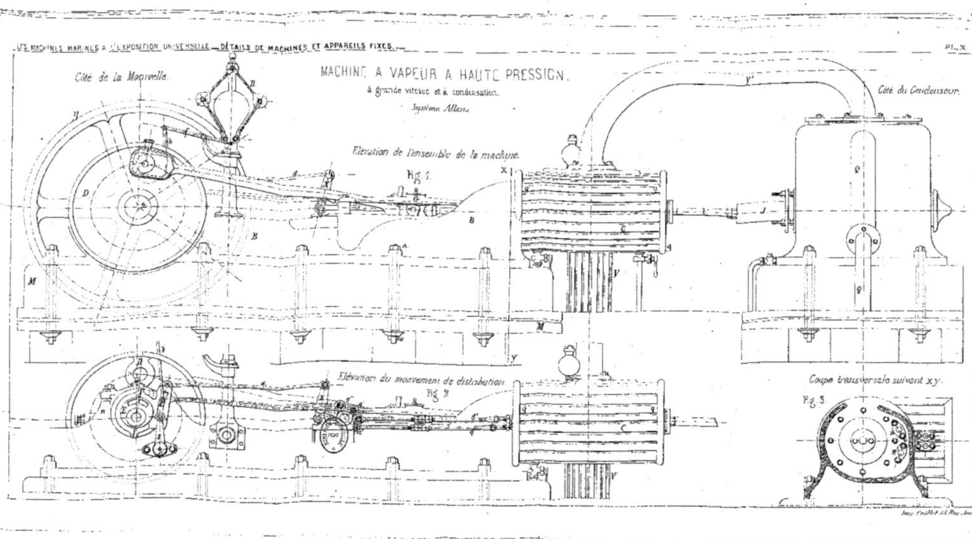
LES MACHINES MARINES A L'EXPOSITION UNIVERSELLE — DÉTAILS DE MACHINES ET APPAREILS FIXES.
Pl. X
Côté de la Manivelle.
MACHINE A VAPEUR A HAUTE PRESSION.
à grande vitesse et à condensation.
Système Allen.
Côté du Condenseur.
Élévation de l'ensemble de la machine.
Fig. 1.
Élévation du mouvement de distribution.
Fig. 2.
Coupe transversale suivant xy.
Fig. 3.

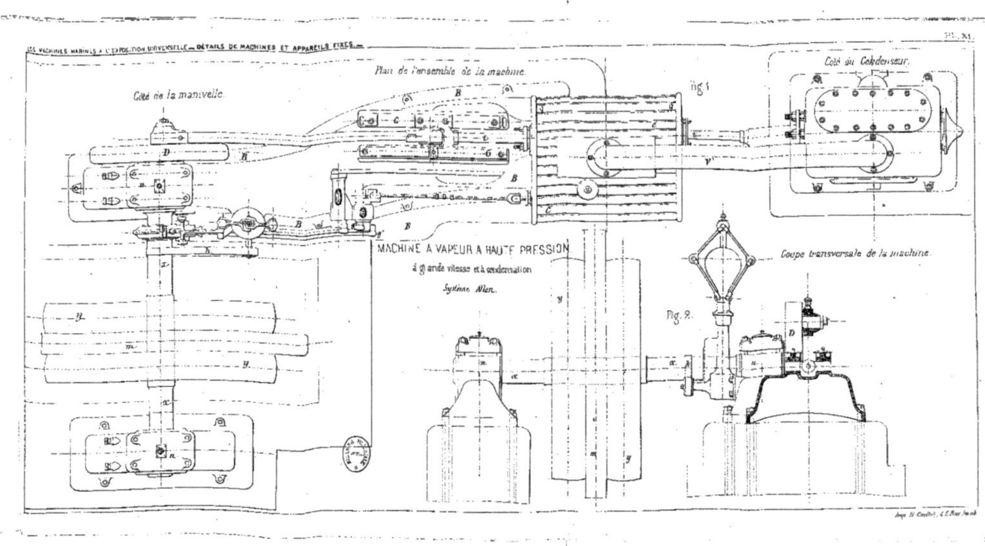

PL. XI.
LES MACHINES MARINES A L'EXPOSITION UNIVERSELLE — DÉTAILS DE MACHINES ET APPAREILS FIXES.
Côté de la manivelle.
Plan de l'ensemble de la machine.
Côté du Condenseur.
fig. 1
MACHINE A VAPEUR A HAUTE PRESSION
à grande vitesse et à condensation
Système Allen.
Coupe transversale de la machine.
Fig. 2.
Imp. H. Caudet, à Paris

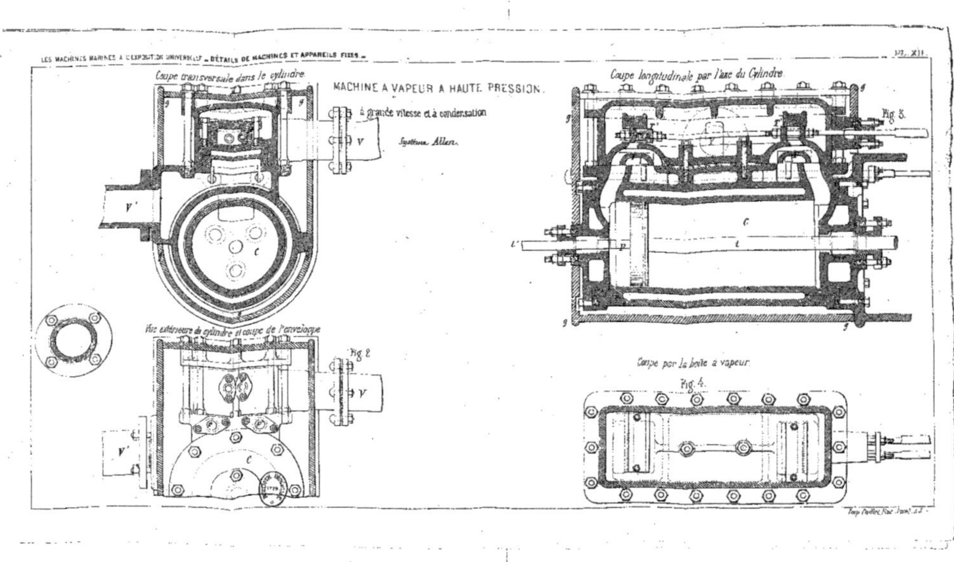
Coupe transversale dans le cylindre.
MACHINE A VAPEUR A HAUTE PRESSION.
à grande vitesse et à condensation
Système Allen.
Coupe longitudinale par l'axe du Cylindre.
Fig. 3.
Vue extérieure du cylindre et coupe de l'enveloppe.
Fig. 2.
Coupe par la boîte à vapeur.
Fig. 4.

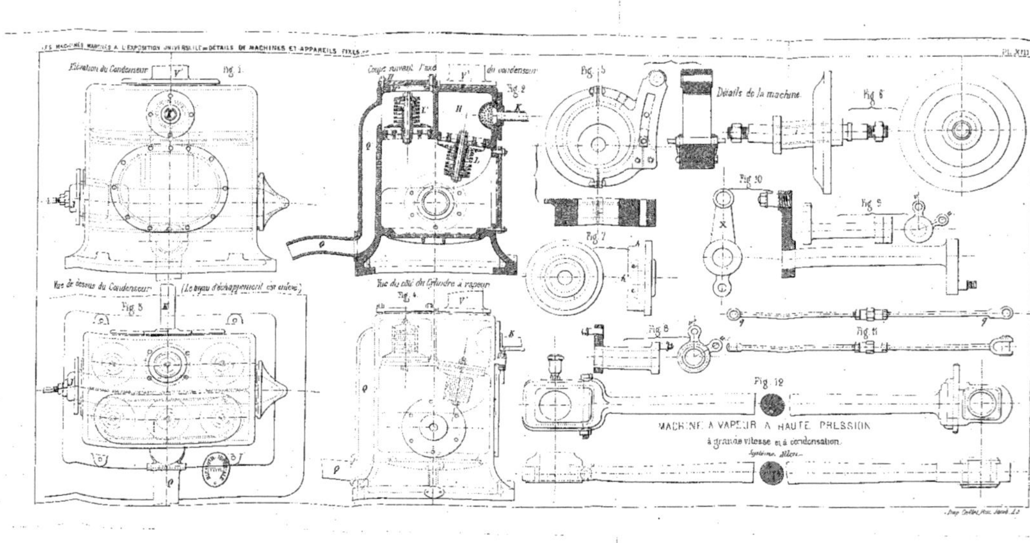

Élévation du Condenseur
Fig. 1
Coupe suivant l'axe du condenseur
Fig. 2
Détails de la machine.
Fig. 5
Fig. 6
Fig. 7
Fig. 8
Fig. 9
Fig. 10
Fig. 11
Vue de dessous du Condenseur (Le tuyau d'échappement en entier)
Fig. 3
Vue du côté du Cylindre à vapeur
Fig. 4
Fig. 12
MACHINE A VAPEUR A HAUTE PRESSION
à grande vitesse et à condensation.
Système Allen.

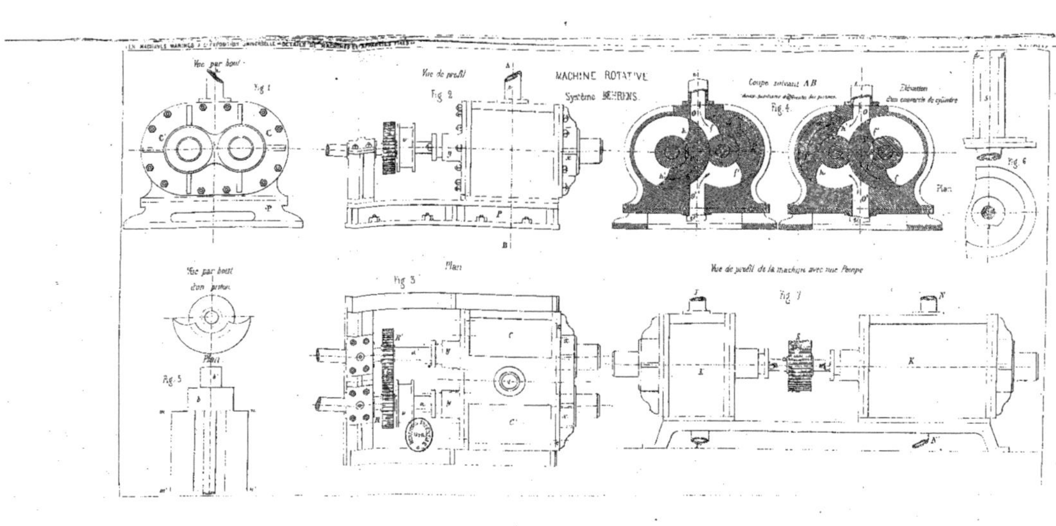

MACHINE ROTATIVE
Système BEHRENS.
Vue par bout
Fig. 1
Vue de profil
Fig. 2
Coupe suivant AB
Fig. 4
Élévation d'un couvercle de cylindre
Fig. 6
Vue par bout d'un piston
Fig. 5
Plan
Plan
Fig. 3
Vue de profil de la machine avec une Pompe
Fig. 7

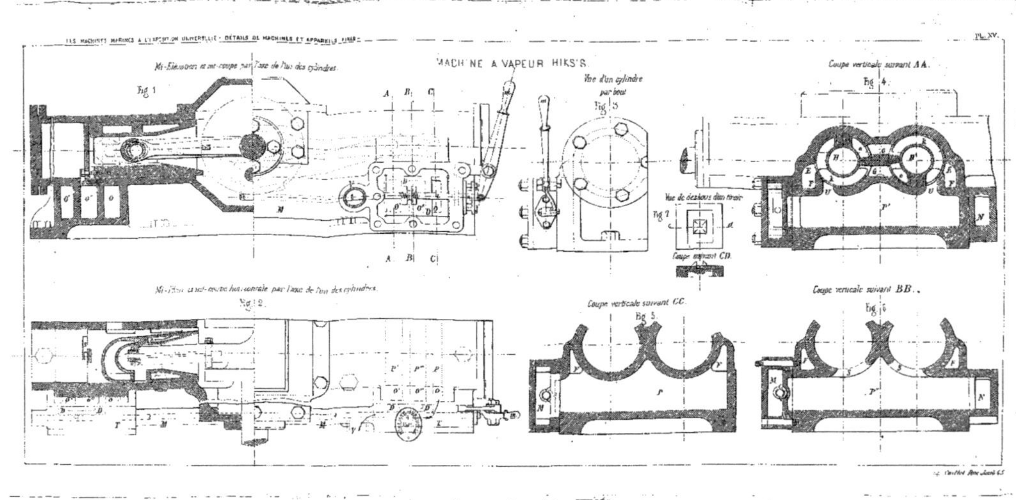

LES MACHINES MARINES A L'EXPOSITION UNIVERSELLE : DÉTAILS DE MACHINES ET APPAREILS FIXES
Pl. XV.
MACHINE A VAPEUR HIKS'S
Mi-Élévation et mi-coupe par l'axe de l'un des cylindres.
Fig 1
Vue d'un cylindre par bout
Fig 3
Coupe verticale suivant AA.
Fig 4
Vue de dessous d'un tiroir
Fig 7
Coupe suivant CD.
Mi-Élévation et mi-coupe horizontale par l'axe de l'un des cylindres.
Fig 2
Coupe verticale suivant CC.
Fig 5
Coupe verticale suivant BB.
Fig 6

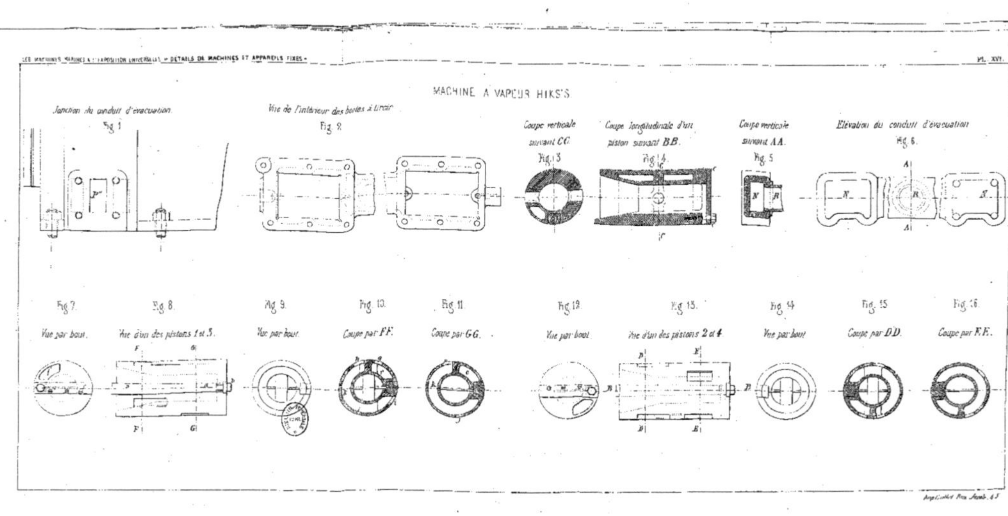
MACHINE A VAPEUR HIKS'S
Jonction du conduit d'évacuation.
Fig. 1
Vue de l'intérieur des boîtes à tiroir.
Fig. 2
Coupe verticale suivant CC.
Fig. 3
Coupe longitudinale d'un piston suivant BB.
Fig. 4
Coupe verticale suivant AA.
Fig. 5
Élévation du conduit d'évacuation.
Fig. 6
N R N
A
Fig. 7.
Vue par bout.
Fig. 8.
Vue d'un des pistons 1 et 3.
F G
F G
Fig. 9.
Vue par bout.
Fig. 10.
Coupe par FF.
Fig. 11.
Coupe par GG.
Fig. 12.
Vue par bout.
Fig. 13.
Vue d'un des pistons 2 et 4.
D E
D E
Fig. 14.
Vue par bout.
Fig. 15.
Coupe par DD.
Fig. 16.
Coupe par EE.

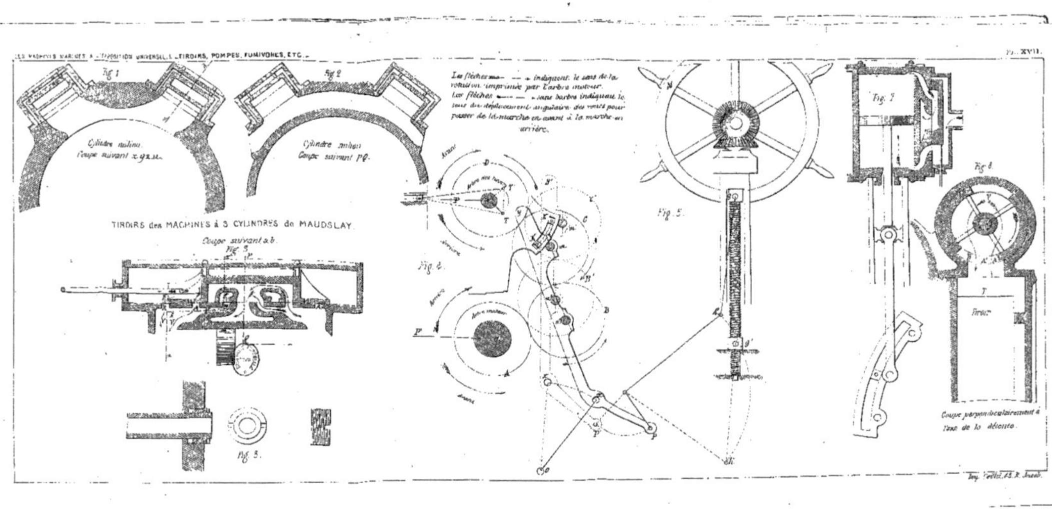
LES MACHINES MARINES A L'EXPOSITION UNIVERSELLE. TIROIRS, POMPES, FUMIVORES, ETC.
Pl. XVII
Fig 1
Fig 2
Cylindre milieu
Coupe suivant x.y.z.u.
Cylindre avant
Coupe suivant p.q.
TIROIRS des MACHINES à 3 CYLINDRES de MAUDSLAY.
Coupe suivant a.b.
Fig. 3
Fig. 4
Fig. 6
Fig. 5
Fig. 7
Fig. 8
Les flèches indiquent le sens de la
rotation imprimée par l'arbre moteur.
Les flèches sans barbes indiquent le
sens du déplacement angulaire des vannes pour
passer de la marche en avant à la marche en
arrière.
Tiroir
Coupe perpendiculairement à
l'axe de la déleste.
Imp. Verdet, 45 R. Jacob.

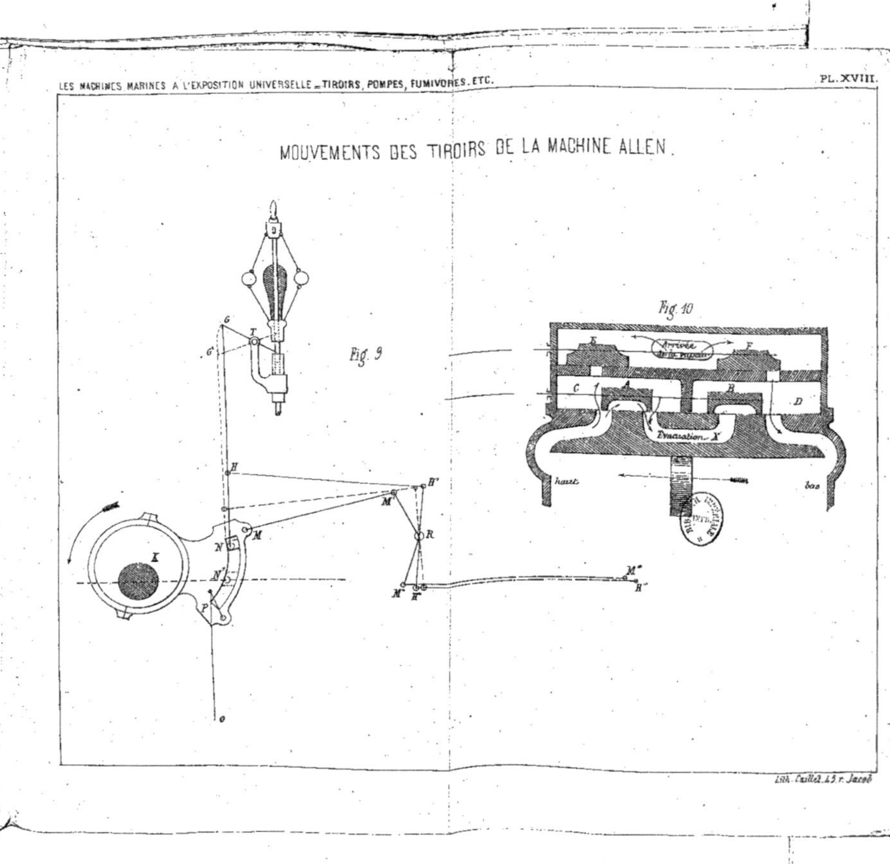

MOUVEMENTS DES TIROIRS DE LA MACHINE ALLEN.
Fig. 9
Fig. 10
Arrivée de la vapeur
Évacuation
haut
bas

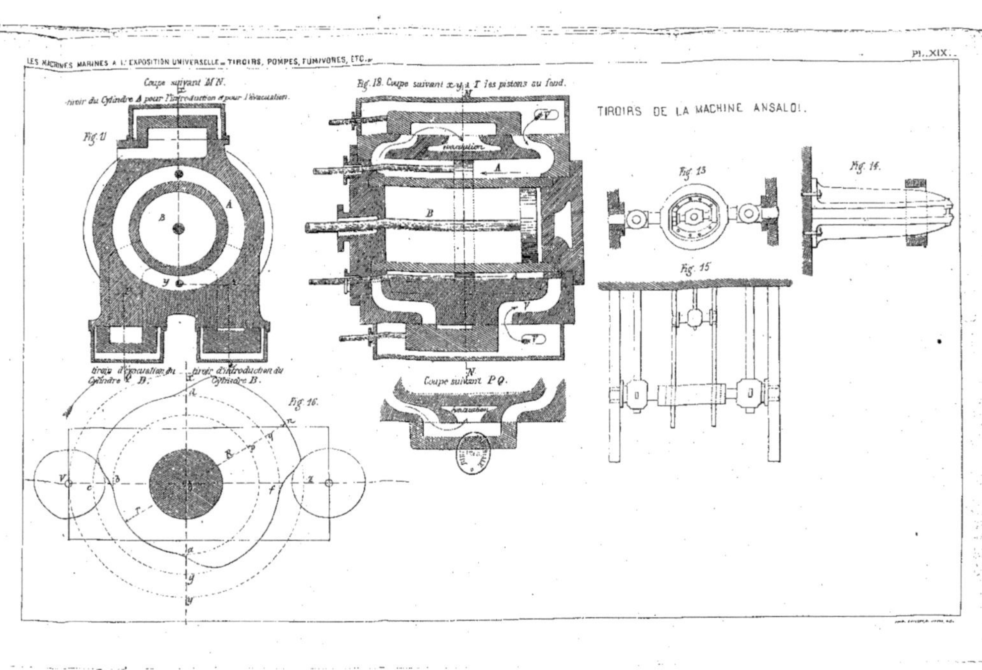

TIROIRS DE LA MACHINE ANSALOI.
Coupe suivant MN.
tiroir du Cylindre A pour l'introduction et pour l'évacuation.
Fig. 11
B
A
y
tiroir d'évacuation du   tiroir d'introduction du
Cylindre D.   Cylindre B.
Fig. 16
R
V
Fig. 18. Coupe suivant x y z T les pistons au fond.
V
introduction
A
B
V
N
Coupe suivant PQ.
évacuation
Fig. 13
Fig. 14
Fig. 15

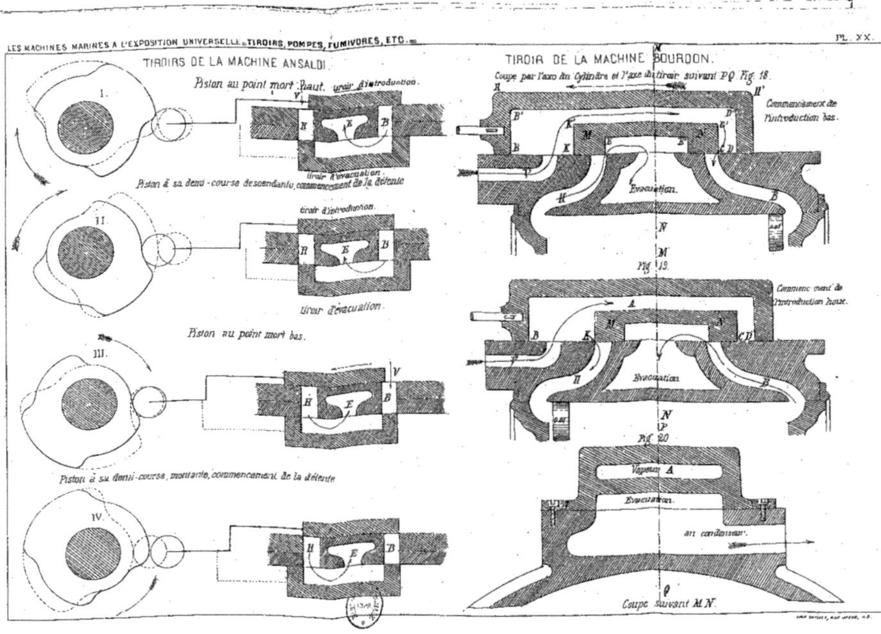

LES MACHINES MARINES A L'EXPOSITION UNIVERSELLE — TIROIRS, POMPES, FUMIVORES, ETC.
PL. XX.
TIROIRS DE LA MACHINE ANSALDI
TIROIR DE LA MACHINE BOURDON.
Piston au point mort haut. tiroir d'introduction.
tiroir d'évacuation.
Piston à sa demi-course descendante, commencement de la détente
tiroir d'introduction.
tiroir d'évacuation.
Piston au point mort bas.
Piston à sa demi-course, montante, commencement de la détente
Coupe par l'axe du cylindre et l'axe du tiroir suivant PQ Fig. 18.
Commencement de l'introduction bas.
Évacuation.
Fig. 19.
Commencement de l'introduction haut.
Évacuation.
Fig. 20.
Vapeur
Évacuation.
au condenseur.
Coupe suivant M N.

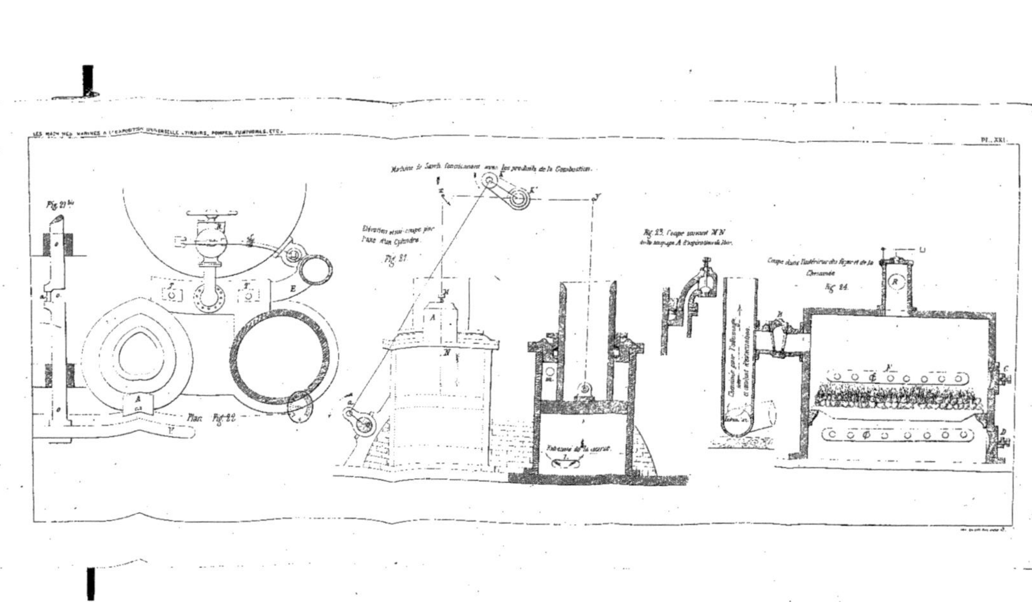
Fig. 21 bis
Plan. Fig. 22
Machine de Sarch fonctionnant avec les produits de la Combustion.
Élévation et sui-coupe par l'axe d'un Cylindre.
Fig. 21
Fig. 23. Coupe suivant MN de la soupape A d'aspiration de l'air.
Coupe dans l'intérieur du foyer et de la Cheminée
Fig. 24.

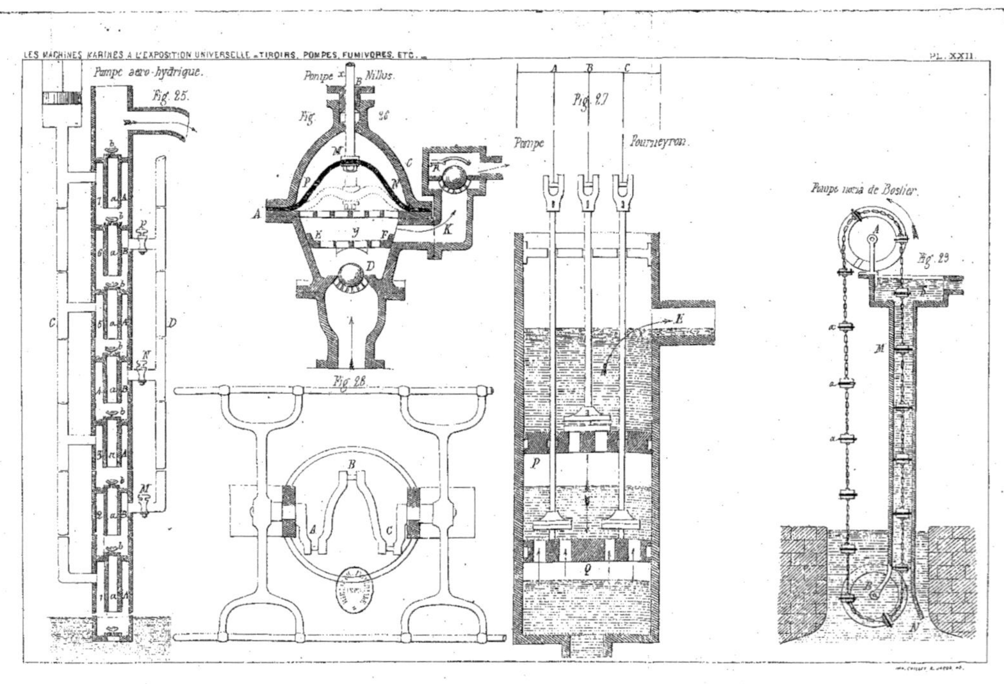

Pompe aëro-hydrique.
Fig. 25.
Pompe x Nillus.
Fig. 26.
Fig. 27.
Pompe
Fourneyron.
Pompe neuve de Bollier.
Fig. 29.
Fig. 28.

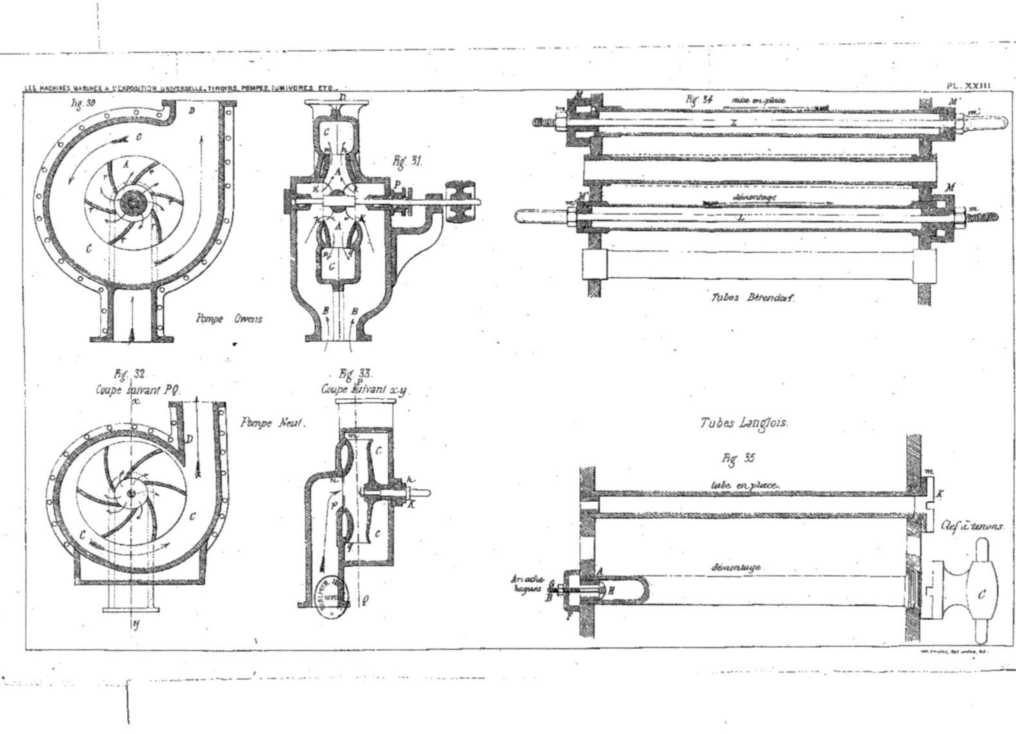

Fig. 30.
Pompe Owens.
Fig. 31.
Fig. 32.
Coupe suivant PQ.
Pompe Neut.
Fig. 33.
Coupe suivant x.y.
Fig. 34. mise en place.
démontage
Tubes Bérendorf.
Tubes Langlois.
Fig. 35.
tube en place.
démontage
Clef à tenons.

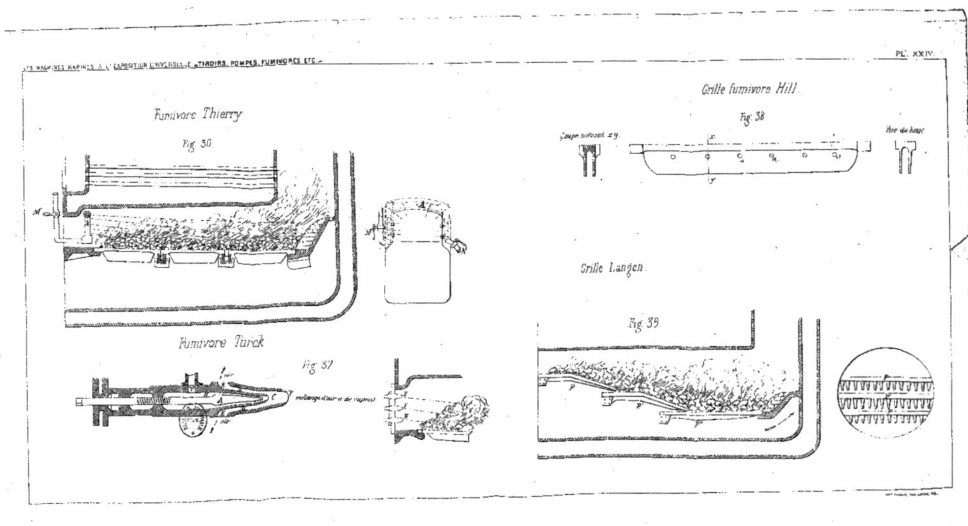

Fumivore Thierry
Fig. 36.
M
A
Fumivore Turck
Fig. 37
mélange d'air et de vapeur
Grille fumivore Hill.
Fig. 38
Coupe suivant x y.
Vue de haut
x
y
Grille Langen.
Fig. 39

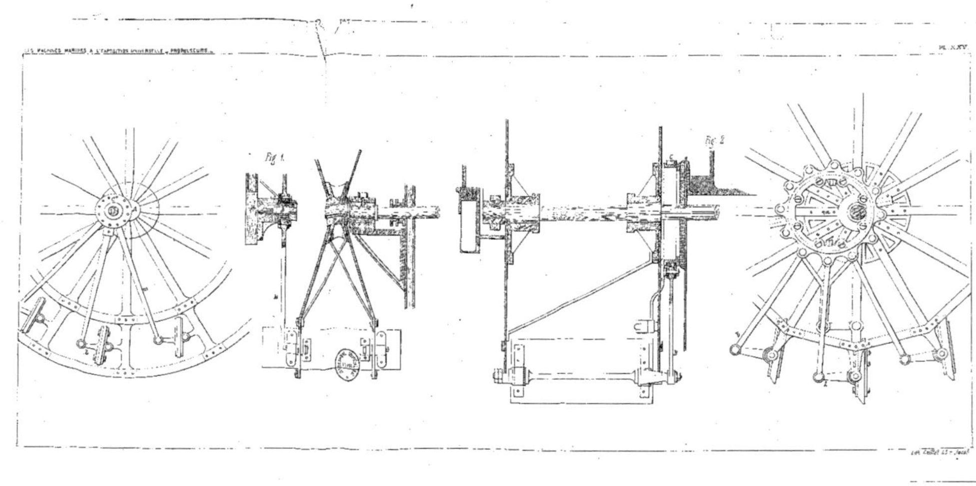
Fig. 1.
Fig. 2.

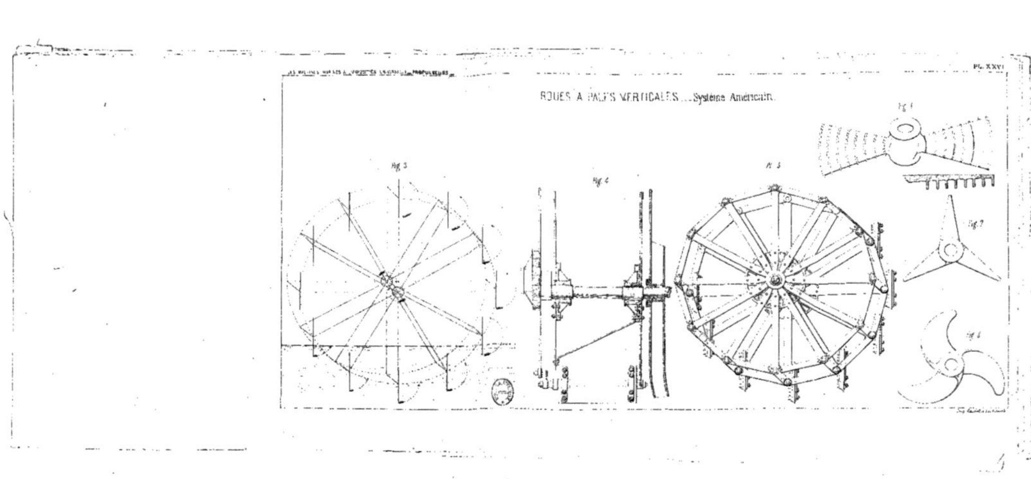

PL. XXVI
ROUES A PALES VERTICALES ... Système Américain.
Fig 3
Fig 4
Fig 5
Fig 6
Fig 7
Fig 8

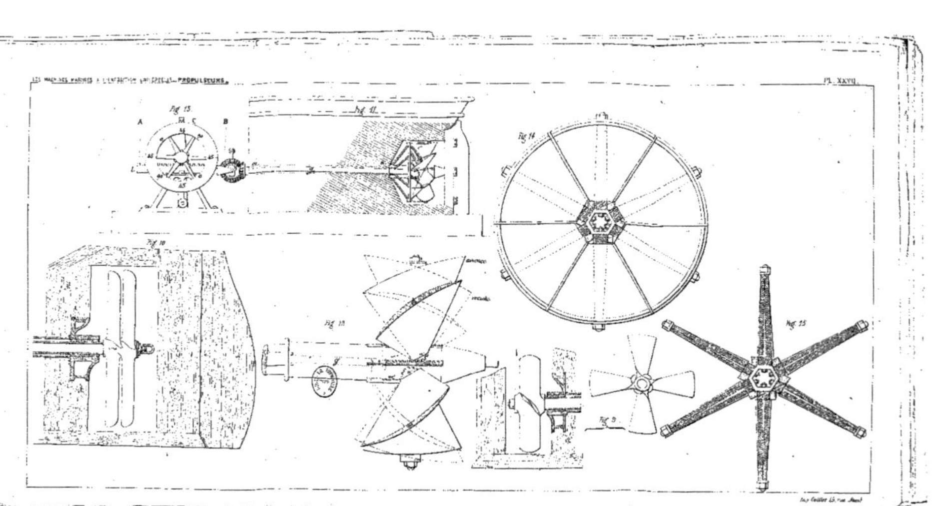
Fig. 13.
Fig. 11.
Fig. 14.
Fig. 10.
Fig. 12.
Fig. 15.
A
B
C

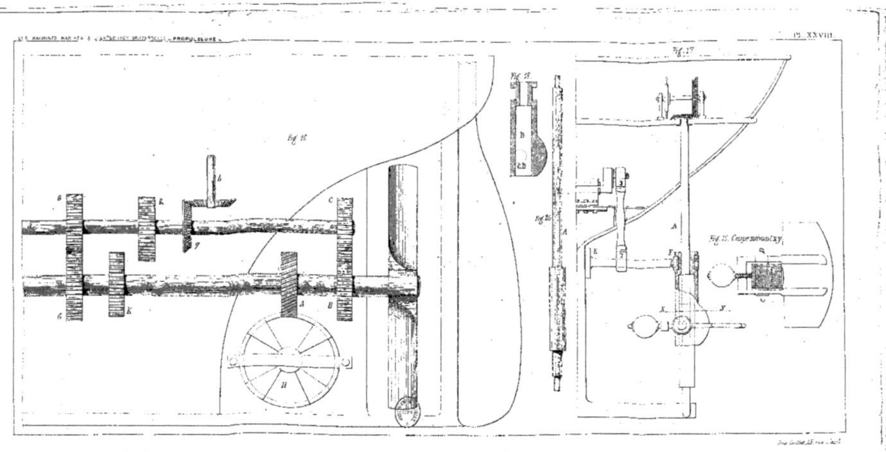

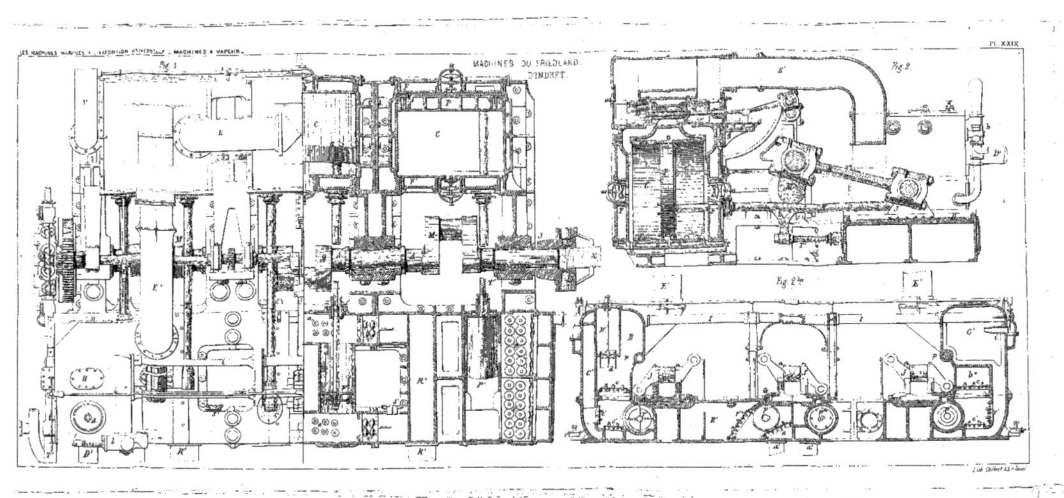
PL. XXIX
LES MACHINES MARINES A L'EXPOSITION UNIVERSELLE. MACHINES A VAPEUR.
MACHINES DU FRIEDLAND.
D'INDRET.
Fig 1.
Fig 2.
Fig 2 bis

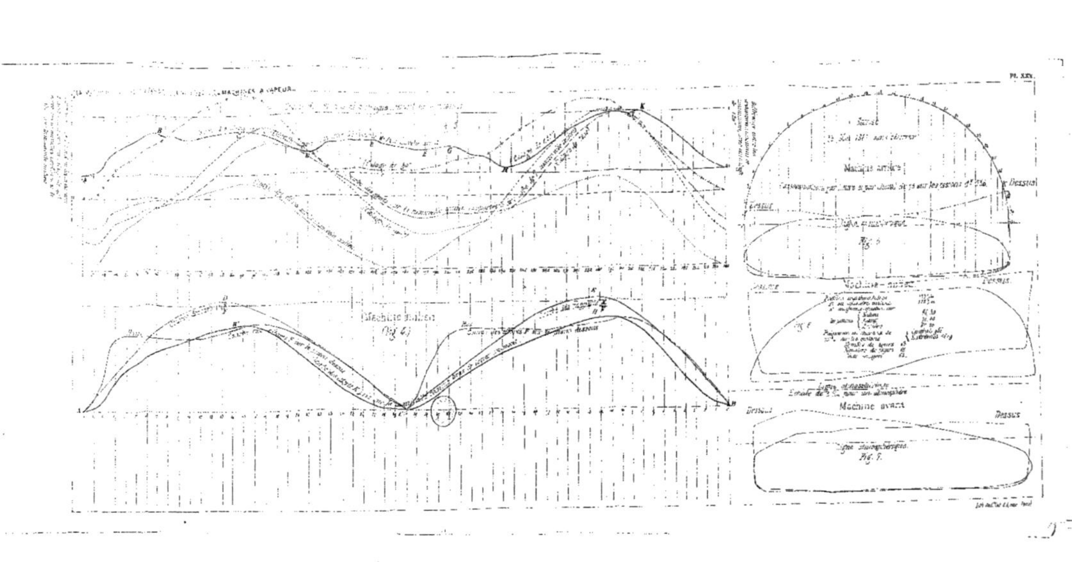

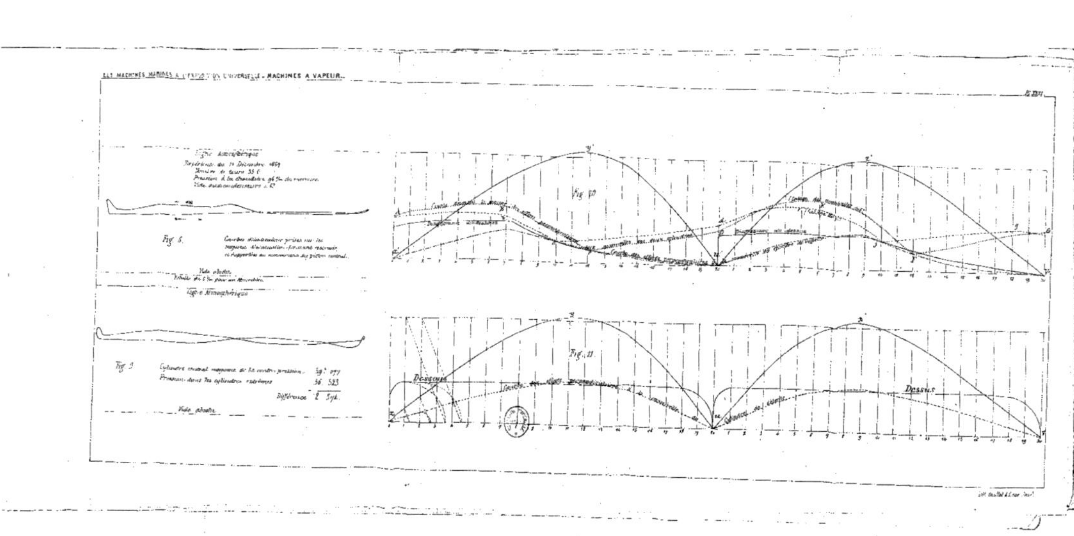
Ligne Atmosphérique
Expérience du 10 Décembre 1889
Tension de vapeur 35 C
Pression à la chaudière 96.5m de mercure
Vide au condenseur à 6°
Fig. 8.
Courbes dynamomètres prises sur les
vapeurs d'introduction formant rapport
et rapportées au mouvement du piston central.
Vide absolu.
Echelle de 1m pour un kilomètre.
Ligne Atmosphérique
Fig. 9.
Cylindre central moyenne de la contre-pression
Pression dans les cylindres extérieurs
Différence
Vide absolu.
Fig. 10.
Fig. 11.
Dessous
Dessus

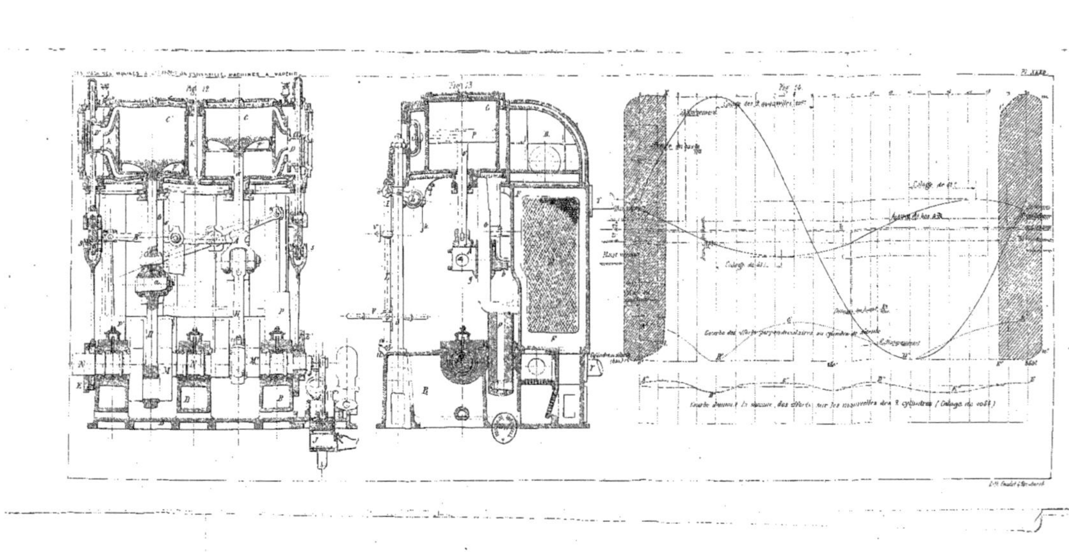

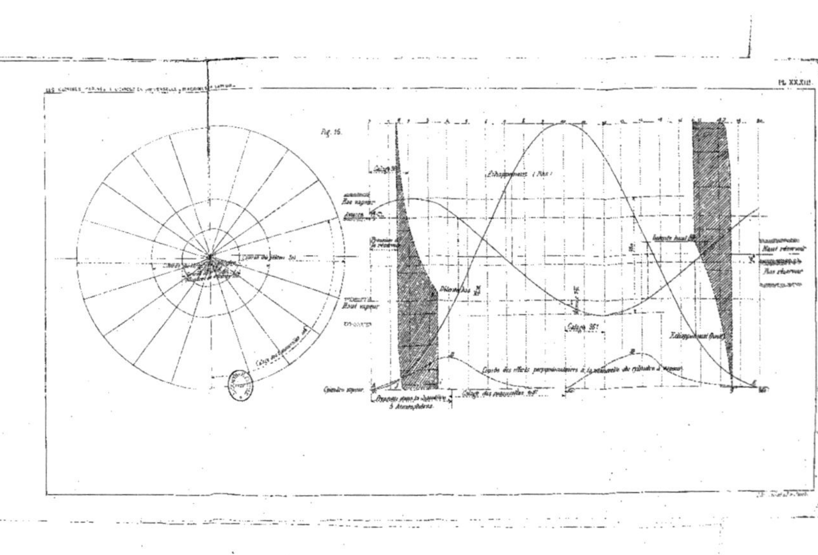

Fig. 16.
Échappement (Bas)
Admission
Compression
Dilatation
Échappement (Haut)
Courbe des effets perpendiculaires à la manivelle du cylindre à vapeur
Pression sous la manivelle 5 Atmosphères.

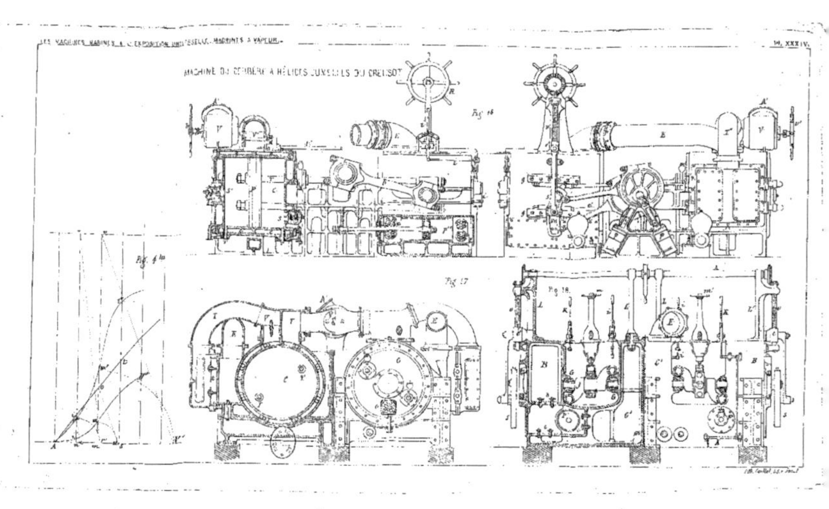
MACHINE DU CERBÈRE A HÉLICES JUMELLES DU CREUSOT
Fig. 16
Fig. 17
Fig. 18
Fig. 15
R

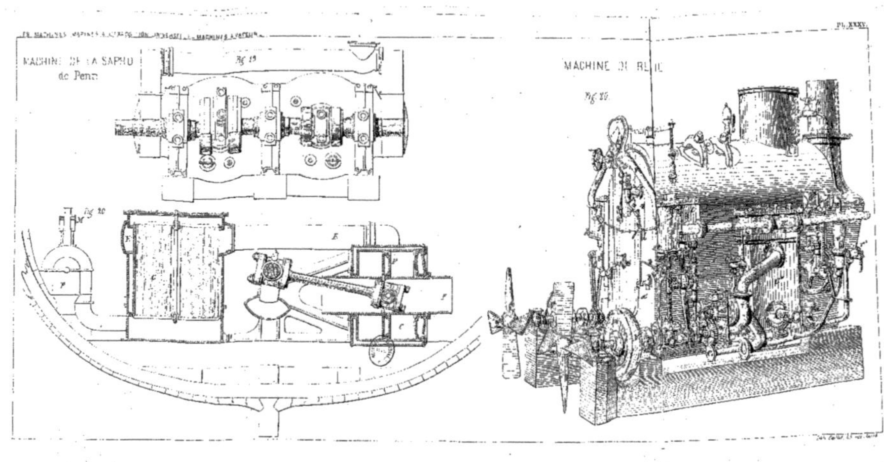

PL. XXXV.
MACHINE DE LA SAPHO
de Penn
Fig 19
Fig 20
MACHINE DE BLIC
Fig 21

MACHINE DE MAUDSLAY ET FIELD

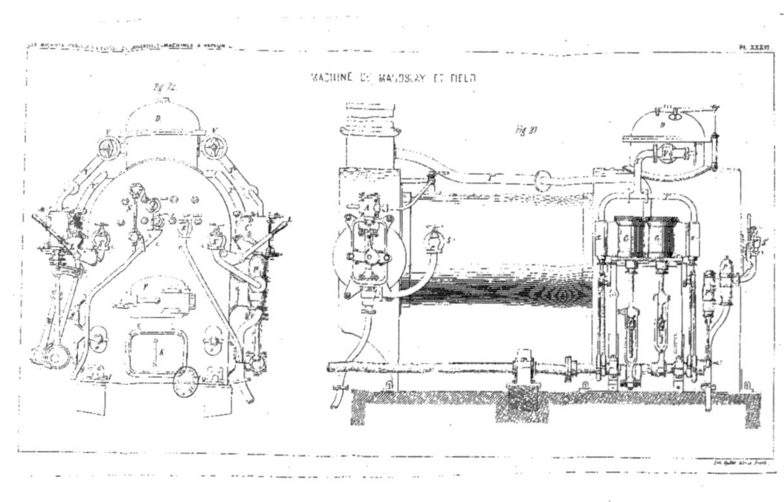

AUDENET, ingénieur de la marine. — CONSOMMATION DE COMBUSTIBLE des machines à vapeur. In-8, avec figures. 2 fr.

DELACOUR, ingénieur de la marine et directeur des constructions navales des messageries impériales. — ÉTUDE SUR LES MACHINES A VAPEUR ET LEURS PERFECTIONNEMENTS, surchauffe de vapeur, grandes détentes, condensation par surfaces, haute pression, etc. Brochure in-8 avec figures. 2 fr.

DU TEMPLE, capitaine de frégate, directeur de l'Ecole des mécaniciens, à Brest. — COURS COMPLET DE MACHINES A VAPEUR, *appareils employés pour la navigation*, ouvrage rédigé suivant le dernier programme officiel pour les différents grades des mécaniciens de la marine impériale. 2e *édition* refondue et considérablement augmentée. Un très-fort vol. in-8, suivi d'une table alphabétique de toutes les matières, avec renvoi aux numéros où elles sont traitées, et accompagné d'un atlas renfermant 27 planches gravées sur acier, ayant chacune sa légende explicative. 17 fr.

— INSTRUCTION SUR L'ENTRETIEN ET LES EXERCICES DES MACHINES A VAPEUR. Broch. 1 fr.
Entretien des machines. — Ecole de la machine. — Mise en marche. — Conduite de la machine. Allumer et éteindre les feux. — Choix du charbon.

FREMINVILLE (DE), ingénieur de la marine, professeur à l'Ecole du génie maritime. — COURS PRATIQUE DE MACHINES A VAPEUR MARINES, professé à l'école d'application du génie maritime. 1 très-fort vol. grand in-8, avec figures dans le texte, accompagné d'un atlas renfermant 100 planches. 55 fr.
L'atlas se compose de 90 planches gravées, grand in-folio, représentant l'ensemble des machines et tous leurs détails, avec les cotes exactes à chaque pièce, et 3 grands tableaux numériques de comparaison, donnant la dimension juste et précise de chaque pièce. Pour chacune d'elles, l'auteur a établi la charge par centimètre carré qu'elle supporte d'un fonctionnement régulier. Ce travail, de la plus grande utilité, n'avait jamais été publié jusqu'à présent.

LABROUSSE, vice-amiral. — OBSERVATIONS SUR LES MACHINES A VAPEUR récemment introduites dans la marine impériale. In-8 avec une grande planche. 1 fr. 25 c.

NOTICE SUR LES MÉCANICIENS ET OUVRIERS CHAUFFEURS DE LA FLOTTE, résumé des conditions d'admission, d'avancement, de solde et de retraite attribué aux divers grades, brochure in-8. 40 c.

NOTIONS SUR LA CHALEUR, à l'usage des mécaniciens, contenant les principes dont ils peuvent avoir besoin dans leur service journalier; explications, phénomènes, calorimétrie, combustion, tables diverses, etc. In-8. 5 fr.

PARIS, vice-amiral, directeur général du dépôt des cartes et plans de la marine, membre de l'Institut (Académie des sciences). — DICTIONNAIRE DE MARINE A VAPEUR, *seconde édition* augmentée et complétement refondue. Un vol. grand in-8, papier jésus, accompagné de 17 planches gravées. 22 fr.

— CATÉCHISME DU MÉCANICIEN A VAPEUR, ou traité des machines à vapeur, de leur montage, de leur conduite, de la réparation de leurs avaries; 2e édition refondue et augmentée, avec une grande table alphabétique de tous les articles, avec renvoi aux numéros où ils sont traités. In-8 grand raisin avec de nombreuses figures dans le texte. 16 fr.

— L'ART NAVAL EN 1867, A L'EXPOSITION UNIVERSELLE DE PARIS, état actuel de la marine, description et inventions maritimes des derniers perfectionnements. Un fort vol. grand in-8 suivi d'une grande table alphabétique de tous les articles, avec renvoi aux numéros où ils sont traités, et accompagné d'un bel atlas renfermant 8 plaques in-folio gravées.
Navires cuirassés. — Navires à tourelles. — Blindages. — Construction. — Paquebots. — Canots à vapeur. — Embarcations. — Bateaux plongeurs. — Bateaux de sauvetage. — Différents systèmes de construction composite en bois et en fer. — Appareils plongeurs. — Lampes sousmarines. — Ceintures de sauvetage. — Procédés les plus nouveaux pour la conservation et le nettoyage des carènes. — Mâtures en fer. — Machines marines. — Chaudières. — Détails et accessoires. — Régulateurs. — Surchauffeurs. — Treuils à vapeur. — Hydrograisseurs. — Pompes. Détails divers. — Propulseurs. — Cabestans. — Chaînes. — Ancres. — Locks. — Bouées. — Détails divers et procédés les plus nouveaux, etc., etc.

— NOTE SUR LES NAVIRES CUIRASSÉS. Broch. in-8 accompagnée d'une lithographie et de deux planches gravées. 5 fr.

REECH, directeur de l'Ecole du génie maritime. — MÉMOIRE SUR LES MACHINES A VAPEUR et leur application à la navigation. Un vol. in-4 accompagné d'un grand atlas in-folio. 30 fr.

SASIAS, professeur à l'Ecole navale impériale. — COURS DE MÉCANIQUE APPLIQUÉ AUX MACHINES. Un vol. in-8 avec 5 grandes planches gravées renfermant plus de 200 figures. 5 fr. 50 c.

SÉBILLOT, ingénieur civil. — DES CONDENSEURS PAR SURFACES et de l'application des hautes pressions aux machines à vapeur. In-8 accompagné de 3 planches gravées. 5 fr. 50 c.
Nécessité des hautes pressions. — Condenseurs tubulaires de divers systèmes. — Des moyens de rendre pratique la condensation par surfaces. — Des machines à haute pression. — Des chaudières à haute pression. — Etude comparative des principaux éléments des machines à haute pression et des machines actuelles. — Conséquences générales de l'emploi des hautes pressions. — Résumé et conclusions.

DENAYROUSE, lieutenant de vaisseau. — MÉMOIRE SUR L'APPAREIL PLONGEUR ROUQUAYROL A AIR COMPRIMÉ, et instruction sur son emploi dans la marine, in-8 accompagné de plusieurs figures sur bois. 1 fr. 50

ROUX, capitaine de frégate. — CONSERVATION DES PLAQUES DES NAVIRES CUIRASSÉS ET DES COQUES EN FER, contre l'oxydation et les végétations sous-marines, par l'application directe d'un doublage en cuivre. Un vol. in-8 accompagné de deux grandes planches. 2 fr. 50 c.

www.ingramcontent.com/pod-product-compliance
Ingram Content Group UK Ltd.
Pitfield, Milton Keynes, MK11 3LW, UK
UKHW022328090726
13658UKWH00001B/140